青 年 学 者 文 库

美国中小学教师教育发展研究

A Historical Study on
Teacher Education in Basic Education in the U.S.A.

王萍 著

WUHAN UNIVERSITY PRESS
武汉大学出版社

图书在版编目(CIP)数据

美国中小学教师教育发展研究/王萍著. —武汉：武汉大学出版社,2014.8

青年学者文库

ISBN 978-7-307-13658-8

Ⅰ.美… Ⅱ.王… Ⅲ.中小学—教师—师资培训—研究—美国 Ⅳ.G571.25

中国版本图书馆 CIP 数据核字(2014)第 144499 号

责任编辑:赵财霞   责任校对:鄢春梅   版式设计:马 佳

出版发行:**武汉大学出版社** (430072 武昌 珞珈山)

(电子邮件:cbs22@ whu.edu.cn 网址:www.wdp.com.cn)

印刷:黄石市华光彩色印务有限公司

开本:880×1230 1/32 印张:8.25 字数:214千字 插页:1

版次:2014 年 8 月第 1 版   2014 年 8 月第 1 次印刷

ISBN 978-7-307-13658-8   定价:19.00 元

序

　　自从有了人类社会就有了教育，并有了教师与学生。教师优劣直接关系到人才的培养与教育质量，故历史上的有识之士都非常关注教师问题，并多有论述。

　　在古代，虽然不乏明智者关注教师问题，但从未形成正规的中小学教师培训制度。欧洲宗教改革时期，新旧教各派基于争夺信徒、宣扬教义的需要，推动了学校的发展，面向平民子弟的小学大量设立起来，中学也得到较大发展，从而推动了对师资（特别是小学师资）培训问题的重视。在各教派（如耶稣会）的教育活动中，开始产生师资培训的萌芽。

　　最早倡导师范教育的人是17世纪捷克教育家夸美纽斯。夸美纽斯基于其对教育作用的重视，同时也明显受到马丁·路德重视教师工作观点的影响，强调了教师工作的崇高，提出了"太阳底下没有比教师更优越的职业"这一激动人心的名言。但目睹教师的现状，他不无感慨地说："我们非常缺乏有方法的、能主持公立学校并能产生我们所期望结果的教师。"他甚至抱怨说，他煞费苦心编写的教科书，在大多数地方缺乏适当的教师去掌握运用。显然，当时教师素质的普遍低下极大地阻碍了他所理想的教育的实施。有鉴于此，他一方面提议大学的主要任务之一是培养教师，同时还萌生了直接创办师范教育的念头，以便更有针对性地、行之有效地培养合格教师（特别是小学教师）。在其传世名著《大教学论》（1632）中，他提议设立"学校之学校"（School of

Schools)或"教学法学院"(Didactic College)来专门从事师资培训,并指出,这类学校如能设立,"那种好处是无待指陈的"。

虽然夸美纽斯对于有关学校的具体操办语焉不详,但这一提议不啻石破天惊,成为近代师范教育的先声。在夸美纽斯提出上述建议40年后,即1672年,一个叫德米亚(Demia)的基督教兄弟会神父在法国里昂创立了近代欧洲第一所教师培训学校(Training School for Masters);继后,法、德等国相继产生了更多类似性质的学校。近代师范教育的较大发展则在产业革命发生后,尤其是19世纪以后,与社会化大机器生产的勃兴、义务教育的发展乃至普及、学校的大量设立以及教育学、教学法、心理学的日臻成熟有直接的关系。各国还产生了一些在此领域有杰出贡献的教育家,如瑞士教育家裴斯泰洛齐,德国教育家赫尔巴特、第斯多惠,俄国教育家乌申斯基,美国教育家贺拉斯·曼等。他们的师范教育理论及实践对推动近代师范教育的发展居功至伟。随着正规的师范教育在西方各国的迅速发展,到19世纪末,师范教育基本确立了在各国教育体系(或学制)中的重要地位。

进入20世纪后,师范教育有了更大的发展,逐步向高等教育过渡,并从职前教育为主逐渐发展为职前、职后教育(继续教育)并举,"师范教育"一词也逐渐被包含更丰富含义的"教师教育"一词所取代。

在近、现代各国师范教育及教师教育(以下统称教师教育)的发展历程中,美国的经验值得特别关注。美国是移民国家,尽管历史很短,且与欧洲有着渊源关系,教育上更不乏舶来品,无论是教育制度、教育思想,都曾受到欧洲的极大影响,但这只是一方面。另一方面,美利坚民族较少受旧传统束缚,崇尚实用主义,极具创造性,敢为天下先,故在普及初等教育、中等教育、发展高等教育等方面都有领先各国的成果。特别是19世纪末叶以后,随着美国执掌资本主义国家的牛耳,美国更是在许多方面引领着世界潮流,在教师教育领域同样如此。

教师教育是近年来国内外学术研究的热点问题。纵观世界教师教育发展史，美国教师教育的发展堪称是一朵奇葩。美国从独立建国至今不过两百多年，美国教师教育经历了一个从无到有、从低层次到高层次的渐进的发展历程。美国教师教育的发展历程，在某种意义上浓缩了教师教育的发展史，代表乃至引领了教师教育演变发展的历史潮流及趋势。美国教师教育的骄人成就及其经验教训，历来引起人们关注，包括国人的关注。据笔者所知，迄今国内已有数部有关研究专著问世。现在笔者以欣喜的心情看到，在有关美国教师教育的研究著作中，又绽放了新的绚烂花朵，增添了一部颇有价值的专著，这就是王萍博士的《美国中小学教师教育发展研究》。

本书以美国中小学教师教育为研究对象，在搜集、利用较为丰富的研究资料对美国中小学教师教育发展历程进行系统梳理的基础上，具体探讨与剖析了五个不同发展时期美国中小学教师的培养制度、教师教育质量保证制度和教师社会支持体系，并结合我国当前中小学教师教育实践，总结了美国中小学教师教育发展对我国的借鉴性经验与启示。尤其应指出的是，本书作者利用各种渠道（包括自身在美国访学时调查研究的亲身经历），对相关文献资料（特别是外文文献）进行了充分的搜集与利用，对于相关研究现状进行了清晰而细致的分析，在写作与研究中综合运用了文献法、个案分析法、比较法以及比较新颖的路线图法，从客观与微观、理论与实践等诸个层面对美国中小学教师教育进行了全方位乃至立体式的论证与分析，并得出了令人信服的研究结论。由于具有上述特色，本书无疑具有相当的理论意义和较强的实用价值，为当今炙手可热的美国教师教育问题研究增添了新的、有分量的成果。

本书是在作者博士论文的基础上修改扩充而成。6年前，作者已过不惑之年，工作安定，衣食无忧，但她不安于现状，勇于挑战自我，超出自己的职业范畴与原先熟悉的领域，选定外国教育史作为新的研究方向，经过艰苦努力，考取本人的博士研究生。在读博的几年中，王萍克服了许多困难，数易其稿，终于在知天命之年顺利完成了博士论文，匿名评审时得到一些国内著名专家的好评。现在，她将论文修改扩充后出版（其讨论下限一直延伸到奥巴马时代），反映了她对学术精益求精及与时俱进的态度。这种对待工作、对待事业、对待学术的严谨态度及不懈的追求，在职业女性中殊为难得，也非常值得称道与提倡。相信她在今后人生的道路上会迈着坚实的步伐，一步一步走下去，谱写更加绚丽的人生。

杨汉麟

2014 年 4 月 6 日于武昌桂子山

目　　录

第一章　导　言 ……………………………………………… 1

一、研究背景与现状 ………………………………………… 1

（一）国外研究 ……………………………………… 2

（二）国内研究 ……………………………………… 11

二、研究意义 ……………………………………………… 15

三、核心概念界定 ………………………………………… 16

（一）教师教育 ……………………………………… 16

（二）教师继续教育 ………………………………… 18

（三）教师专业化和教师专业发展 ………………… 19

（四）社会支持 ……………………………………… 24

四、研究思路 ……………………………………………… 26

五、研究方法 ……………………………………………… 26

（一）文献法 ………………………………………… 28

（二）个案分析法 …………………………………… 28

（三）路线图法 ……………………………………… 28

（四）比较法 ………………………………………… 28

第二章　美国中小学教师教育的萌芽(17 世纪初—19 世
　　　　纪初) ……………………………………………… 29

一、殖民地时期美国的中小学教育状况 ………………… 29

（一）殖民地时期的早期移民 …………………………… 29

（二）殖民地时期美国学校状况 ………………………… 32

（三）殖民地时期美国的中小学师资状况 ……………… 34

二、美国独立后的中小学教育状况 ………………………… 38

（一）美国独立后的社会状况 …………………………… 38

（二）美国独立后的中小学教师培养的实践 …………… 41

（三）美国独立后的中小学师资状况 …………………… 45

（四）17世纪初—19世纪初美国中小学教师培养的特点 … 49

第三章　美国中小学教师教育的产生（19世纪初—19世

　　　　纪末） ………………………………………………… 51

一、19世纪初—19世纪末美国中小学教师教育产生的

　　历史背景 ………………………………………………… 51

（一）经济和教育发展的需要 …………………………… 51

（二）政府的支持和早期的教育家们的努力 …………… 53

（三）州立师范学校的建立和发展 ……………………… 57

二、美国中小学教师教育的产生 …………………………… 62

（一）州立师范学校的入学条件和课程设置 …………… 62

（二）州立师范学校教师资格认证制度的建立 ………… 67

（三）州立师范学校的特点 ……………………………… 69

第四章　美国中小学教师教育的改革与发展（上）

　　　　（19世纪末—20世纪50年代） ………………… 75

一、19世纪末—20世纪50年代美国师范学校向师范学院

　　过渡的历史动因 ………………………………………… 75

（一）19世纪末20世纪初美国社会的进步及教育的普及 … 75

（二）教育专业组织的推动 ……………………………… 78

（三）美国高等师范教育体制的形成和发展 …………………… 82

二、19世纪末—20世纪50年代美国中小学教师教育的
　　改革和发展 ………………………………………………… 84

（一）高等师范教育时期美国中小学教师教育入学条件
　　和课程安排 ……………………………………………… 84

（二）高等师范教育时期美国中小学教师资格证书制度
　　的进一步发展 …………………………………………… 89

（三）美国中小学教师教育激励制度 ……………………… 93

（四）高等师范学院时期美国中小学教师教育的特点 ……… 95

第五章　美国中小学教师教育的改革与发展（下）（20世纪
　　　　50—80年代）………………………………………… 98

一、20世纪50—80年代美国中小学教师教育大学化的
　　起因 ………………………………………………………… 98

（一）国际竞争的需要 …………………………………………… 98

（二）教师教育培养机构的要求 ……………………………… 99

（三）教师教育培养模式的变更 ……………………………… 102

二、20世纪50—80年代美国中小学教师教育的
　　改革和发展 ………………………………………………… 105

（一）教师教育大学化时期美国中小学教师教育的
　　课程设置 ………………………………………………… 105

（二）教师教育大学化时期美国中小学教师的在职
　　培养制度 ………………………………………………… 112

（三）教师教育大学化时期中小学教师资格证书制
　　度的进一步改进 ………………………………………… 116

（四）教师教育大学化时期美国中小学教师教育的特点 … 119

第六章　20 世纪 80 年代以来美国中小学教师
　　　　教育的改革与完善 ……………………………… 121
一、20 世纪 80 年代以来美国中小学教师教育改革的
　　背景 ………………………………………………… 121
　　(一)国际竞争及教育改革的需要 ……………… 121
　　(二)教师专业发展的需要 ……………………… 126
　　(三)美国教师教育机构认证制度的发展 ……… 131
二、20 世纪 80 年代以来美国中小学教师教育的改革和
　　完善 ………………………………………………… 134
　　(一)20 世纪 80 年代以来美国中小学教师教育的
　　　　一体化 ………………………………………… 134
　　(二)职前、入职和职后教育的一体化 ………… 139
　　(三)20 世纪 80 年代以来美国中小学教师教育资格
　　　　认证和评价制度的发展 …………………… 151
　　(四)20 世纪 80 年代以来美国中小学教师教育的社会
　　　　支持 …………………………………………… 163
　　(五)20 世纪 80 年代以来美国中小学教师教育的特点 …… 178

结　语 ………………………………………………………… 181
一、美国中小学教师教育改革与发展的特点 …………… 184
　　(一)美国中小学教师教育是不断改革和不断
　　　　发展的过程 ………………………………… 184
　　(二)美国中小学教师教育是不断促进教师专
　　　　业化发展的过程 …………………………… 187
　　(三)美国中小学教师教育是不断密切教育理
　　　　论与实践联系的过程 ……………………… 189
二、美国中小学教师教育改革与发展的经验与启示 …… 192

（一）加强教师教育一体化建设，促进我国中

　　　小学教师专业发展 ……………………………… 192

（二）进一步健全和完善我国中小学教师教育

　　　质量保障体系 …………………………………… 198

（三）加强我国中小学教师教育的社会支持 ……… 204

附录 1　加利福尼亚州教师职业标准 ………………… 214

附录 2　美国教师教育大事年表 ……………………… 231

附录 3　美国重要教育机构和组织英汉对照表 ……… 237

参考文献 ………………………………………………… 239

第一章 导　言

一、研究背景与现状

教育是一个民族最根本的事业。振兴民族的希望在教育，而振兴教育的希望在教师。正所谓"致天下之治在人才，成天下之才在教化，成教化之业在教师"，教师的重要性由此可见。因此，联合国教科文组织指出："提高教师的质量和积极性应是所有国家优先考虑的问题。"①20 世纪以来，世界各国都高度重视教育，纷纷实施教育改革。对教育质量的关注引发了人们对教师教育的重视，如何提高教师的质量和教师教育的质量已成为世界各国教育改革的重点。纵观世界教师教育发展史，美国教师教育的发展是一个奇迹。美国从独立建国至今，不过两百多年的时间，美国的教师教育经历了一个从无到有、从低层次到高层次的渐进的历程，从 19 世纪初期创建师范学校到 19 世纪末 20 世纪初升为师范学院，再到 20 世纪中期后转为综合性大学教育学院。尤其是 20 世纪 80 年代以来美国在教师教育领域的一系列调整与变革取得了显著成效。美国的教师教育为什么能在短期内取得显著成效呢？这是一个值得探讨的问题。

---

① 　联合国教科文组织．教育——财富蕴藏其中［M］．北京：教育科学出版社，1996：139.

1

在研究过程中发现美国非常注重基础教育，特别是重视中小学教师教育的社会支持和质量保障建设，并形成了比较完善的中小学教师教育的社会支持和质量保障体系的建设。在美国中小学教师教育的发展历史上，教师教育的制度、政策法规建设对教师专业发展起到了重大的保障和推动作用。在这方面我国可以借鉴美国的经验，根据我国的国情，建立更为完备的中小学教师教育的社会支持和质量保障体系。

(一) 国外研究

就目前国外研究来看，主要集中在以下几个方面：

1. 美国教育历史和美国教育概况的研究

要对美国中小学教师教育的发展进行研究，首先就要借助美国教育史、公立学校发展史等方面的研究成果。对本研究比较有价值的有以下较有代表性的著作：

Charles A. Harper 撰著的《公立师范教育一百年》(*A Century of Public Teacher Eduction*, 1939)①是一部专门研究美国州立师范学校的著作，其研究涉及了美国州立师范学校的建立及其最初一百年的发展。作者用翔实的史料总结了美国师范学校从最初的建立及在全国范围内的推广，再过渡到师范学院的发展历程，分析了师范学校的特色及贡献。该书是记载美国师范学校建立和发展历程的重要史料。Charles A. Harper 撰著的另一本著作《美国教育史理论和实践：教育史料》(*Theory and Practice in the History of American Education*：

---

① Charles A. Harper. A Century of Public Teacher Eduction [M]. Washington D. C. : American Association of Teacher College, National Education Association, 1939.

A Book of Readings，1939）①也是难得的重要资料。John D. Pulliam 和 James J. van Patten 所著的《美国教育史（第八版）》（*History of Education in America*（Eighth Edition），2003）②主要针对美国教育发展的历程做了一个全面的介绍。

相关研究还有 Sol Cohen 所编的《美国教育：历史的纪录》（第三卷）（*Education in the United States：A Documentary History*（Vol. 3），1974）③、James W. Hillesheim & George D. Merrill 的《美国教育史理论与实践读本》（*Theory and Practice in the History of American Education：A Book of Readings*，1980）④、Ellewood P. Cubberley 选编的《外国教育史料》（*Readings in the History of Education*，1920）⑤、Paul Monroe 的《美国公立学校系统的建立》（*Founding of the American Public School System*，1940）⑥、Gerald Grant & Christine E. Murray 的《美国教学：缓慢的革命》（*Teaching in America：The Slow Revolution*，1999）⑦等论著。

① Charles A. Harper. Theory and Practice in the History of American Education：A Book of Readings [M]. Washington D. C. ：American Association of Teacher College，National Education Association，1939.

② John D. Pulliam & James J. van Patten. History of Education in America（Eighth Edition）[M]. N. J. ：Prentice-Hall，2003.

③ Sol Cohen（ed. ）. Education in the United States：A Documentary History（Vol. 3）[M]. New York：Random House，1974.

④ James W. Hillesheim & George D. Merrill. Theory and Practice in the History of American Education：A Book of Readings [M]. Washington D. C. ：University Press of America，1980.

⑤ Ellewood P. Cubberley. Readings in the History of Education[M]. Boston：Houghton Mifflin，1920.

⑥ Paul Monroe. Founding of the American Public School System[M]. New York：Macmillan Company，1940.

⑦ Gerald Grant & Christine E. Murray. Teaching in America：The Slow Revolution[M]. Cambridge：Harvard University Press，1999.

这些研究美国教育历史与发展的著作与史料，为了解各历史时期美国教育的发展提供了不同的视角和观点，为研究美国教师教育的发展提供了全方位、动态的教育背景。

2. 有关美国教育的政策、法案、报告

一些有关美国教育的政策、法案、报告，例如《教育法》（Education Act）、《义务教育法》（Compulsory Education Act）、《毛利法案》（Morrill Act）、《国防教育法》（National Defense Education Act）、《初等教育法》（Primary Education Act）、《中等教育法》（Secondary Education Act）、《教育改革法案》（Education Reform Act）、《师范学校政策声明》（Statement of Policy for the Normal Schools）及《师资能力培养法》（Teacher Capacity-Building Act）等一系列具有法律效力的文件，都对美国中小学教师的培训和考核等问题做出了规定，从而使中小学教师教育有了法律依据。20 世纪 90 年代以来，布什政府和克林顿政府接连发布了指导全美教育改革的纲领性文件《美国 2000 年：教育战略》（The United States in 2000：Education Strategy）和《2000 年目标：美国教育法》（Goals 2000：Educate America Act）。《1999 年法案：向所有儿童提供优质教育》（Act of 1999：To Provide Quality Education to All Children）对优质教师提出了新的要求。2002 年，美国政府颁布了《美国教育部 2002—2007 年战略规划》（U. S. Department of Education 2002—2007 Strategic Planning）。这些原始的政策、法规资料为本研究提供了第一手资料。

另外，还有美国政府和教师教育专业组织发布的报告。美国的教育专业组织林立，许多涉及根本性的教育大政方针和改革的研究报告常常是由专业学会研究提出的。例如，1946 年，在哥伦比亚大学师范学院教授比格罗（K. W. Bigelow）的主持下，全国师范教育委员会通过对美国师范教育进行为期八年的大规模调查，发表了题为《师范教育的改进》(The Improvement of Teacher Education)的调查报告。1983 年,国家教育优异委员会(National Commission on Excellence in Education,简称 NCEE)发表了著名的《国家处在危机中：教育改革势在必行》(A Nation at Risk：The Imperative of Education Reform)报告,强烈呼吁改革美国的教师教育。1985 年,卡内基教育与经济论坛(Carnegie Forum on Education and the Economy)发表的《准备就绪的国家》(A Nation Prepared),对美国教师专业发展提出了五项政策建议。1986 年,美国卡内基基金会(Carnegie Foundation)公布了题为《准备就绪的国家：21 世纪的教师》(A Nation Prepared：Teachers for the 21st Century)的教育调查报告,报告中指出要保留和造就最优秀的教师,提高中小学教师的素质。霍姆斯小组(Holmes Group)在《明日之教师》(Tomorrow's Teachers)的调查报告中对师资培养、聘用、考核等方面都提出了具体的改革建议,还提出要建立教师"专业生涯阶梯"(professional career ladder)。1990 年,霍姆斯小组发表了第二份报告《明日之学校——建立 PDS 学校的原则》(Tomorrow's School：Principles for the Design of Professional Development Schools)。1995 年,国家教师教育认证委员会(National Council for Accre-ditation of Teacher Education,简称 NCATE)设立了制定专业发展学校标准的方案——《美国 1997 年教师优异挑战法案》(Teacher Excellence in America Challenge Act of 1997),该法案"为促进教师培养和专业发展,建立学校与大学的伙伴关系提供竞争性的资助"。1996 年,国家教学与未来发展委员会(National Commission on Teaching and America's Future,简称 NCTAF)相继发表报告《什么最重要：为美国未来而教》(What Matters：Teach for America's Future)和《做最重要的事：投资于优质教学》(Do What Is Most Important：Investing in Quality Teaching),也建议大学学院和中小学一起来重新设计教师教育。同时,为了确保这种合作伙伴关系的质量,美国从政策保障、经费投入以及大学与中小学组织内部等多方面提供支持，确保伙伴关系的良好运作。还有美国教育部（U. S. Department of Education）于 1998 年发表的《大有前景的实践：提高教师质量的新方法》（Promising Practices：New Ways to Improve Teacher Quality）报告和国家教师教育认证委员会于 2001 年发表的《2001 年专业发展学校标准》（Professional Development Schools Standard in 2001）。有关专业发展学校的政策的出台更加促进了专业发展学校在全国范围内的迅速发展。2002 年，美国总统布什签署了《不让一个孩子掉队法案》（No Child Left Behind Act，以下简称 NCLB 法案），提出了高质量教师的理念，明确提出在中小学核心学科任教的教师必须是"高质量"的教师。NCLB 法案还要求各州和各学区根据本州和本地区的不同情况，在联邦政府规定的基础上，制定一个"更高的、客观的、统一的对教师进行评估的州的标准"（Higher，Objective and Unified Standard for States Evaluation，简称 HOUSSE）。这是以法律形式规定教师必须达到的学科知识和教学能力的要求，也是对本州教师尤其是有经验的教师或已经达到高质量教师标准的教师的一套更高的、科学的、全面的评估系统。

此外，还有一些有关美国教师教育的统计资料，如 Harris Louis 的《美国教师回应克林顿总统教育的建议》（The American Teachers Respond to President Clinton's Education Proposals，1993）；美国教育部的《都市生存调查（纽约）》（The Metropolitan Life Survey（New York），1993），将研究视角置于美国教师的生存状况；Debra E. Gerald 和 William J. Hussar 的《至 2011 年教育统计数据》（Projections of Education Statistics to 2011）主要包括截至 2011 年全美中小学教师的供需、学历、收入状况以及政府对中小学的投资情况的全面的统计数据。这些统计资料也是本研究分析美国中小学教师教育发展的不可多得的原始资料。

3. 有关美国教师培养和质量保障制度的著作和论文

美国国内对于教师教育研究的文章和著作很多，例如，杰西·潘伯恩（Jessie M. Pangburn）所著的《美国师范学院的演进》（*The Evolution of the American Teachers Colleges*，1932）①一书将视角聚焦于美国师范学校向师范学院转变的历程，重点阐述了这一时期教师培养体制发生变化的各种因素，并从师范学院课程的扩展、教师专业课程内容的变化及新的课程目标三个方面探讨了师范学院课程的发展及师范学院的发展等。美国教育部于 1974 年发表的报告《教师教育模式的改变：教师教育的新模式和任务》（*Changing Pattern of Teacher Education：New Pattern of Teacher Education and Tasks*，1974）②具体论述了教师教育一体化时期教师培养的新模式。类似的著作还有 W. S. Elsbree 的《美国教师》（*The American Teacher*，1939）、Robert A. Roth 的《大学在培养教师中的作用》（*The Role of the University in the Preparation of Teachers*，1999）、Paul Woodring & John Scanlon 的《美国教育的今天》（*American Education Today*，1963）③、J. I. Goodlad 的《我国学校的教师》（*Teachers for Our Nation's Schools*，1990）、Donald H. Parkerson & Jo Ann Parkerson 的《美国教育的转变：教学社会史》（*Transitions in American Education：A Social History of Teaching*，2001）等著作④。

---

① Jessie M. Pangburn. The Evolution of the American Teachers Colleges[M]. New York：Teachers College Press,1932.

② U. S. Department of Education. Changing Pattern of Teacher Education：New Pattern of Teacher Education and Tasks[R]. 1974.

③ Paul Woodring & John Scanlon. American Education Today [M]. New York：McGraw-Hill,1963.

④ Donald H. , Parkerson & Jo Ann Parkerson. Transitions in American Education：A Social History of Teaching[M]. New York：Routledge Falmer, 2001.

David Roth & Watson Scott Swail 撰著的《美国教师资格认证与
教师培养》(Certification and Teacher Preparation in the United States,
2000)①主要针对美国教师专业发展过程中的教师入职标准的一些
重大的制度、政策与法规进行了深入研究,挖掘这些制度、政策与
法规对美国教师入职的巨大作用以及这些制度、政策与法规的实施
对美国教师专业发展的影响。Earl W. Armstrong & T. M. Stinnett 撰
著的《美国学校教职人员资格认证要求手册》(*A Manual on
Certification Requirements for School Personnel in the United States*,
1961)②和 Lucien B. Kinney 撰著的《教育资格证书》(*Certification in
Education*, 1964)对美国教师资格证书在不同历史时期的颁发情况、
资格证书条件的变化以及未来发展趋势进行了详细的论述。相关的
研究还有 Paul Woodring 的《投资于创新:教育发展基金的历史评
价》(*Investment in Innovation*: *A Historical Appraisal of Fund for the
Advancement of Education*, 1970)③、哈佛大学 S. M. Kardos 的博士
论文《支持和保留学校的新教师:专业文化和指导的重要性》
(Supporting and Sustaining New Teachers in Schools: The Importance
of Professional Culture and Mentoring, 2004)④、哈佛大学教育研究生
院 Morgan L. Donaldson 的博士论文《美国教师的职业生涯:他们何时
和为何、是否离开低收入的学校和教学行业》(American Teachers'

①　David Roth & Watson Scott Swail. Certification and Teacher Preparation in
the United States[M]. Washington D. C. :Washington Publishing House, 2000.
②　Earl W. Armstrong & T. M. Stinnett. A Manual on Certification
Requirements for School Personnel in the United States [M]. Washington D. C. :
National Education Association,1961.
③　Paul Woodring. Investment in Innovation:A Historical Appraisal of Fund
for the Advancement of Education[M]. Boston:Little Brown Company,1970.
④　S. M. Kardos. Supporting and Sustaining New Teachers in Schools:The
Importance of Professional Culture and Mentoring[D]. Harvard University, 2004.

Careers:Whether, When & Why They Leave Low-Income Schools and the Teaching Profession,2008)①、得克萨斯州立大学的 Stredit L. Sukari 的博士论文《促进高校教师的 PADS 评估的支持系统》(Support System that Facilitate High School Teachers' PADS Evaluation Ratings, 2006)②等。

在美国《教师教育杂志》(*Journal of Teacher Education*)及其他期刊杂志上也有一些有见地的研究论文。如 Frank Serafini 的《机遇和挑战——国家专业教学标准委员会》(Possibilities and Challenges—The National Board for Professional Teaching Standards)③、Francis Keppel 的《教师教育近期发展回顾》(A Review of Recent Development in Teacher Education)④、L. Teitel 的《专业发展学校的伙伴关系对教师的影响》(The Impact of Professional Development School Partnerships on the Preparation of Teachers)⑤、N. Burstein, D. Kretschmer 等的《重新设计教师教育是学校和大学的共同责任》(Redesigning Teacher Education as a Shared Responsibility of Schools

---

① Morgan L. Donaldson. American Teachers' Careers:Whether, When & Why They Leave Low-Income Schools and the Teaching Profession[D]. Harvard Graduate School of Education,2008.

② Stredit L. Sukari. Support System that Facilitate High School Teachers' PADS Evaluation Ratings[D]. Texas Southern University, 2006.

③ Frank Serafini. Possibilities and Challenges—The National Board for Professional Teaching Standards[J]. Journal of Teacher Education, 2002(2).

④ Francis Keppel. A Review of Recent Development in Teacher Education[J]. Journal of Teacher Education,1963(18).

⑤ L. Teitel. The Impact of Professional Development School Partnerships on the Preparation of Teachers[J]. Teaching Education,1992,4(2).

and Universities)①、Cohen V. Lora 的《联邦在教师素质中的作用：是"再定义"还是政策协调?》(Federal Role in Teacher Quality： "Redefinition" or Policy Alignment?)②、David Kopel 的《美国教师教育百年》(The Centennial of Teacher Education in America)③。

另外，还有一些论文和著作也对美国的教师教育进行了论述和反思，它们也为本书的完成提供了必要的资料。比如 H. H. Seerley 的《师范学校的缺陷引起的批评和反对》(Defects in the Normal Schools That Are Responsible for the Opposition and Criticism Urged Against Them in Many Parts of the United States)④,伊利诺伊州立大学(Illinois State University) 的 Charles A. McMurry 教授的《教学中自相矛盾的准则》(*Conflicting Principles in Teaching*, 1914)⑤, 以及 David F. Labaree 教授的《美国教师的低下地位》(The Lower Status of Teachers in the United States)⑥等著述。

① N. Burstein. , D. Kretschmer, et al. Redesigning Teacher Education as a Shared Responsibility of Schools and Universities[J]. Journal of Teacher Education, 1999,50(2).

② Cohen V. Lora. Federal Role in Teacher Quality："Redefinition" or Policy Alignment? [J]. Educational Policy,2007,19(1).

③ David Kopel. The Centennial of Teacher Education in America [J]. Management and Supervision,1939,25(9).

④ H. H. Seerley. Defects in the Normal Schools That Are Responsible for the Opposition and Criticism Urged Against Them in Many Parts of the United States [M]// National Education Association Addresses and Proceedings. Chicago： University of Chicago Press,1902.

⑤ Charles A. McMurry. Conflicting Principles in Teaching [M] . Boston： Houghton Mifflin,1914.

⑥ David F. Labaree. The Lower Status of Teachers in the United States[M]// Nobuo K. Shimahara (ed.). Teacher Education in Industrialized Nations—Issues in Changing Social Contexts [M]. New York and London：Garland Publishing Inc. , 1995.

此外，美国的一些教育网站，如 http：//www. ed. gov/tea-chers/landing. jhtml、http：//www. nbpts. org/、http：//www. ncate. org/states 等也是宝贵的资料来源。

(二)国内研究

我国学者对美国教师教育研究的论文和专著也不少，主要集中在以下几个方面：

1. 有关美国教育和教师教育的论著

国内对美国教师教育的研究主要散见于外国教育史研究以及世界或美国师范教育整体概况的著作中。其中，比较有代表性的著作有：滕大春先生所著的《美国教育史》①(1994) 和《外国教育史和外国教育》②(1998) 对美国中小学教师培养的历史沿革做了详细介绍，其中包括课程设置、师范教育质量认证标准以及教师资格证书等内容。郭志明撰著的《美国教师专业规范历史研究》③(2004) 一书通过对美国教师专业规范和专业化培养的历史过程的研究，揭示了教师专业化的历史特征与发展规律。李其龙、陈永明主编的《教师教育课程的国际比较》④(2002) 和陈永明主编的《教育经费的国际比较》⑤(2006) 都有专门一章介绍美国的教师教育。教育部师范

---

① 滕大春. 美国教育史[M]. 北京：人民教育出版社，1994.

② 滕大春. 外国教育史和外国教育[M]. 石家庄：河北师范大学出版社，1998.

③ 郭志明. 美国教师专业规范历史研究[M]. 北京：中国社会科学出版社，2004.

④ 李其龙、陈永明. 教师教育课程的国际比较[M]. 北京：教育科学出版社，2002.

⑤ 陈永明. 教育经费的国际比较[M]. 天津：天津教育出版社，2006.

教育司主编的《教育专业化的理论与实践》①(2001)一书简述了教师专业发展的历史进程，对教师专业发展的概念作了辨析，讨论了教师专业的内容、教师专业化的政策保障，并分析了教师专业发展与教师教育的关系，在对教师专业发展进行理论探讨的基础上，介绍了各国教师教育的政策与实践，其中有对美国的教师资格证书制度、教师教育认证制度以及美国教师教育的课程设置的介绍。周洪宇在他的论著《教师教育论》(2010)中的"教师教育政策论"这一章里阐述了十大提议："(1)建立教育公务员制度，吸引优秀人才当教师；(2)制定并实施教师教育专业标准，提高教师队伍整体素质；(3)实行国家统一教师资格考试制度，建立健全教师准入制度；(4)完善师范生国家公费制度，吸引优秀学生报考师范院校；(5)建立政府购买公共教育服务岗位制度，鼓励师范毕业生去中西部农村地区任教；(6)实行教师定期轮换流动制度，促进基础教育均衡发展；(7)实施城乡统一教师编制制度，改变教师编制倒挂现象；(8)完善教师权益保障制度，以法律保障教师合法权益；(9)完善教师继续教育制度，促进教师专业发展；(10)完善教师考核评价制度和建立教师退出制度，促使教师爱岗敬业。"②

秦立霞的《美国教师资格认证制度研究》③(2010)介绍了美国教师资格认证制度的历史演变的现状与特点，从美国教师资格认证制度的相关学理研究和效应研究方面对美国教师资格认证制度进行

---

① 教育部师范教育司. 教师专业化的理论与实践[M]. 北京：人民教育出版社，2001.

② 周洪宇. 教师教育论[M]. 北京：北京师范大学出版社，2010：80-129.

③ 秦立霞. 美国教师资格认证制度研究[M]. 北京：教育科学出版社，2010.

了系统的研究。赵勇、王安琳、杨文中编著的《美国中小学教师》①(2008)一书主要介绍了美国中小学教师教育的近况。

另外,外国教育丛书组编写的《外国教育丛书——师范教育的现状和趋势》(1979)、马骥雄撰著的《战后美国教育研究》(1991)、王桂主编的《当代外国教育——教育改革的浪潮与趋势》(1995)、国家教育发展研究中心组编译的《发达国家教育改革的动向和趋势》(第七辑)(2004)以及其他一些相关著作,对本研究也有一定的帮助。

2. 有关美国教师教育的博士论文和期刊论文

华东师范大学博士王风玉的论文《美国师范教育机构的转型:历史视野及个案研究》②主要阐述了师范学校在19世纪末开始了向师范学院过渡的过程,并对转型的动因进行了分析,其中涉及美国师范学校、师范学院的产生和发展、美国的教师教育课程、教师资格证书、教师质量保障等问题。华东师范大学博士李敏的论文《美国教育政策问题研究》③以美国20世纪80年代以来的基础教育政策为例,对美国教育政策问题进行了分析和研究,并尝试探析教育政策与教育改革实践之间的互动关系。

谌启标的《美国教师教育制度的改革与实践》④一文主要阐述了美国职前教师教育制度的传统框架以及20世纪80年代后期以来

---

① 赵勇,王安琳,杨文中. 美国中小学教师[M]. 北京:北京师范大学出版社,2008.

② 王风玉. 美国师范教育机构的转型:历史视野及个案研究[D]. 华东师范大学,2007.

③ 李敏. 美国教育政策问题研究[D]. 华东师范大学,2006.

④ 谌启标. 美国教师教育制度的改革与实践[J]. 外国中小学教育,2003(4).

教师教育制度的改革与发展，并简要说明了 20 世纪 90 年代以来美国教师教育制度改革实践中出现的教师专业发展学校的新动向。洪明的《美国教师教育变革与发展的主要趋势》①一文从确立优质教学的新标准、加强教师的职前和初任阶段的培养工作、激励和支持教师的持续专业化发展三个层面探讨了美国近些年来教师教育领域的主要改革动向，分析了 20 世纪至今的美国教师教育变革和发展的主要趋势。谌启标的《美国大学与中小学基于合作伙伴的教师教育改革》、刘永芳的《美国公立学校优秀教师激励体系及其评价》和李斌的《发达国家中小学教师培训发展的共同趋势》等论文涉及美国教师教育的一些相关问题，如美国教师教育的产生和发展、教师教育课程、教师资格证书、教师质量保障等问题。此外，大量的发表在《教师教育》、《外国教育研究》等期刊上的文章为我们具体分析美国的中小学教师教育提供了有益的借鉴和启示。

　　3. 对我国教师教育改革的设想与展望的论著和论文

　　近年来，随着对世界教师教育问题的关注，对我国教师教育改革的设想与展望的相关问题的研究也日益增多。刘捷的《专业化：挑战 21 世纪的教师》②（2002）一书探讨了教师专业化的理论、阶段与模式，把我国教师专业化的现状与问题进行了分析，提出了以教师专业化为取向改进我国的教师继续教育。时伟的《当代教师继续教育论》③（2004）一书探讨了终身教育理论、教师继续教育与教师专业化理论，把我国与发达国家的教师继续教育进行了比较，在

---

　　① 　洪明. 美国教师教育变革与发展的主要趋势[J]. 比较教育研究，2003(7).

　　② 　刘捷. 专业化：挑战 21 世纪的教师[M]. 北京：教育科学出版社，2002.

　　③ 　时伟. 当代教师继续教育论[M]. 安徽：安徽教育出版社，2004.

对我国教师继续教育的发展历程和现状进行分析的基础上提出了我国教师继续教育的模式建构与选择，对我国教师教育的未来做了设想与展望。钟启泉的《我国教师教育制度创新的课题》①指出，教师教育制度创新的关键在于明确规定教师的专业标准和教师教育课程标准。他认为，重塑教师形象、转变教育观念是教师教育制度创新的前提。此外，还有易红郡的《借鉴美国教师教育认定制度，推动我国教师教育改革》②等论文都对我国教师教育改革提出了有益的设想与展望。

二、研究意义

本研究的价值可以从宏观和微观两个层面进行阐释。

从宏观上来说，本选题以美国中小学教师教育为研究对象。通过对美国中小学教师教育的起源、演变、发展与完善的梳理，我们可以更好地认识美国中小学教师教育体系，丰富当前的外国教育研究。

从微观上说，本研究以美国中小学教师教育发展的历史进程为背景，注重美国在中小学教师教育方面针对不同时期存在的问题所提出的各项政策法规对美国的中小学教师教育所起的推动作用。本研究在了解美国的政治、文化和经济等的同时，分析美国中小学教师教育发展的社会文化动因，是对当前的外国教育研究的一种研究视野的拓展。对美国中小学教师教育的社会支持和制度保障的研

---

① 钟启泉. 我国教师教育制度创新的课题[J]. 北京大学教育评论, 2008(3).

② 易红郡. 借鉴美国教师教育认定制度，推动我国教师教育改革[J]. 高等师范教育研究, 2002(1).

究，有利于我国借鉴美国的成功经验，更好地进行我国中小学教师队伍的建设和教育体制的改革。本研究在丰富美国中小学教师教育研究的同时，可以为我国中小学教师教育改革和教师专业化发展提供有益的借鉴。

从实践的角度来看，本研究对于更好地认识当前我国中小学教师教育体制中存在的一些问题具有一定的现实意义。本研究偏重于探寻美国中小学教师教育的制度和政策法规对美国中小学教师教育发展的影响，揭示不同时期的美国中小学教师教育形成和发展的动因及其特征，并提出有益于我国中小学教师教育制度和政策法规改革的建设性的构想。教师教育的改革需要得到政府和社会各方面的支持，对美国中小学教师教育社会支持和制度保障的研究，有助于我国改革和建设我国的中小学教师教育社会支持和制度保障体系。

三、核心概念界定

(一) 教师教育

"教师"是指受一定社会的委托培养人的专门教育工作者。教师是"学校中传播人类科学文化知识和技能，进行思想品德教育，把受教育者培养成一定社会需要的人才的专业人员"①。随着教育的制度化，教育理论和实践日益丰富和发展，教育教学工作逐渐成为一种专门的、科学的职业，教师的社会功能日益显著。近代以来，"科学技术迅速发展，知识迅猛增加，社会经济发生巨大变化，对人的科学文化、思想品德和身体素质等均提出更高要求，教师的社会功能随之变化和扩大。不仅要传授知识，还要培养和发展

---

① 顾明远. 教育大词典[Z]. 上海：上海教育出版社，1997：700.

受教育者的智力和能力，对他们的学习和全面成长进行指导；同时对社会团体、学生家庭成员有联络、辅导、咨询和服务的责任，成为促进社会民主化、平等化和教育社会化的积极力量，受到国家的承认和社会的尊重"①。

陈永明先生认为，教师教育是现代世界各国较为通用的包括教师的培养、任用和进修三个阶段的相应的教育②。1996 年出版的《教师教育研究手册》(*Handbook of Research on Teacher Education*)认为，教师教育(teacher education)包括培养未来教师的职前培养计划(pre-service programs)、新教师的入职培训计划(induction programs)和在职教师的在职培养计划(in-service programs)。我国学者周洪宇认为："教师教育是职前培养和在职进修的统一，是正规教育与非正规教育的结合，是多层次、全方位、立体式的教师终身大教育，体现了教师培养的整体性、专业性和终身性。"③教师教育是在终身教育思想的指导下，按照教师专业发展的不同阶段而对教师进行职前培养、入职培训和在职培养三方面的连续的、可发展的、一体化的教育过程。

学者们普遍认为，"师范教育"与"教师教育"的含义有本质上的区别。"师范教育"的概念更侧重于职前教育，而"教师教育"的概念则更强调教师的不断学习、不断促进教师专业发展的过程。"教师教育"较之于"师范教育"的内涵更丰富，更适应于当今世界科技知识的更新加速和教育普及程度的提高，体现了与时俱进。为了行文的方便，本书多用教师教育的概念，我们暂且可以把师范学校时期的教师教育看作是教师教育的起步或低层次的时期，把师范

① 顾明远. 教育大词典[Z]. 上海：上海教育出版社，1997：700.
② 陈永明. 现代教育论[M]. 上海：上海教育出版社，1999.
③ 周洪宇. 教师教育论[M]. 北京：北京师范大学出版社，2010：5.

学院时期、教师教育大学化时期及 20 世纪 80 年代以来的教师教育看作是教师教育的不断完善的时期。

(二) 教师继续教育

继续教育(continuing education/further education)是指对已获得一定学历教育和专业技术职称在职人员进行的教育活动，是学历教育的延伸和发展，使受教育者不断更新知识和提高创新能力，以适应社会发展和科学技术不断进步的需要，是现代科学技术迅猛发展的产物。联合国教科文组织出版的《职业技术教育术语》称:"广义的继续教育是指那些已脱离正规教育、已参加工作和负有成人责任的人所受的各种各样的教育。它对某个人来说，可能是接受某个阶段的正规教育，对另外的某个人来说，可能是在某个特殊领域内更新或补充知识，还有的人可能是在为提高其职业能力而努力。"[1]

在顾明远先生主编的《教育大词典》中，教师继续教育是指"对具有教师资格的在职教师进行知识更新、补缺和提高的教育"[2]。上海教育出版社出版的《教育大辞典》对继续教育下的定义为:"对已获得一定学历教育和专业技术职称的在职人员进行的教育活动。是学历教育的延伸和发展，使受教育者不断更新知识和提高创新能力，以适应社会发展和科学技术不断进步的需要，是现代科技迅猛发展的产物。"[3]

人们对继续教育概念的理解是多种多样的，但将其综合起来，也不难发现多样化的理解中所包含的一致性。继续教育是指对已经

---

① 教育大辞典编纂委员会. 教育大辞典(第 3 卷)[Z]. 上海:上海教育出版社，1990:379.

② 顾明远. 教育大词典[Z]. 上海:上海教育出版社，1998:701.

③ 教育大辞典编纂委员会. 教育大辞典(第 3 卷)[Z]. 上海:上海教育出版社，1990:380.

脱离正规教育且负有成人责任的人们所进行的对其"初始教育"或"学历教育"的"延伸"、"补充"和"发展"，目的是利用职业领域的新理论、新知识、新技术、新方法来更新他们的知识，开发、拓宽、提高他们的职业能力和创造能力。在新形势下，教师继续教育是在终身教育理念指导下产生并发展起来的一种有目的、有计划、有组织地促进教师专业发展的继续教育。它已不再等同于教师在职培训，不是一种仅仅为了给教师补差填缺的教育，而是以终身教育理念和教师专业化理论为指导，以促使教师的专业发展为目标，加速教师专业成熟的一种针对教师群体的继续教育，旨在通过专业知识、专业技能、专业理论、教育科学知识及教学能力的提高来满足教师专业发展的多方面的需求，促进教师的专业发展。

（三）教师专业化和教师专业发展

1. 专业和专业化

1966 年，国际劳工组织和联合国教科文组织在《关于教师地位的建议》中明确宣布教师职业是一种专业。社会学家卡尔-桑德斯（A. M. Carr-Saunders）于 1933 年在其《专业》一书中指出：所谓专业，是指一群人在从事一种需要专门技术的职业，这种职业是一种需要特殊智力来培养和完成的，其目的在于提供专门性的社会服务[1]。教师被界定为一种"专业"，意味着教师成为一种专门化程度较高的行业。

1948 年全美教育协会（NEA）提出了专业的八项标准："含有基本的心智活动；拥有一套专门化的知识体系；需要长时间的专门训

---

[1]　教育部师范教育司．教师专业化的理论与实践[M]．北京：人民出版社，2003：32.

练；需要持续的在职成长；提供终身从事的职业生涯和永久的成员资格；建立自身的专业标准；置服务于个人利益之上；拥有强大的、严密的专业团体。"①

在国际教育界广泛运用的是利伯曼（M. Lieberman）于1956年提出的专业的八条特征："范围明确，垄断地从事于社会不可缺少的工作；运用高度的理智性技术；需要长期的专业训练；从事者无论个人、集体均具有广泛的自律性；在专业的自律性范围内，直接负有做出判断、采取行为的责任；非营利，以服务为动机；形成了综合性的自治组织；拥有应用方式具体化了的伦理纲领。"②

由此看来，一种职业被认可为专业，应该具备以下五个方面的基本特征：(1)具有不可或缺的社会功能；(2)具有完善的专业理论和成熟的专业技能；(3)有服务的理念和典型的伦理规范；(4)具有高度的专业自主权和权威性的专业组织；(5)需要经过长期的培养和训练，并不断地继续学习与发展。专业是在社会分工、职业分化中形成的一类特殊的职业，是指一群人在从事一种必须经过特殊教育或训练，具有较高深和独特的专门知识和技能，按照一定的专业标准进行活动，从而解决人生的社会问题，促进社会进步并获得相应的报酬待遇和社会地位的专门性职业。

"专业化"是一个社会学概念，其含义是指一个普通的职业群体在一定时期内，逐步符合专业标准、成为专门职业并获得相应的专业地位的过程。专业化包含两个维度：地位的改善与实践的改进。霍尔（Hall）就提出了专业化过程的14个特点："清楚地定义专业的功能；掌握理论知识；解决问题的能力；实际知识的运用；为

---

① National Education Association. Division of Field Service:The Yardstick of a Profession,Institutes on Professional and Public Relations[M]. Washington D. C. ,1948:8.

② M. Lieberman. Education as a Profession[M]. N. J. :Prentice-Hall,1956:2-6.

维护前途而进行超越专业的自我提高；在基本知识和技术方面的正规教育；对能胜任实践工作的人授予证书或其他称号；专业亚文化群的创建；用法律手段强化专业特权；公众承认的独特作用；处理道德问题的道德实践和程序；对不符合标准的行为的惩处；与其他职业的关系；对用户的服务关系。"①由此可见，专业化是一个科学的、不断完善的过程，需要有明确的规则和依据可循。专业首先是建立于专门知识与道德操守之上的职业群体；一门职业能够发展成为"专业"，需要一个建构的过程，在这一建构过程中，建立起相应的制度；而制度的建立，是受到每个专业所处的不同的社会经济制度、政治背景以及历史阶段等所制约的，也就是说，对某一职业群体的专业化过程的分析，要将其放置到其所处的社会环境中去分析和研究。

2. 教师专业化与教师专业发展

自联合国教科文组织和世界劳工组织明确了教师职业是一种专业以来，"教师专业化"由 20 世纪 60 年代的社会倡议演变成 20 世纪 80 年代后的国家运动。1986 年，美国卡内基教育与经济论坛的"教学作为一门专业之工作小组"发布的《准备就绪的国家：21 世纪的教师》报告和霍姆斯小组发布的《明日之教师》这两份报告同时指出：公共教育质量只有当学校教学发展成为一门成熟的专业时才能得以改善。

教师专业化主要指教师在整个专业生涯中，依托专业组织，通过终身专业训练，习得教育专业知识技能，实施专业自主，表现专业道德，逐步提高自身从教素质，成为一个良好的教育专业工作者

---

① National Education Association. Division of Field Service：The Yardstick of a Profession，Institutes on Professional and Public Relations[M]. Washington D. C.，1948：10.

的专业成长过程，也就是一个人从"普通人"变成"教育者"的专业发展过程。教师专业化是职业专业化的一种类型，是指教师"个人成为教学专业的成员并且在教学中越来越成熟的这样一个转变过程"①。从社会学的角度来看，教师专业化属于成人阶段的职业社会化，又称教师专业社会化。它包括两个方面的内容：其一指教师个体专业水平提高的过程，为教师个体专业化；其二指教师群体为争取教师职业的专业地位而进行努力的过程，为教师职业专业化。教育社会学者霍伊尔（E. Hoyle）提出，职业专业化"是指一个职业（群体）经过一段时间后成功地满足某一专业职业标准的过程"，"它涉及两个一般是同时进行并可独立变化的过程，就是作为地位改善的专业化和作为专业发展、专业知识提高以及专业实践中技术改进的专业化"②。

　　教师专业化既是一个过程，即教师职业逐步向业经证实的专业标准所要求的专业水平发展的过程；又是一个结果，即教师职业已达到业经证实的专业标准所要求的专业水平③。教师职业专业化是教师群体专业化发展的必然结果，它从根本上影响着教师个体专业化的进程和水平。反过来，教师个体在接受专业训练和自身业务水平提高的过程中，即在教师个体专业化的发展过程中，不断接受新知识，增长专业能力，不断地推进和发展了教师专业所需要的知识技能、专业组织、专业道德和专业自主，促进了教师职业专业化的发展。因此，可以说，教师个体专业化是教师职业专业化的基础和源泉，是教师专业化的根本方面。教师职业专业化和教师个体专业

---

① 邓金. 培格曼最新国际教师百科全书［M］. 北京：学苑出版社，1989：553.

② 邓金. 培格曼最新国际教师百科全书［M］. 北京：学苑出版社，1989：553.

③ 周洪宇. 教师教育论［M］. 北京：北京师范大学出版社，2010：9.

化是教师专业化不可分割、密切联系的两个组成部分。

从广义的角度来说，"教师专业化"与"教师专业发展"这两个概念有相通之处，均指加强教师专业性的过程。"教师专业化"更多是从社会学角度加以考虑的，主要强调教师群体的、外在的专业性提升。专业化的目标是争取专业的地位与权利及力求集体向上流动。"教师专业发展"更多是从教育学的维度加以界定的，主要强调教师个体的、内在的专业化提高，其目标是发展教师的教育教学的知识和技能，提高教育教学的水平。

教师专业发展（professional development）的内涵十分丰富。斐瑞（Perry）认为："教师专业发展意味着教师个人在专业生活中的成长，包括信心的增强、技能的提高、对所教学科知识的不断更新、拓宽和深化以及对自己在课堂上为什么这样做的原因意识的强化。就其最积极意义来讲，教师专业发展包含着更多的内容，它意味着教师已经成长为一个超出技能的范围而有艺术化的表现，成为一个把工作提升为专业的人，把专业知能转化为权威的人。"[①]

利伯曼认为，教师对自身专业发展的内在要求意味着教师有强烈的自我意识和自我发展意识，把自身的发展当作自己认识的对象和自觉实践的对象，自觉地采取相应的促使自我发展的手段和措施，从而实现不断超越自我、提升自我价值、获得专业满足感[②]。教师要成为一个成熟的专业人员，需要通过不断的学习与探究历程

---

① P. Perry. Professional Development：The Inspectorate in England and Wales [M]//Eric Hoyle & Jacquetta Megarry（Eds.）. World Yearbook of Education 1980：Professional Development of Teachers. London：Kogan, 1980：143.

② A. Lieberman. Teacher Development：Commitment and Challenge [M]// P. Grimmett Peter & Johnathon Neufeld（Eds.）. Teacher Development and the Struggle for Authenticity：Professional Growth and Restructuring in the Context of Change. New York & London：Teachers College Press, 1994：15-16.

来拓展其专业内涵，提高专业水平，从而达到专业成熟的境界。教师专业发展是教师在自我专业发展意识的驱动下，为提升专业水平经自我抉择所进行的学习与各项活动，以期促进专业成长的过程。从本质上说，教师专业发展是教师的个体专业不断发展的历程，是教师教育理念、教学态度、知识涵养和教学技能等方面不断成长的过程。

(四)社会支持

"社会支持"(social support)这一概念一经提出，许多研究者及组织、部门开始使用，并根据其研究目的和视角的不同，对这一概念赋予了不同的含义。在目前已有的社会学文献中，对社会支持的理解大致可以分为两类：其一是客观的支持，包括物质上的直接援助和社会网络、团体关系的存在和参与，是人们赖以满足他们的社会、生理和心理需求的家庭、朋友和社会机构的汇总。其二是主观的支持，即个体所体验到的情感上的支持，也就是个体在社会中受尊重、被支持、被理解因而产生的情感体验和满意程度。

不同学者对社会支持有不同的理解。有学者认为，社会支持既涉及家庭内外的供养与维系，也涉及各种正式与非正式的支持与帮助；也有学者认为，社会支持是一个人通过社会联系所获得的能减轻心理应激反应、缓解精神紧张状态、提高社会适应能力的影响，这是从社会心理刺激与个体心理健康之间关系的角度来看的；还有学者认为，社会支持不仅仅是一种单向的关怀或帮助，它在多数情形下是一种社会交换。综合以上观点，笔者认为：社会支持是个人从其社会网络中获得的各种帮助，既包括客观的物质支持，也包括主观的情感支持。社会支持还应该有宏观和微观、具体和抽象之分。从宏观的方面来讲，社会支持可以来自国家和社团；从微观的方面来讲，社会支持可以来自家庭和个人。有人指出，社会支持是指个体与社会各方面，包括亲属、朋友、同事、伙伴等社会人以及家庭、单位和社团组织等产生的精神上和物质上的联系程度①。在应激研究领域，一般认为社会支持具有减轻应激的作用，是应激作用过程中个体"可利用的外部资源"②。社会支持概念所包含的内容相当广泛，包括一个人与社会所发生的客观的或实际的联系，例如，得到物质上的直接援助和社会网络。这里的社会网络是指稳定的(如家庭、婚姻、朋友、同事等)或不稳定的(非正式团体、暂时性的交际等)社会联系的大小和获得程度。社会支持还包括主观体验到的或情绪上的支持，即个体体验到在社会中被尊重、被支持、被理解和满意的程度。许多研究证明，个体感知到的支持程度与社会支持的效果是一致的。本书的社会支持主要指宏观方面的社会支持。

　　社会支持是成功缓解日常生活中压力的决定因素，并能提高个人应对压力的能力。一个人知道她(他)被重视是帮助她(他)忘记生活中消极方面的一个重要的心理因素，并能促进她(他)积极地思考改变其生存的环境③。社会支持不仅有利于改善个人的幸福感，还能影响其免疫系统，也是防止诸如抑郁症、焦虑症等负性症状的主要因素④。同时，社会支持是预测个人身体健康与否的最重要的因素之一。因此，社会支持和身体健康同为关乎个体整体幸福

①　J. Cassel. The Contribution of the Social Environment to Host Resisance[J]. Journal of Epidemiology, 1976,9(7):23-27.

②　"应激"是一个生理学概念，指个体在事件或环境刺激下，觉察自身的平衡状态和负荷能力受到威胁时出现的心理和生理的应对过程。

③　R. Schwarzer & A. Leppin. Social Support and Health: A Theoretical and Empirical Overview[J]. Journal of Social and Personal Relationships, 1991(8): 99-127.

④　S. E. Taylor, W. T. Welch, H. S. Kim & D. K. Sherman. Cultural Differences in the Impact of Social Support on Psychological and Biological Stress Responses[J]. Psychological Science, 2007(18):831-837.

感的两个关键因素。

四、研 究 思 路

  美国中小学教师教育的历史发展大致分为以下几个时期：美国中小学教师教育的萌芽期(17 世纪初—19 世纪初)、美国中小学教师教育的形成期(师范学校时期)(19 世纪初—19 世纪末)、美国中小学教师教育改革和发展期(师范学院时期和教师教育大学化时期)(19 世纪末—20 世纪 80 年代)、美国中小学教师教育改革与完善期(教师教育一体化时期)(20 世纪 80 年代以来)。本研究力求以教育史学科的视野，将美国中小学教师教育的发展与变迁置于美国教育历史发展的长河中进行考察，通过对不同时期的美国中小学教师教育进行仔细研究，分析各个时期的教师教育改革的动因以及各个时期的教师教育的特色。本书的篇章结构安排如图 1-1 本书结构图所示。

五、研 究 方 法

  本研究的主要内容是历史进程中的美国中小学教师教育的发展。研究的主要任务是探讨殖民地时期、师范学校时期、师范学院时期、教师教育大学化时期和 20 世纪 80 年代以来五个不同阶段的美国中小学教师教育的发展，并从历史脉络中总结其教师教育改革的动因以及各个时期教师教育的特色。中小学教师教育与国家、社会、世界的发展有着极为紧密的联系，对这些问题的探讨将涉及社会学、历史学、政治学、教育学、经济学等众多学科领域。所以，根据本研究内容与任务的要求，拟采用文献法、个案分析法、路线图法以及比较法等不同方法，以保障研究的顺利进行。

美国中小学教师教育发展研究

美国中小学教师教育的萌芽
- 殖民地时期美国的中小学教育状况
- 美国独立后的中小学教育状况

美国中小学教师教育的产生
- 19世纪初—19世纪末美国中小学教师教育产生的历史背景
- 美国中小学教师教育的产生

美国中小学教师教育的改革和发展（上）（19世纪末—20世纪50年代）
- 19世纪末—20世纪50年代美国师范学校向师范学院过渡的历史动因
- 19世纪末—20世纪50年代美国中小学教师教育的改革与发展

美国中小学教师教育的改革和发展（下）（20世纪50年代—80年代）
- 20世纪50年代—80年代美国中小学教师教育大学化的起因
- 20世纪50年代—80年代美国中小学教师教育的改革和发展

20世纪80年代以来美国中小学教师教育的改革与完善
- 20世纪80年代以来美国中小学教师教育改革的背景
- 20世纪80年代以来美国中小学教师教育的改革和完善

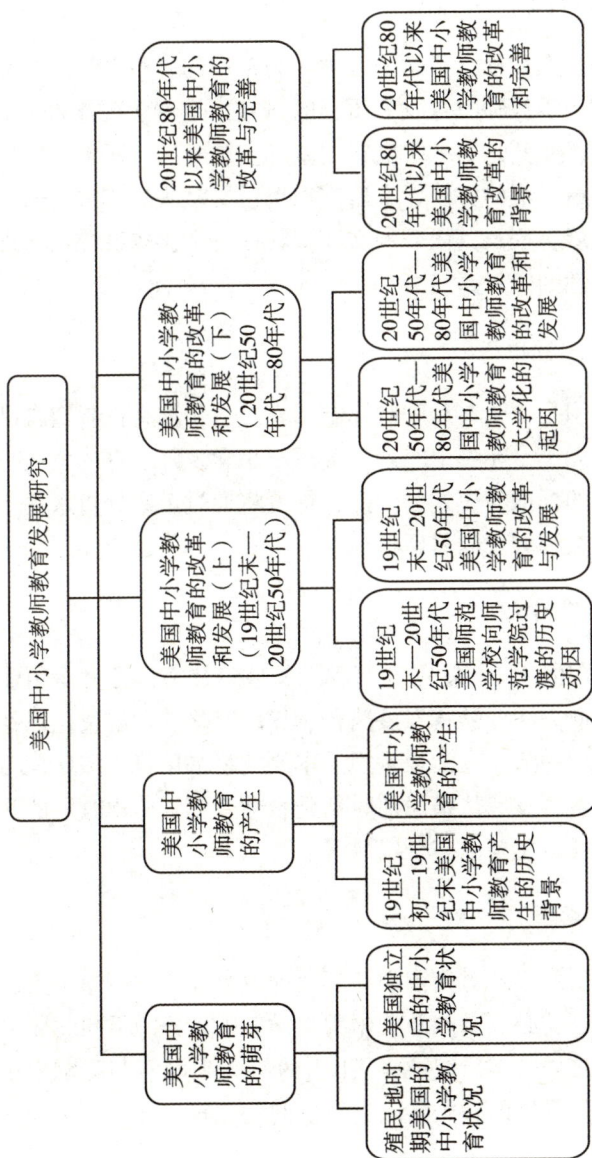

图1-1 本书结构图

(一)文献法

文献法是人文社会科学研究中较为常用的一种方法。对美国两百多年的中小学教师教育发展历程的研究,是建立在查阅大量资料的基础之上,尤其是第一手资料的基础上展开的。所以,历史文献法是本研究最基本的方法。本研究拟采用文献法对有关美国中小学教师教育发展历程及其研究的文献资料作一个比较系统的梳理,把握其中关键性的资料。

(二)个案分析法

由于美国是一个典型的联邦制国家,各州都有权制定自己的法律,所以,无论是在哪个时期,美国中小学教师教育的发展与规范都没有统一的标准与模式。因此,笔者将通过个案分析来揭示各个时期中小学教师教育的具体特征。

(三)路线图法

路线图(Roadmap)法是在管理学领域对技术预见时运用较多的一种方法。此方法能够将发展路径、发展策略、发展重点以及发展特征等以图表的形式灵活地呈现。本研究将采用路线图法,将美国中小学教师教育发展从殖民地时期到教师教育一体化时期的几个不同阶段的特征、主要内容予以呈现。

(四)比较法

因为本研究涉及对美国中小学教师教育在各个不同历史发展时段的研究,这就必然要涉及美国中小学教师教育的不同时段的纵向比较。除此之外,本研究还将美国中小学教师教育与我国中小学教师教育发展过程中的相关情况进行横向的比较。

第二章　美国中小学教师教育的萌芽
（17 世纪初—19 世纪初）

　　17 世纪初—19 世纪初是美国中小学教师教育的起步时期，也可以说是美国中小学教师教育的萌芽期。当 17—18 世纪欧洲的法国和普鲁士建立起专门的教师教育机构和教师教育制度之时，美国的教师教育还处在师资培训的实践阶段。要探索美国中小学教师教育的起源，我们有必要了解一下美国殖民地时期及独立后的中小学教育状况。

一、殖民地时期美国的中小学教育状况

　　从 17 世纪至美国独立前是美国的殖民地时期，此时生产力水平低下，生活不稳定。来自欧洲各国的大量移民带来了各自祖居地的教育，教师的培养也是参照欧洲的培养方式。首先，让我们对殖民地时期的早期移民有一个大致的了解。

（一）殖民地时期的早期移民

　　美国是美利坚合众国（the United States of America）的简称，位于北美洲中部，原是印第安人的聚居地。1492 年意大利航海家克里斯朵夫・哥伦布（Christopher Columbus，1451—1506）发现新大陆后，西班牙、荷兰、英国、法国等国家开始向北美洲进行殖民侵略

和移民①。1607年，英国移民在新大陆建立起第一个殖民地。17世纪—18世纪前半期，英国在北美洲大西洋沿岸先后建立了13个殖民地。移民大都是为了摆脱封建暴政、宗教压迫和贫困而从欧洲各国迁移至北美地区，许多贫苦移民成为殖民者的契约奴。这些早期移民冒着生命危险，远涉重洋，在当时荒无人烟的美洲大陆上落脚，为的是什么呢？他们为的是追求自由的新生活或者是为了发财致富。在这批移民中，有一些英国的异教徒——清教徒(puritans)，他们来到美洲大陆逃避英国教会的迫害。对于他们来说，这个崭新的世界是一个享受自由信仰的理想之邦②。以温思罗普为代表的清教徒自许为上帝的"特殊子民"(God's peculiar people)，感到有一种不可推卸的责任和义务，那就是要和世界上一切不圣洁的事物(impurities)抗争。他们梦想建立一个"山巅之城"(a city upon a hill)，也就是一个示范民族，一个可以让世人景仰和效仿的民族。清教徒们雄心勃勃，拼命工作，严于自律，致力于教育事业，这不仅仅是为了促进社会进步，更重要的是，这是上帝的"感召"(God's calling)。在他们看来，人生最大的罪恶就是不信奉上帝，无所作为③。清教徒们的努力有力地推动了社会物质文明和精神文明的进步。直到今天，他们努力工作的优良品质仍为当今的美国人所推崇。清教徒们对美国文化发展的贡献是巨大的。首先，他们创造了美国神话；其次，他们首创了美国文化中自由、民主和个人主义的

① 来安方.美国概况(第二版)[M].上海：上海外语教育出版社，1994：201.

② 来安方.美国概况(第二版)[M].上海：上海外语教育出版社，1994：202.

③ Edward N. Kearng, et al. The American Way: An Introduction to American Culture[M]. N. J.: Prentice-Hall, 1984:39-46.

传统①。

还有一些早期移民来到新大陆是为了发家致富。通过移居新大陆，许多人发现他们的生活状况大为改观。无尽的富饶的土地可以自由享用，那么少的人口拥有那么多的土地，似乎机会是无限的。同时，他们在征服自然的过程中克服了巨大的困难，能够留下来和幸存下来的都是一些异常能干、勇敢、坚强、有进取精神的人。随着殖民地的发展，许多人意识到他们可以通过土地投机来发大财，为了拥有更多的土地，他们开始向西扩张而成为边疆人(frontiers)。

历史上，美国人爱把边疆人看作个人自由的典范，因为在那里很少有正规的法律条文和已建立的社会规范来约束他们。边疆人可以享受最大限度的自由，但同时他们失去了以往安逸舒适的生活。在一片片未开发的土地上，他们要建造自己的家园，自己开荒种地，自制衣物和生活日用品……简言之，他们必须自立。这样艰苦的环境培养了他们的创造精神，这种创造性的生活又培养了他们自信、乐观的性格。

边疆人同时也被看作是平等竞争的典范。在边疆，人们看重的是一个人现在能做什么而不是他的祖先是谁。边疆人爱说："在地面上的比在地面下的更重要。"(What's above the ground is more important than what's beneath the ground.)②因为家庭背景是那么无足轻重，边疆为许多普通人提供了发展的机会。在这里，人们可以重新开始，可以平等竞争，因此，他们形成了一种强烈的竞争意识。每个人总是努力积累比别人更多的财富，因为他们摒弃了世袭

① 王萍，王卫平."美国梦"释义[J]. 武汉大学学报(人文科学版)，2002(6)：244-248.

② Ethel & Martin Tiersky. USA Customs and Institutions[M]. N. J. :Prentice-Hall,1990:66.

的贵族制度，一个人拥有财产的多少成为他经济成功与否和社会地位高低的重要标志。边疆人的不断西进，正是为了得到更多的财富。后来流行于美国的"淘金热"(gold rush)也是出于对财富的无止境的追求①。长达两个多世纪的拓荒年代对于塑造美国人的价值观念和民族精神起了决定性的作用。其中，最突出的是个人自由、平等机遇的理想和自信、独立和富于创新的精神②。

对殖民地时期早期移民的特点和追求的了解有助于我们了解殖民地时期美国中小学的教育状况。

(二)殖民地时期美国学校状况

美洲大陆在发现之初，尚无自己的教育体系。伴随着欧洲各国移民的纷纷到来，欧洲各国新颖的教育措施和教育思想不断在这里汇聚。由于英国人在众多移民者中占大多数，美洲大陆殖民地时期的教育大多是从英国移植而来的。

美国重视教育的传统从殖民地时期便开始了。当时英国政府不向殖民地提供教育经费，各殖民地居民便根据各自的实际能力来兴办教育，各种学校基本上是殖民者移植他们国家的教育制度的产物。殖民地时期所面临的首要问题是生存问题。尽管以清教徒为主的移民在思想上对教育给予了必要的关注，但限于社会各方面条件的制约，教育的发展还是受到了条件的限制。这一时期的小学教育多数是家庭式的私立教育，通常由年长的女子在家里开办，并向学生收取很少的学费。当时更为普遍的一种教学形式是，流动性的家庭教师定期在某些特定的场所进行短期的巡回讲学。在殖民地中部

---

① 王萍，王卫平．"美国梦"释义[J]．武汉大学学报(人文科学版)，2002(6)：244-248．

② Edward N. Kearng, et al. The American Way：An Introduction to American Culture[M]．N. J.：Prentice-Hall，1984：59-66．

和南部，更多的是由慈善或宗教团体举办具有英国私人督导和慈善性质的学校。1642 年，马萨诸塞(Massachusetts)海湾殖民地议会通过了《1642 年法令》(Ordinance of 1642)。该法令要求每个城镇都要调查儿童的识字状况，对那些不负责培养和训练子女或学徒具有阅读和理解宗教教义及殖民地法令能力的家长和雇主给予惩罚。当时尚未规定开办学校。1647 年马萨诸塞地方议会通过法律，规定满 50 户的镇要聘请一位小学教师，有 100 户以上的乡，要办拉丁语法学校。各地学校在办学形式、教学内容以及教学质量等方面都有很大差异①。此时，美国还没有形成现代公共教育的概念，各殖民地处理教育事务的方式各不相同，殖民地时期的学校基本上是照欧洲的原样移植来的。由于 13 个殖民地的移民来自不同国家，所以他们各自按照本国惯例兴学，办法极不统一。殖民地时期，美国建立了各种私立学校，既有教派的，又有非教派的。很多学校的教育基本上是以宗教为基础，以《圣经》(Bible)作为阅读课本，强调以《圣经》经文作为道德行为的根据②。他们认为每个基督徒都必须能阅读《圣经》，懂得教义，了解上帝的意旨，所以重视办初等学校，由殖民地当局主办教育。中部殖民地(纽约、新泽西、宾夕法尼亚、特拉华)以畜牧业和谷物生产为主，移民来自欧洲大陆各国，隶属基督教不同宗派，各宗派分别设校，由教会负责教育。南部殖民地(弗吉尼亚、佐治亚、马里兰、北卡罗来纳、南卡罗来纳)以种植园奴隶制经济为主，贵族地主请家庭教师在家里教育子女，完成初等教育后送到英国继续学业。当时为贫穷白人的儿童办了免费的初等学校，称为"穷人学校"。奴隶的儿童不得接受学校

---

① Cremin Lawrence A. The Heritage of American Teacher Educalion [J]. Journal of Teacher Education,1953(4):163-164.

② 来安方. 美国概况导读[M]. 郑州：大象出版社，2001：15.

教育①。为贫民子弟而设的初等学校有市镇学校②、主妇学校③、合同学校④等，殖民地时期的很多学校在很大程度上受教会的控制，教学的主要目的是为了培养殖民地居民的宗教信仰，对于知识的要求不高，教师的选择以宗教信仰为主要标准。教育内容极为有限，主要是掌握一些简单的读、写、算的知识，以满足阅读宗教书籍的需要。当时大多数居民住在乡村，大部分的学校是只有一间教室的乡村校舍。学校为了迎合乡村生活的需要，每年的上课时间不超过四个月，而且都安排在了夏冬两季⑤。

(三)殖民地时期美国的中小学师资状况

殖民地时期，当时学校主要由教会管理，因此，教师的选定主要由地方社区的牧师负责。尽管在殖民地时期对教师的从业资格要求很低，但在美国教育史上，除了罗得岛州(Rhode Island)和马里兰州(Maryland)外，几乎在所有殖民地区都要求教师必须有正统教派的宗教信仰、品行端正并且遵守市镇当局的法令规定。在之后的几个世纪中，这种情况虽然有所改观，但宗教信仰仍是重要的考虑因素。1654年，马萨诸塞州最高法院曾这样指出："为慎重起见，

---

① 滕大春.美国教育史[M].北京：人民教育出版社，2003：12-14.

② 殖民地当局于1647年颁布教育法律，规定凡居民达到50户的镇区，必须设立初等学校，经费由学生家长、工厂主或居民负担。从此，市镇学校成为殖民地时期初等教育的主体学校。

③ 主妇学校是仿照英国的妇人学校而设立的，由稍有文化的家庭主妇在自己家的厨房内，教邻近一些儿童识字，讲述《圣经》故事。

④ 合同学校因家长和教师签订合同而得名。教师在规定的期限内教会儿童基本的读写、计算的能力，家长付给教师一定的酬劳。

⑤ H. Strober & L. Best. The Female/Male Salary Differential in Public Schools: Some Lessons from San Francisco, 1879 [M]. Economic Inquiry, 1979 (17): 221.

不允许思想不端正、具有社会公害性和有悖于基督礼教的人在大学
（即哈佛）或学校从事教育工作。"①尽管如此，教师职业并没有十
分严格的入职标准。大多数地区都没有正式的师资培训制度，通常
只能由现职教师负责，以艺徒制的方式选取有意担任教师职务的学
生，从师几年，学徒初通一些读、写、算的教法，就可以出师。不
过，从总体上看，对于教师的要求还是逐渐趋于严格的。例如，在
新荷兰（New Holland）殖民地，准教师首先要通过荷兰西印度公司
官员的评审，然后通过当地宗教法庭的批准，才能得到教师从业资
格。在 1664 年英国占领新阿姆斯特丹之后，颁发教师资格许可的
特权掌握在当地首脑的手里，这种情况一直持续了二十多年。1686
年，詹姆士二世（James Ⅱ）宣布："从今以后，没有得到坎特伯雷
大主教许可的教师不允许在该地区任教。"②教师资格授予权又转移
到伦敦主教的手里。在新泽西州（New Jersey），教师资格许可是由
行政当局长官或者伦敦主教代理颁发的。从 17 世纪末开始，官方
严格依照宗教信仰来认定教师资格的情况有所减弱。例如，在马萨
诸塞州，文法学校的教师还要通过当地牧师的批准才能任教，而在
康涅狄格州（Connecticut），当地的立法机构成为授予教师资格的权
威机构。

美国殖民地时期的教育处在十分落后的状态。教书被认为是下
等行业，根本用不着训练。当时只有少数的人能够进入学校接受教
育，而且学习的内容都是一些基础的入门知识。因此，充任教师职
业者几乎来自社会各个领域，水平和能力也参差不齐。大多数教师
只有一些简单的读、写、算知识，有些教师甚至连最起码的读写能

① Christopher J. Lucas. Teacher Education in America：Reform Agendas for
the Twenty-First Century［M］. New York：St. Martin's Press，1997：7.

② Norwood M. Cole. The Licensing of School Master in Colonial Massa-
chusetts［J］. Journal of Massachusetts，1957（winter）：68.

力都不具备。由于此时学校教育与教堂的活动联系在一起，学校教师多为神职人员，而且教师素质也很低。教师中有教会的教士、司仪和办事人员。当时的神学院学生经常会在读书期间到中小学进行短期的教学，以获得一些收入来保证学业的完成。这些学生毕业后也通常会暂时在乡村学校教书，等待合适的机会成为一名神职人员。甚至流动的冒险者和流浪汉、逃避体力劳动的年轻人以及不适合其他工作而被淘汰的人，也往往申请从事教师职业。许多教师是粗通文字又有闲暇时间的家庭主妇，自己仅具有最初级的读写水平。由这类教师组成的学校，当时被称为"主妇学校"(dame school)。她们在家务之余，教周围邻家子弟简单的读写技能，收取少量的学费。当时的教师多数是由有经验的教师通过师徒的方式教授一些知识。有些教师以仆役或"契约奴"的身份在学校授课，不少教师甚至是酒鬼、罪犯和歹徒①。1750 年，本杰明·富兰克林(Benjamin Franklin，1706—1789)就深刻指出："殖民地正遭受着缺乏优秀师资的痛苦。"②

在殖民地时期，人们普遍认为，初等学校的教师并非专业人士。此时的教师普遍缺乏职业培训，而且大部分都很年轻。比如在密歇根州(Michigan)的东南地区，77% 的女教师年龄为 17 至 24 岁，而且大部分教师仅有小学文凭。而工作的需求也不高，只要具有读、写、算的基础知识、良好的道德品质与中等的相貌就可以了③。男性仅把教书视为耕种之外的一份辅助的收入来源；而对于女性来说，教书的工作不过是她们从娘家到婆家的过

---

① 崔允漷. 美国教师的培养与培训：经验与思考[J]. 外国教育资料，1998(2).

② John H. Cripen. Character of the School Master in the Colonial Period [D]. Columbia University，1907：104.

③ Spring H. Field. The American School 1642-1993 [M]. New York：Longman，1994：104.

渡。因此，几乎没有什么动机来促使人们花时间和金钱去进行职业方面的培训。这一时期学生家长和学校董事会所看重的主要不是教师的学术水平，而是教师能否在道德方面为孩子作出表率。因此，这一时期判断教学技能的优劣，主要是看教师在学生纪律方面的管理能力以及道德方面的楷模作用。受社会大环境的影响，很多人不愿从教，学校也很难留住人才。美国在殖民地时期没有统一的教师工资制度。"膳宿工资"是当时一种流行的做法，就是不付现款，轮流到学生家中去吃饭，抵做酬金。例如，在1862年的佛蒙特州(Vermont)，就有68%的教师是这样四处膳宿的①。当时乡村教师的付酬方法，一定程度上加剧了教师的流动，造成了教师队伍的不稳定。在膳宿工资制下，教师的社会地位不高，每周要辗转搬家，十分辛苦。由于教师报酬微薄，不得不靠从事副业增加收入，他们或者成为街头商贩，或者为教堂看门和敲钟，或者做节日唱诗班的领唱等。在这种条件下，教师职业自然没有达到任何专业化的标准。

殖民地时期的初等教育在选择教师方面不够严格，教学和课程缺乏灵活性，缺乏规范的教学资料与教学设备。乡村学校在很大程度上是由乡村居民所控制的，而这些人通常意识不到他们自身对教育的需要以及乡村教育的未来②。随着殖民地的发展和后来美国争取到了独立，之前占据优势的乡村学校也随之发生了一些较大的变化，此外，入学儿童的数量也有所增加。当时热心于教育的人们都纷纷倡导重视教育。

---

① Jean Protsik. History of Teacher Pay and Incentive Reforms [R]. Consortium for Policy Research in Education,1994:2-4.

② Jean Protsik. History of Teacher Pay and Incentive Reforms [R]. Consortium for Policy Research in Education,1994:2-4.

二、美国独立后的中小学教育状况

(一) 美国独立后的社会状况

1775 年，殖民地人民掀起了独立战争。1776 年，13 个殖民地宣布独立，成立了美利坚合众国(the United States of America)。1783 年独立战争结束，创立了美利坚联邦民主共和国。1787 年美国通过了《美利坚合众国宪法》(Constitution of the United States of America)，建立了资产阶级联邦民主共和国。美国人勇于创新的精神体现在共和国的缔造者们所进行的一个伟大的实验——民主共和国的创立①。

在 17 世纪末和 18 世纪初，盛行在欧洲的两种文化思潮对美国文化有着深刻的影响，进而影响到人们的价值观念以及教育政策。这两种文化思潮就是启蒙运动和超验主义的思潮。

启蒙运动的思潮在 17 世纪末和 18 世纪初开始在欧洲盛行，这种思潮于 18 世纪后期传入美国。启蒙运动倡导理性和科学，相信人和世界的可完善性，并从总体上树立了进步的思想。该运动产生了两位美国文化的杰出缔造者：本杰明·富兰克林(Benjamin Franklin)和托马斯·杰斐逊(Thomas Jefferson)(美国第三任总统，1801—1809)。富兰克林将清教理想世俗化，他的个人经历及思想体系代表了一种实用主义的美国文化。直到今天，人们仍然引用和相信他在《穷人理查德年鉴》(Poor Richard's Almanack)里的至理名言。富兰克林倡导通过物质和道德的共同进步实现现世的完善和幸福。杰斐逊是美国民主运动的先驱，他的民主、自由、平等诸观念

---

① Ethel & Martin Tiersky. USA Customs and Institutions [M]. N. J.: Prentice-Hall,1990:4.

塑造了美国人的政治理想——民主之梦。杰斐逊的民主思想在他的
《独立宣言》(Declaration of Independence)和《人权宣言》(Declaration
of Human Rights)里体现得淋漓尽致。在《独立宣言》中，人人平等
的理念化为这样庄严的词句："一切人生而平等"(All men are
created equal)，生存、自由、追求幸福是"天赋人权"①。在《人权
宣言》中，他提出公民享有思想、言论、信仰、集会等自由权利，
公民的民主权利神圣不可侵犯。现在，杰斐逊的"民主、自由、平
等"的思想已深深扎根于美国传统而成为美国人的政治理想。启蒙
运动对美国人的价值观有着深刻的影响，它的许多信条仍为美国人
所珍视：重理性而非迷信，强烈要求平等和个人权利，相信人的可
完善性和社会的发展进步。

超验主义诞生于美国的民族意识日益觉醒之时。超验主义倡导
民主、自立、心灵的自由和超验个人主义，强调普通人的尊严和无
尽的潜能。超验主义的思想把人从各种精神桎梏中彻底解放出来而
充分发挥其潜能，它对实现美利坚民族文化独立和个人精神独立起
到了重大的作用②。

启蒙运动和超验主义的思想深深地融入到了美国人民的传统、
信仰和价值观之中，它们对美国人的价值观的影响可以从建国后美
国政府的教育决策以及建国后期对教师的聘任条件中得到体现。

建国初期，美国的建国者们认为，愚昧是民主政治的大敌，教
育是共和国家的命脉，他们把教育与巩固新政权联系起来，要求教
育为适应政治、经济的需要而逐步发展起来，要求政府以教育为立
国之本。美国第一任总统乔治·华盛顿(George Washington)

---

① Thomas Jefferson. The Declaration of Independence, Soul of America,
Documenting Our Past(Volume 1)[M]. New York: North America Press, 1994:45.

② 王萍，王卫平."美国梦"释义[J]. 武汉大学学报(人文科学版)，
2002(6)：244-248.

(1789—1797)说:"要把筹办普遍传播知识的学校当作头等重要的目标。"①第三任总统、资产阶级民主主义者托马斯·杰斐逊认为:"在一个文明的国度里,如果一个民族期望成为无知的而又是自由的,这种期望不论过去和将来都永远不能实现……我们的自由如不掌握在人民的手中,而且在有一定教育的人民的手中,是永远不会有保障的,我看这是一条公理。"②杰斐逊在任弗吉尼亚州(Virginia)州长时所拟定的弗吉尼亚教育规划,为美国公立教育奠定了基础。曾任美国第四任总统的詹姆斯·麦迪逊(James Madison)(1809—1817)曾经说过这样的话:"一个民众的政府而民众没有知识或者没有学得知识的手段,那它只是喜剧的序幕,或者是悲剧的序幕,或者可能二者兼有。"③美国的建国者们视教育为立国之本,美国民众对教育始终有着强烈的参与意识。人们希望通过教育解决一些社会问题,通过学校教育减少犯罪,维护社会安定。人们普遍认为兴办学校是每个公民的责任和义务,是一种崇高的事业,是促使社会进步的手段。所以,美国人认为,教育应由人民首创,应由州政府尽责,应由联邦政府热情关怀。无论是富商大贾还是平民百姓,多能解囊捐资助学,积极参与,为发展教育献计献策。

在建国初期,在许多州的宪法中,也都有兴办学校、鼓励学习实用知识的具体规定。联邦国会在《1785 年土地法令》(Land Ordinance of 1785)和《1787 年西北土地法令》(Northwest Land Ordinance of 1787)中,要求西北地区新建的城镇留出一个地段来办

---

① 滕大春. 美国教育史[M]. 北京:人民教育出版社,2003:12-14.

② Richard Winn, et al. American Education[M]. New York:McGraw-Hill, 1977:8.

③ Richard Winn, et al. American Education[M]. New York:McGraw-Hill, 1977:10.

教育，并规定将乡划分成 36 个地段，其中第 16 地段用于办学校。这是联邦政府支持教育的开始。联邦政府颁布的这两个法令，对兴办学校也起了很大的促进作用。各州也都把办教育视为政府的责任。1787 年通过的《美利坚合众国宪法》，虽然没有对教育作任何规定，但后来两次对宪法第十条的修正案都涉及教育。第一次修正案规定美国国会不能制定设立国教或禁止信仰自由的法律。这被美国最高法院解释为教会与国家分离，成为美国世俗公立教育的法律根据。此外，第十条修正案规定举办教育事业的权力属于各州，确立了地方分权的原则。这是美国教育的一大特点。

由于教育行政管理权力属于各州，公立教育发展之后，建立了州政府集中管理的管理制度。各州的教育政策和实施通过立法、行政、司法三个部门来实现。州议会制定本州的各种教育法规。各州设立由选举或指派产生的州教育委员会，负责提出各州的教育政策。1837 年马萨诸塞州率先设立了州教育委员会。各州的教育行政机构是州教育厅，由厅长负责，贯彻执行联邦及本州的法律和政策。各州高级法院负责对教育诉讼案作裁决。学区是美国直接负责办理中小学教育的行政区域，学区与行政区(如县、乡)不一定一致，大小也有差异；学区也设立教育委员会，成员由选举或指派产生。

(二) 美国独立后的中小学教师培养的实践

美国独立后，中小学教育有了进一步的发展。美国早期的中等教育机构有拉丁文法学校和文实学校。美国第一所拉丁文法学校是波士顿拉丁文法学校，创办于 1635 年，是为有钱有势的人的子弟升入学院作准备的。男孩七岁入学，直到能通过学院入学考试为止，通常学习七年。其开设的课程不仅仅局限于基础水平，而是为升入大学做准备。课程是古典的，学生要掌握希腊文和拉丁文，学习宗教教义。18 世纪初，随着北美工商业的发展，急需大量中等水平的技术人员，而原有的拉丁文法学校由于教学内容陈腐，不适应当时社会的需要。在一些经济贸易发达的城镇出现了许多私立学校，针对当地需要纷纷开设算术、测绘、簿记、机械、航海、历史等学科，教给青年人谋生就业的知识与技能。一些有识之士也积极倡议设立重在为青年就业服务的中等学校，本杰明·富兰克林就是其中著名的代表人物。他于1749年发表了《关于费城青年教育的倡议》(Philadelphia Youth Education Initiative)，强烈要求建立既传授古典学科知识又同时教授实用知识的新课程的面向实际的新型的中等学校，建议修习科学、数学、历史，采用本族语进行教学，目的是为学生的升学与就业作准备。富兰克林在创办新型的中等学校方面做了积极的尝试，在他的倡议下，1751年开办了费城学校。这是一所文实中学，其中就有师资训练班。在建校之初，富兰克林曾称"国家目前急需优秀教师……糟糕的教学会腐蚀儿童"①。他认为学校的目的之一就是要给少数人以师资训练，使"大量的穷苦人将有资格担任学校教师，教育儿童读、写、算和国语语法"②，同时，还要使他们具备良好的道德品质。学校将把他们直接推荐给县内各个学校，为本县提供合格教师。这可谓美国最早的师范教育的尝试。但是，这种训练仅仅使学生掌握小学普通课程内容，水平很低，根本没有教育专业知识和技能的训练。此后，随着文实中学的逐渐兴盛，文实中学内设师资训练班的做法为各州所仿效，成为正式的师范教育产生前培养教师的重要场所。纽约州(New York)在这方面做出了表率。1812年，纽约州立法机关认为，"对教师的培训必须主要依靠学院和文实中学"，并鼓励文实中学承担师资培训

① John H. Johanson. American Education[M]. Iowa：William C. Brown Company，1982：235.

② Paul Monroe. Founding of the American Public School System[M]. New York：Macmillan Company，1940：492.

的任务，利用现有的机构发挥效益。1834 年，州议会更率先制定法律，把全州划分为八个区，每个区选择一所文实中学开办师资训练班，为全州小学提供合格教师，并由州政府拨款给予经费援助。

文实中学师资训练班的出现与发展，为当时美国的初等教育培养了符合需要的小学教师①，有效地缓解了当时的师资短缺问题，在师范学校产生之前为美国的师资培养作出了重大贡献，在师范学校产生后的一段时间里仍然发挥着一定的作用。师资训练班的出现，使师资培养第一次进入较正规的学校体系中，对美国师范教育的发展有着重大的历史意义。可以说，文实中学的"师资训练班"是美国中小学教师教育的萌芽。

由于社会历史原因与文实中学自身的局限性，文实中学内的师资训练班也存在着很多问题。首先，私立的性质限制了它的发展规模。一方面，文实中学的学费昂贵，普通家庭在经济上很难负担得起，更不用说广大的穷人子弟了。另一方面，文实中学的师资训练班旨在为小学培养合格教师，而小学教师的工资又很微薄，昂贵的培训费用与微薄的工资形成了很大的反差。因此，愿意入学的人很少，以至于师资训练班所培养的教师还不到实际需要的小学教师的1/10。其次，文实中学并不重视师资训练，更没有实施过教学实习，学校里的师资训练任务常常受其他工作的冲击而处于次要地位。它所开设的课程与普通中学的课程并没有明显的区别，只是增加了一些教授小学的普通课程。师范教育的训练过程简单、分散，没有形成一个系统的师范教育体系。到了 19 世纪 30 年代，随着兴办公共小学运动的蓬勃开展，教师少、学生多的矛盾日益突出。师资训练班越来越不能满足小学对教师的需求，势必会被以培养小学教师为目的的师范学校所取代。因而，文实中学内的师资训练班只

---

① Paul Monroe. Founding of the American Public School System[M]. New York：Macmillan Company，1940：493.

是一种过渡性的解决师资不足的缓冲之计，一旦专门的师范教育机构出现，它必定会被淘汰与取代。

"导生制"(Monitorial School)是19世纪初期的另一种师资培训方式。"导生制"起源于18世纪末的英国，由英国传教士约瑟夫·兰卡斯特(Joseph Lancaster)和安德鲁·贝尔(Andrew Bell)创立和推广，又被称作"贝尔—兰卡斯特制"(Bell—Lancaster Monitorial System)。其主要做法是从学生中挑选年龄较大、学业较好的学生充当导生，教师先把初步的读、写、算知识和宗教教义教给导生，再由导生转教给其他学生。这样一名教师在导生的帮助下，能够同时教上百名乃至上千名学生①。该制于19世纪初传入美国。1818年兰卡斯特亲自到美国推广这种制度。由于导生制花费低廉，不仅可以节约大批经费开支，而且极大程度上满足了平民子女接受初等教育的需求，因而在美国经济并不发达的19世纪初期盛行一时，并从小学扩展到部分中学。纽约州是美国导生制学校的发源地，在该州，"大约有20所学校采用导生制，另外，还有几所学校仿效了导生制"②。此外，导生制从纽约发展到费城等其他城市，很多学校雇佣经导生制训练的教师进行教学。

导生制在其盛行时期，极大地缓解了当时经费困难、师资短缺的局面，对美国建国后初等教育的发展起了很大的促进作用。采用导生制，可以通过少量教师教会大量学生，为更多贫困儿童提供接受教育的机会。同时，用学生施教既节约了开支又培养了教师，解决了当时教育设施不足的燃眉之急，满足了人们对教育的需求。另外，充当导生的学生必须用心学习才能掌握所教知识，这样有利于学生自主学习能力、独立工作能力和创造能力的培养。导生制学校

---

① 杨汉麟.外国教育实验史[M].北京：人民教育出版社，2005：146.

② Paul Monroe. Founding of the American Public School System[M]. New York：Macmillan Company, 1940：91.

由于学生人数众多，实行分班制，各班都有导生负责教学，为了监督、联系各导生，还设有总导生一职。因此，学校内部有一套比较严密的管理制度和教学程序，这与当时不分班级教学，毫无学校管理制度的学校相比，具有一定的进步性。然而，试图用导生来替代教师毕竟不是解决师资短缺问题的根本方法，导生制的缺陷是显而易见的：由于学生所学知识极为有限，水平不高，教学过程变得机械、生硬；课堂纪律混乱，根本谈不上什么真正的教学，学校实质上不过是扫盲班而已。有人曾指出："人们只要看一看由一个毫无经验的儿童所给予的累赘的、盲目的、骗人的教育，与一个熟练教师的发展的、改造的以及几乎是创造性的能力之间的差异，人们只要去理解一下'盲人'这一词的广泛含义和意义，就会以十足的轻蔑的态度去看待贝尔博士的吹嘘。"①可见，在当时的历史条件下，导生制学校只是一种短期的、暂时的缓解师资短缺和经费不足问题之策。与文实中学相比较，导生制学校培养的教师在数量上有较大优势，但是教学水平不及文实中学培养的教师，组织也不够完善。由于其自身的缺陷，导生制只流行了 20 年就被淘汰了。

(三) 美国独立后的中小学师资状况

人们普遍认为，初等学校的教师并非专业人士，教师职业也不需要进行特殊的培训及长时间的积累和准备。大多数小学教师接受的教育很有限，"熟悉任教科目便被认为具备了执教资格"②。年轻教师只能通过师徒相承的方式从有经验的教师那里学到一些零散的教学方法，因此，教师的素质很低。当时的中小学教师的待遇和社会地位也很低，且工作不稳定。以 19 世纪 50 年代威斯康星州

---

① Paul Monroe. Founding of the American Public School System [M]. New York：Macmillan Company, 1940：492.

② 滕大春. 美国教育史 [M]. 北京：人民教育出版社, 2005：345.

(Wisconsin)为例，该州很多地方禁止已婚妇女教学，女教师一旦结婚就必须离开教学岗位，女教师的平均任教时间只有 18 个月①。男教师也因工资过低而不安心教学，当他们遇到更好的工作机会时便会放弃教职。美国第一个学院——哈佛学院毕业生中终身任教者仅为 3%，多数都从事医学、商业、政府工作。即使在经济较好的地区，教师也要在暑期外出打工，或者利用假日为人修鞋、收割、除草、盖房，借以维持生计，稍有能力的人都不愿意做教师。在为富人子弟而设的拉丁文法学校和学院，教师大多都是学院毕业生，具有较为广博的学问和宗教知识，但也没有受过教师专业训练。因为当时人们认为学问渊博的人就是理想的教师，并没有感觉到需要对教师进行专门的训练。"当时教师的工资很微薄，平均年收入为 25 英镑左右；在农村规模小的学校教读写的教师，每年工资约 10 英镑。不过，拉丁文法学校的教师待遇要高于一般的学校教师，较好的文法学校的教师每年工资能达到 50~60 英镑。到 1700 年，更增为 80~100 镑。"②

和一般学校教师待遇相比，拉丁文法学校教师的待遇是比较高的，但仍然低于其他专业人员。教师工资虽很低，但可以有多种馈赠和补助。有些学校给教师提供土地、住房、花园和柴炭③；教师还免纳某些税和免服兵役④。

在整个 18 世纪，聘用和解雇教师的权力转移到了当地市政官

---

① G. J. Clifford. Daughters into Teachers: Educational and Demographic Influences on the Transformation of Teaching into Women's Work in America[M]. Toronto: University of Toronto Press,1991:18.

② 劳伦斯·克雷明. 美国教育史[M]. 北京：北京师范大学出版社，2002：98.

③ 滕大春. 美国教育史[M]. 北京：人民教育出版社，1994：64.

④ Jean Protsik. History of Teacher Pay and Incentive Reforms [R]. Consortium for Policy Research in Education,1994:2-4.

员的手里。他们负责学校的建立和监管，并通过税收和适当收取学费为学校筹措经费。18 世纪中期，当地行政委员会具有雇佣教师的权力。教师有时是由当地居民大会上公开选举产生的，更多的情况是由学校的校务委员会聘任或解雇。虽然存在明显的缺陷，但这种做法一直持续到 19 世纪初。教师资格的认定是随意的，或者是无需认定的。许多人得到教师的工作是通过家庭关系或者因为没有竞争对手。在教师的任职资格上，1785 年佛蒙特州制定的《普通学校法》(Common Schools Act)规定了教师任职资格。但是，地方政府对教师的要求不高，主要看重宗教和政治方面的要求。教师的选拔与录用还没有严格的标准与程序，多由政府官员或学校的领导人或地方公务员决定①。这一时期还不存在教师资格证书，教师工资微薄，社会地位很低，对教师的培训和专业素质要求以及资格认定等都流于随意，没有明确具体的标准。教师职业只是临时的雇佣，并不是一种专门的职业。几乎所有教师任期都很短，长期任教者很少。在美国建国后的头 50 年中，教师工资的提高以及工作条件的改善极为有限。尽管在 19 世纪二三十年代，教师工资略有增长，但还是低于技工、铁匠、砖匠、清洁工等体力劳动者的平均工资水平。正如美国教育家塞缪尔·霍尔(Samuel Hall)在 1829 年所做的评论那样，社会对教师的尊重并不比"体力劳动者"多，准教师的学术资格也没有受到应有的重视。在很长时期内，教师职业地位低，工作条件差，待遇微薄，很多教师不愿久居教学岗位。即使不离开教学岗位，他们也常为谋求较高收入而东奔西忙，辗转各地。因为他们经常提着皮包奔波，教师专业便被讽刺为"提皮包的专业"②。由此我们可以看出，只有提高中小学教师的地位和待遇，

① 滕大春. 美国教育史[M]. 北京：人民教育出版社，1994：425.
② 外国教育丛书编辑组. 外国教育丛书——师范教育的现状和趋势[M].北京：人民教育出版社，1979：20.

才能让他们安心工作，教育事业才能得到发展。

从 17 世纪初到 19 世纪初，美国还没有出现培养师资的专门的教育机构，更没有形成师资培训的制度保障体系。殖民地时期，由于生产力水平低，经济落后，教师教育还处在起步阶段，教师工资微薄，社会地位低下。美国独立后，为了适应形势的需要，逐渐对师资培训进行了一些可贵的尝试，出现了文实中学内设的师资训练班和导生制学校训练教师的初步活动。它们对于当时的教育发展和专业教师教育机构的出现，作出了很大贡献。由于受各方面条件的限制，早期的一些实践在数量与质量上都只具有起步水平，培养的教师数量与质量都受到当时社会发展的限制，但在一定程度上反映出人们对于教师和教师教育重要性的认识。

教育家们对师资培养的倡导和呼吁起到了不容忽视的作用。例如，1816 年，耶鲁大学丹尼森·奥姆斯蒂德(Denison Olmstead)教授在耶鲁大学学位颁授典礼的演讲中，呼吁成立专门培养后备教师的中等学校。耶鲁大学的另一位教授詹姆斯·金斯莱(James Kingsley)也在 1823 年为《北美评论》(North America Review)杂志撰写的一篇文章中，表达了几乎相同的观点。美国教育家詹姆斯·卡特(James Carter)也竭力要求建立师范学校，他在波士顿的报纸《爱国者》(Patriot)上发表的题为《论大众教育》(On Public Education)一文中提出："以培养教师为目标的学校将成为免费学校教育体系中的一部分，并且是极其重要的一环。"①这些舆论上的宣传为后来师范学校的建立起到了推波助澜的作用。

---

① Charles A. Harper. A Century of Public Teacher Eduction [M]. Washington D. C. : American Association of Teacher College, National Education Association,1939:16.

（四）17世纪初—19世纪初美国中小学教师培养的特点

17世纪初—19世纪初是美国中小学教师教育的萌芽期。这一时期的教师培养的尝试和实践还处于较低层次。这一时期美国中小学教师培养最显著的特点是全民重视和积极参与教育，善于借鉴和吸收别国的先进经验。

从殖民地时期到19世纪初，美国的中小学教师教育尚处于起步阶段。这一时期对教师培训的倡导以及文实中学师资训练班和导生制学校训练教师的教育实践活动具有十分重大的意义，为后来正规、独立、专业的师资训练机构的出现作了舆论上的准备和试验，为后来教师教育的产生奠定了基础。

美国的开国元勋们十分重视和支持教育的发展，他们通过立法要求学龄儿童接受教育，通过立法拨地兴办学校，同时也充分调动社会各方面力量来办学。广大民众也积极参与，慷慨解囊。美国的中小学教育的发展靠的是善于吸取欧洲教育几千年曲折发展的宝贵经验。作为欧洲众多国家移民的汇聚之地，各国移民在互相接触、交流与融合中，自然会相互观摩，从而使得殖民地时期的美国有着不同特色的教育。通过殖民地时期的教育借鉴，美国不仅建立起了包括初、中、高等的各类教育机构，而且影响了后来美国教育传统的形成，如功利主义的教育观，实用性重于宗教性、多种教育形式并存，善于在借鉴中根据客观条件进行调整等。可以说，殖民地时期的教育借鉴为美国教育制度的建立奠定了基础，对美国教育发展产生了巨大的影响。

独立后，随着美、法两国政治关系的逐渐密切，美、法两国间的文化交流和人员流动日益频繁。法国启蒙思想中的反封建传统教育，重视教育在社会改造中的作用，主张建立世俗的、普及的、免费的和人人平等的国家教育制度等教育思想成为美国新教育的依据。从19世纪二三十年代开始，美国大量借鉴了德国的公共教育原则，如教育是国家职责的原则、公立学校免费的原则、国民教育普及原则、征税办学原则等。美国学习瑞士教育家裴斯泰洛齐的教育理论，尊重儿童天性、崇尚自由、推广实物教学法等，推动了中小学教育的发展。美国人借鉴欧洲国家的先进理念与实践，进行了文实中学师资训练班和导生制学校训练教师的实践活动，真正地做到了"欧为美用"。正如库森在1831年考察德国教育之后向法国教育部提出的报告中所说的："德国，尤其是普鲁士的经验，不能为我们所丢弃……一个民族的真正伟大不在于从其他国家不借用什么，而在于借用所有有益的，完善其所拥有的。"①1835年这篇报告在美国出版时，泰勒(Taylor)在为该报告写的前言中指出："普鲁士公共教育系统的许多方面不适合于美国，而且在政府体制上更是迥然不同，但从其教育措施所产生的巨大成效看，它的一些最有用、最实际的课程是可以学习的……知识和智力及道德方面的关系，在每个教育系统中和不同的政府形式下是不变的。"②善于借鉴和创新，是美国人发展教育的优良的传统，他们也因此而受益匪浅。

---

① Newton Edwards. The School in the American Social Order (2nd version) [M]. Boston:Houghton Mifflin, 1963:12.

② Newton Edwards. The School in the American Social Order (2nd version) [M]. Boston:Houghton Mifflin, 1963:14-16.

第三章　美国中小学教师教育的产生
（19 世纪初—19 世纪末）

19 世纪是美国中小学教师教育产生的时期。当时经济和教育发展的需要、政府的支持和教育家们的努力，使得正规的师范教育在这一时期得以产生。

一、19 世纪初—19 世纪末美国中小学教师教育产生的历史背景

（一）经济和教育发展的需要

19 世纪初期，随着工业的发展，美国开始了领土的扩张。新的移民不断涌入，人口成倍增长。1812 年，第二次对英战争取得胜利，使美国走上独立自主的道路。同时，美国进行的工业革命使资本主义工业迅速发展起来，科技和机械的应用使农业也得到了发展。内战后，美国由一个半农业化半工业化的国家迅速转变为工、农业高度发达的国家。经济发展需要提高劳动者的劳动能力，培养经济建设的各种人才和提高科学技术水平，因而使人人受教育的公立学校兴起，并得到迅速的发展，使美国成为继德国之后的第二个实行义务教育的国家。资本主义工业的迅速发展，使普及初等教育成为必要。这些因素促成了 19 世纪 30 年代的美国公立学校运动，人们越来越认识到普及教育的重要性。建国初期的文实中学和导生

制学校对于教师的训练有其自身的缺陷和不足，难以满足公立学校发展的要求。一些进步人士和教育家们普遍认为，缺少受过训练的教师是公立学校教学质量低下的主要原因，另外，教师的地位与待遇也需要改善。教育家们积极主张创办培训合格教师的专门的教育机构。

美国当时的专科学校运动也对师范学校的建立起到了一定的推动促进作用。欧洲各国教育的成功经验对专科师范学校的发展产生了重大的影响。师范学校于 1672 年起源于法国。其后，德国于1697 年开办了第一所师资养成所。到 19 世纪时，师范学校在世界范围内普遍建立并发展起来。瑞士教育家裴斯泰洛齐的教育理论成为这一时期师范学校的理论基础。德国最早吸收了裴斯泰洛齐的关于教师培训的思想，采纳了其关于儿童观、教学方法论、教育心理学化以及教学艺术观等理念，建立了国民学校师资培养机构，并初步建立了封闭式的定向师范教育体系①。直到 19 世纪初，德国的师范教育一直领先于世界各国。当美国刚刚把建立教师专科学校计划提上日程的时候，此种类型的学校在德国已有上百年的发展历史，借鉴德国较为成熟的师范教育体制是美国发展师范教育的捷径。美国在学习借鉴欧洲教育体制的过程中，美国的旅欧学者所撰写的介绍欧洲师范学校状况的文章和著作对美国的教育制度和政策的制定产生了重大的影响。例如，师范教育理念最积极的倡导者之一、马萨诸塞州的莱沃恩德·布鲁克斯(Reverend Brooks)在了解了法国和普鲁士的教育体系后，立即成为师范学校的坚定拥护者。当时的普鲁士政府采纳了裴斯泰洛齐的方案，建立师范学校体系。受裴斯泰洛齐的影响，普鲁士学校在教学中改变了以前只给学生布置需背诵的材料然后让学生拿起书本在课上重复课文的做法，更注重

---

① Ellwood P. Cubberley. The History of Education[M]. Boston: Houghton Mifflin, 1920: 750.

在教学的过程中引导学生展现自身潜能，强调个体人格的和谐发展。在欧洲的影响下，美国于独立战争后开办了很多专科学校。专科学校类似于半公立性质的中等学校，较拉丁语法学校提供更宽广的课程，旨在为学生毕业后从教或升入大学做准备。这些中等学校在推动民众转变思想、支持公众教育方面的确发挥了很大的推动作用。专科学校与日俱增，因此，有人提出，专科学校应向初等学校输送训练有素的合格教师。尽管早在 1821 年就有热心支持师范教育的人士向纽约州政府提出由政府出资建立专科学校，为普通学校培养出优秀的后备教师，不过，直到 1835 年，纽约的教师培训专科学校才真正得到政府扶持。此后，新英格兰(New England)地区也尝试兴建专科学校进行教师培训。1837 年，位于马萨诸塞州道安顿的布里斯多尔专科学校的日志上写有这样的话："本校成立负责教师培训的教育系。我们将以教学的艺术来诠释教育，采用各种设备、设施来推动教学。"①这一时期美国的专科学校十分守旧，为那些想要成为小学教师的学生开设的课程与为普通学生开设的课程没有多大差别。从这些专科学校里走出来的毕业生，也许在能力方面要略强于此前未经培训而被推上教师岗位的教师，但却十分缺乏教学法方面的知识。尽管如此，专科学校运动的兴起对师范学校的建立还是起到了一定的促进作用。出现于 19 世纪 30 年代到 60 年代的平民学校运动对美国初等教育的普及也起到了一定的推动作用。

(二)政府的支持和早期的教育家们的努力

由于政治和经济发展的需要，美国政府一向重视和支持教育的发展，并善于向欧洲学习，同时充分调动社会各方面力量来办学。

---

① Agnes Walter. The Administration of Professional Schools for Teachers[M]. New York：Baltimore，1924：18-19.

作为一个民主共和制的国家，美国的建国者视教育为立国之本。各州都把办教育视为政府的责任，先后建立了专门机构以加强对教育的领导，制定《教育法》(Education Act)、《义务教育法》(Compulsory Education Act)来规范教育，通过拨款、征收教育税来举办公共教育。内战结束之后联邦政府发展教育的措施尤其有力。1862年，联邦政府颁布《毛利法案》(Morrill Act)，以联邦向各州提供联邦土地的形式资助各州发展农业和工艺教育，各州利用这项土地收入至少要资助一所农工学院。1887年，联邦政府颁布了《海琪法》(Haiqi Act)，为赠地学院的应用科研提供经费。此外，随着经济的发展，工商业资产阶级的力量日益增强，而工人阶级也不断壮大，阶级觉悟日益提高，要求通过教育发展技能来提高经济地位。而公立教育则是资产阶级在掌握政权后，寻求到的一种确保对社会的控制和政治稳定的途径。另外，美国民众对教育始终有着强烈的参与意识，人们普遍认为兴办学校乃是每个公民的义务，是光荣、是贡献、是功绩，是促使社会前进的不可推卸的责任。

早期的教育家们为美国师范学校的建立也作出了重大的贡献，其中著名的有詹姆斯·卡特(James Carter)和贺拉斯·曼(Horace Mann)，他们的努力推动了师范学校的建立。被誉为"师范学校之父"的詹姆斯·卡特是马萨诸塞州的教育改革家，一生致力于美国的师范教育与公立教育事业。卡特曾在波士顿的报纸《爱国者》(Patriot)上发表论文，阐述他的师范教育思想。他认为，振兴教育必须先从师范教育入手，"有什么样的教师，就有什么样的学校"①。卡特曾向州立法机关申请拨款建校，要求成立州教育委员会，负起州教育事业的领导职责。作为一个教育改革者，卡特对当时的师资状况很不满意，并对当时教师能力差、工作流动性大等现象提出了严厉的批评。他强烈呼吁举办师范学校，对教师进行专业

---

①　余家菊. 师范教育[M]. 上海：中华书局，1926：62.

训练，为普通学校培养教师，并要求州政府把师范学校作为公立学校制度的一个组成部分加以建立和维持，因为师范学校"通过对社会，尤其是对年轻人的影响将成为支配公众思想感情、公共道德和公共宗教的一个工具，一个比政府所拥有的其他工具更有力的工具"①。卡特强调指出，师范学校在训练教师的过程中，"必须创造出一种它自己所特有的学问和科学，这种科学是发展儿童智慧和在儿童不同年龄阶段传授知识的科学"②。他主张师范学校在重视学科内容教学的同时，还应该重视教学方法。卡特还设想为师范学校建立供学生实习的附属学校，使理论联系实际，促进学生教学能力的提高。从卡特的论述中，我们可以看到师范学校课程设置的雏形，即普通文化知识、教育专业知识以及教学实习。在他的努力下，首批公立师范学校终于在马萨诸塞州诞生。

贺拉斯·曼是19世纪初期美国最著名的教育改革家，是美国公立学校运动的著名领导人。美国在建国初期，初等教育比较落后，教师工资很低。当时的状况是男教师收入不如农民，女教师收入仅为男教师收入的一半或2/3(见表3-1)。教育界歧视妇女的现象比较严重。有一些教师仅仅受过社区学校教育，难以胜任教学职责。

1837年，马萨诸塞州教育委员会成立，贺拉斯·曼担任委员会秘书。针对当时美国教师水平和教师待遇低的状况，贺拉斯·曼提出了师资培训的重要性。他认为，师资训练是提高公立学校教育水平的一个非常重要的因素，同时，也是推广公立学校的有力保障。没有好的教师，就没有好的学校。要想造就出合格的优秀的教

---

① Sol Cohen(ed.). Education in the United States: A Documentary History (Vol. 3) [M]. New York: Random House, 1974: 1303.

② Sol Cohen(ed.). Education in the United States: A Documentary History (Vol. 3) [M]. New York: Random House, 1974: 1303.

师，就必须对教师进行专门的训练。

贺拉斯·曼通过对欧洲各国的学校教育进行考察得出结论："德国教育的成功归功于师资训练的完善。"①贺拉斯·曼因其对教育的远见卓识而获得了大众的支持和赞助。经过 19 世纪 30—40 年代的改革，教师的工资待遇得到了很大的提高，公立学校里男教师的薪金提高了 62%，女教师提高了 51%，女教师的人数增长了 54%。贺拉斯·曼认为妇女最适宜担任公立学校的教师，妇女的天性使她们适宜于学校教育工作②。因此，贺拉斯·曼大力提倡聘用女性教师。

表 3-1　　　1847 年美国男女教师工资表(月工资)③

州　名	男教师工资(美元)	女教师工资(美元)
马萨诸塞州	24.51	8.07
宾夕法尼亚	17.02	10.09
康涅狄格	16	6.5
纽约	14.96	6.69
密歇根	12.71	5.36
印第安纳	12	6
佛蒙特	12	4.75

另外，因为美国与欧洲国家有着频繁的交往，欧洲先进的师范教育理论与实践为美国发展师范教育提供了学习的范例。19 世纪

---

① 余家菊. 师范教育[M]. 上海：中华书局，1926：62.

② [美]E. P. 克伯雷. 外国教育史料[C]. 任宝祥，任钟印主译. 武汉：华中师范大学出版社，1991：392-393.

③ 滕大春. 美国教育史[M]. 北京：人民教育出版社，1994：193.

30 年代以后，欧洲的师范教育已经有了很大的发展，其中德国发展师范教育的成绩最为显著，措施最为严格。当时欧洲尤其是德国师范教育的理论与实践对亟需解决师资问题的美国来说，无疑具有很强的吸引力，也为美国提供了仿效的榜样。特别是当法国哲学家、教育家维克多·库森（Victor Cousin）的《关于普鲁士教育的考察报告》（Investigation Report on Prusian Education）于 1835 年译成英文在纽约出版后，更使得人们对师范学校产生了极大的兴趣。他提出了"教师创造学校"的主张。这篇报告传到美国后，被纽约州、马萨诸塞州、新泽西州及密歇根等州一版再版，当时几乎所有的教育家都读过这篇文章，"教师创造学校"的思想极大地坚定了人们创办师范学校的决心和信心。之后，美国人纷纷去欧洲访问学习，有关欧洲师范教育的教育杂志、小册子及报道频频出现，从而兴起了开办师范学校之风。

（三）州立师范学校的建立和发展

塞缪尔·霍尔（Samuel Hall）于 1823 年在佛蒙特州创设了美国第一所私立师资培训班，又设立了附属小学，供实习之用，揭开了美国师范教育的序幕①。霍尔创办的师范学校规定学校修业年限为三年，学习课程包括公立学校所教的科目和一些教学艺术方面的训练。霍尔认为学校管理是师资培训不可缺少的课程，于是，他在学校开设讲座，讲授学校管理法。后来，他的讲座内容经整理而成的《学校管理讲座》（Lectures on School-Keeping）一书，成为美国师范学校的第一本教育学教材。在师资培养上，霍尔提出，教师不仅要传授知识，而且要在履行公民义务和道德规范等方面成为学生的楷模。

---

① 滕大春. 外国教育史和外国教育［M］. 石家庄：河北师范大学出版社，1998：436.

在此期间，托马斯·格兰迪特(Thomas Gallandit)的《教师教育计划》(*Teacher Education Program*)一书面世，此书极大地充实了师资培训的课程内容，推动了师范学校的发展。1826年，詹姆斯·尼德(James Need)在印第安纳州(Indiana)创办新和协社区学校，并在教学中引进裴斯泰洛齐教学法。1827年，詹姆斯·卡特在马萨诸塞州的兰卡斯特市也创办了一所师范学校。1830年，霍尔又在马萨诸塞州的安德弗(Andelf)创办了一所师范学校。同一时期，美国的其他各州都开始兴建私立师范学校。尽管美国的私立师范学校在经费、师资等方面不如州立师范学校，但私立师范学校的创立，为公立师范学校教育体系的建立奠定了基础。

私立师范学校毕业生人数有限，满足不了当时对教师的迫切需求。另一个问题是私立师范学校的教学工作由私人决定，不受州政府控制，毕业生的质量难以保证。因此，从19世纪20年代起，工人阶级就为设立公立免费学校进行了斗争，新兴的资产阶级为了培养新型的劳动力以适应生产力的发展，迫切需要建立公立学校来普及教育。这一时期，许多州制定法律，让地方征税举办平民学校，于是出现了19世纪30—60年代的"公立学校运动"(Common School Movement)。随着初等义务教育在美国迅速得到普及，美国公立学校数量急剧增多，对教师的需求量越来越大，培训合格的师资成为迫切的问题，公立师范教育机构的创办被提上了议事日程。

早在1825年，詹姆斯·卡特在波士顿的报纸《爱国者》(*Patriot*)上发表的文章中就论述了政府在建立师范学校问题上应承担的责任。他认为，私立教师预备学校无法适应社会需求，政府应该建立师范学校，取公众之财来为公众谋福利。由于卡特的呼吁，师范教育得到了教育家和社会人士的广泛关注，人们开始考虑建立完全由政府出资并由政府管理的州立师范学校。

1839年7月，赛罗斯·皮尔斯(Cyrus Peirce)在马萨诸塞州的列克星敦(Lexington)创建了美国第一所州立师范学校，开全美州立师范教育体系之先河。1838 年，贺拉斯·曼说服他的朋友艾德蒙德·德维特（Edmund Dwight）出资一万美元资助马萨诸塞州的教师培训计划，其条件是州立法机关要拿出相同数额的款项。最终，州立法机关接受了这一提议，州长爱德华·艾佛瑞特（Edward Everett）签署法令，批准建立三所师范学校，前提是各城镇及其他非政府组织或个人提供合适的房屋和教学设备。州政府出资两万美元用于支付教职工工资和其他教学费用。通过詹姆斯·卡特和贺拉斯·曼等教育家的努力，马萨诸塞州立法机关于 1838 年颁布了全美第一个《师范学校法》（Normal School Act），决定拨款筹建州立师范学校，接着又于 1840 年 9 月在马萨诸塞州开办了第二所州立师范学校。同年，又在布里奇沃特开办了第三所州立师范学校，这所师范学校先后培养了美国师范教育的很多杰出的先行者，在整个美国师范学校教育发展中起到了重要的作用。对早期美国教育影响很大的阿瑟·萨莫尔（Arthur Summer）、乔治·盖奇（George Gage）、理查德·爱德华兹（Richard Edwards）、德纳·科尔伯恩（Dana Colbum）、艾冉·摩尔（Ira Moore）等人都毕业于该校。他们将布里奇沃特的办学经验传播到新泽西州、伊利诺伊州、密西西比州、密苏里州、罗得岛州、缅因州、佛蒙特州、康涅狄格州、明尼苏达州和加利福尼亚州，推动了师范教育运动在密西西比河谷和太平洋沿岸的发展。该校在教学方面的特色也被后来的一些学校效仿。第四所州立师范学校于 1854 年在萨里姆成立，由毕业于布里奇沃特师范学校的理查德·爱德华兹出任校长。他在萨里姆师范学校任校长三年，使该校名气大增。萨里姆师范学校的课程比较广泛。此后，各州纷纷通过立法确立了州立师范学校制度，划拨经费发展教育事业，创办了大量的公立初等学校培养初等教育师资。

最初的师范学校都建立了学生的实习基地，这在当时被称为"示范学校"。1839 年，在列克星敦师范学校建立了第一所实习学校，其他的师范学校也纷纷效仿。由于教职人员工作繁忙而未能给予实习学校更多的关注和资金短缺等问题，马萨诸塞州的这些早期实习学校并不成功，不得不关闭。直到其他州的师范学校经验证明教学实践在师范教育中是不可或缺的，这些"示范学校"才得以恢复。

州立师范学校的设立，使教师的培养有了专门的场所。州立师范学校严格按标准培养教师，力图使教师的培养成为一个专业化的过程。师资培训课程主要是学习读、写、算以及普通教育和教育管理。由于当时正规的师范学校坚持比较严格的培养标准，学生学习起来既费时又费力，因而到师范学校学习的人并不踊跃。而且，州立师范学校培训的教师数量不能充分满足学校对教师的需求，只能提供所需教师的 16% ~ 18%①。在当时教师需求缺口很大的情况下，许多地区只好设置一些简易的市立和县立师范学校，为所属学区培训教师。市立师范学校通常被称为"市立培训学校或培训班"(The City Training School or Class)，多由导生制学校发展而成。县立师范学校的开办更晚一些，主要是面向农村，培养县立学校教师，尤其是以培养乡村教师为主。甚至一些高中也在学校里开设了一些教学法课程，学生学完这些课程后就到学校里当老师，以适应教师市场的需求。州立、市立和县立师范学校教育制度的并存为各地区培养了一定数量的教师，缓解了当时师资缺乏的问题。这样，美国根据自己本国的实际情况，借鉴别国的师范学校的办学形式，逐渐形成了以州立师范学校为主，市立、县立及私立师范学校为辅的师范教育体系。

19世纪后半期，科学技术的进步和新技术的应用促进了经济的发展，因而对劳动者的素质提出了更高的要求。原有的普及初等义务教育已不能满足生产力发展的需要，美国的基础教育开始向中

---

① Jessie M. Pangburn. The Evolution of the American Teachers College [M]. New York：Teachers College Press，1932：22.

学普及。在此期间，中学生人数猛增，中学教育逐步大众化。当时师范学校毕业的学生相当于中学毕业生，由中学毕业的教师来教小学或中学显然会使基础教育质量受影响。师范学校显然已不能适应教育发展的要求，不能适应新时期师资培养的要求。与此同时，美国教师专业认证制度已经开始形成，对教师的学历和知识水平提出了新的、更高的要求。这时，中学师资的培养成为急需解决的问题。南北战争后，师范学校有了较快的发展。战后，生产力的发展对劳动者的素质提出了更高的要求，直接推动了义务教育的全面普及。1852 年，马萨诸塞州第一个通过强制义务教育法，之后各州纷纷效法。到 1918 年密西西比州最后一个通过此类法律时，美国 48 个州都实行了强制义务教育（见表 3-2）。

表 3-2　　　　　　　**美国各州通过义务教育法的时间**①

州名	时间	州名	时间	州名	时间	州名	时间
马萨诸塞	1852	怀俄明	1876	俄勒冈	1889	北卡罗来纳	1907
佛蒙特	1867	俄亥俄	1877	犹他	1890	俄克拉荷马	1907
新罕布什尔	1871	威斯康星	1879	新墨西哥	1891	弗吉尼亚	1908
密歇根	1871	罗得岛	1883	宾夕法尼亚	1895	阿肯色	1909
华盛顿	1871	伊利诺伊	1883	肯塔基	1896	路易斯安那	1910
康涅狄格	1872	北达科他	1883	印第安纳	1897	田纳西	1913
内华达	1873	南达科他	1883	西弗吉尼亚	1897	亚拉巴马	1915
纽约	1874	蒙大拿	1883	亚利桑那	1899	佛罗里达	1915
堪萨斯	1874	明尼苏达	1885	爱荷华	1902	南卡罗来纳	1915

---

①　成有信.九国普及义务教育[M].北京：人民教育出版社，1985：238.

续表

州名	时间	州名	时间	州名	时间	州名	时间
加利福尼亚	1874	内布拉斯加	1887	马里兰	1902	得克萨斯	1915
缅因	1875	爱达荷	1887	密苏里	1905	佐治亚	1916
新泽西	1875	科罗拉多	1889	特拉华	1907	密西西比	1918

经济的迅速发展和全国性的义务教育的普及为师范学校的发展提供了有利的条件。19世纪下半叶,大量的公立师范学校纷纷涌现。到1875年,全美已有95所公立师范学校,分布于25个州,共有学生23 000名①。到19世纪末期,美国师范教育体系基本确立。

二、美国中小学教师教育的产生

师范学校建立以后,许多思想家、教育家以及其他有识之士,为美国师范教育和师范学校的发展作出了卓越的贡献。在这个过程中,师范学校在入学条件、课程设置以及日常管理等方面逐渐走向规范,并形成了自己的特色,促进了美国师范教育事业的发展和教师教育制度的形成。

(一)州立师范学校的入学条件和课程设置

州立师范学校主要为当地中小学培养合格的师资。各州教育部门都为师范学校确立了一定的入学条件,并对师范学校培训课程进行审核和确定,以期培养出合格的教师。但在具体操作过程中,各

---

① 滕大春.外国教育史与外国教育[M].保定:河北大学出版社,1994:425.

州情况不尽相同。

1. 入学条件

州立师范学校创办初期，多采用短期培养计划，少则一年，多则两三年，由州政府或学校自行决定。例如，霍尔的师范学校规定修业年限为三年，马萨诸塞州规定州立师范学校最低年限为一年。各校入学条件并不统一，但标准都很低。师范学校的早期录取程序为：直接从初等学校招收学生，不管他们是否有学业证书，只要能证明其具备读、写、算能力和良好的道德品质就可直接录取，录取后可享受免费入学。美国最早的州立师范学校(即马萨诸塞州立师范学校)的入学标准有一定的代表性。马萨诸塞州教育委员会于1839年为第一批师范学校制定的入学标准为："学生必须表明自己具有从教的意愿；须年满16或17岁，身体健康；掌握拼字、阅读、书写、语法、计算、地理等科目；具有较好的智力、道德品质和个性。"①

19世纪上半叶，公立小学运动兴起，公立学校得以普及。随着公立学校的普及，师范学校的入学条件也随之提高，要求也更加严格。康涅狄格州第一所州立师范学校对学生入学条件提出了具体的要求，规定学生应具备单纯、坚强、谨慎的品质，健康的体魄，自身有能力并且能够机智对待教学和管理，有一定的教学经验，有礼貌，热爱学生，能与同伴分享自己的智慧结晶和学习信息，有集体精神等②。这一标准奠定了康涅狄格州后来的三所师范学校入学标准的基础，其他州相继建立的师范学校也纷纷效仿。

① James W. Hillesheim & George D. Merrill. Theory and Practice in the History of American Education: A Book of Readings [M]. Washington D. C.: University Press of America,1980:308.

② J. L. Meader. Normal School Education in Connecticut [D]. New York: Columbia University,1928:15-16.

南北战争后，公立中学逐渐发展起来。19世纪末有些州开始规定师范学校要招收中学毕业生；到1900年时，州立师范学校入学标准提高到具有两年高中水平或是相应的学历。

2. 课程设置

1829年，塞缪尔·霍尔出版了《学校管理讲座》(*Lectures on School-Keeping*)一书，这是第一本在美国流行的师资训练方面的教科书。该书有一个章节专门论述教师必须具备的资格，列举了能力、个性、责任感以及对所授课程知识方面的要求。1830年，霍尔调至安都佛的菲利浦斯专科学校。在这所学校中，美国教育家贺拉斯·曼将其有关教师培训的一些观念加以整理，形成比较完整的观念体系，并很快在马萨诸塞州得以实施。

美国教师教育的课程设置等由各州自行决定，形成了教学内容和教学形式的差异。师范学校时期，随着19世纪美国公立学校运动的开展和初等义务教育的普及，学校教师数量的缺乏和质量的参差不齐直接影响了教育的发展。培养数量充足、质量合格的教师成为社会的必然要求。19世纪初期，教师教育课程主要是为教师作职业性的准备，所学课程仅限于任教学科知识。1839年，美国的第一所州立师范学校在马萨诸塞州建立，1839—1840年马萨诸塞州教育部门通过法律形式，规定了第一批师范学校的课程。州教育部门要求师范学校开设下列课程：阅读、拼字法、作文、语法、修辞、逻辑、算术、代数、几何、统计、历史、地理、簿记、航海、测量、自然历史、心理学(或精神哲学)(Mental Philosophy)、自然哲学、生理学、天文学、音乐、书法、绘画、马萨诸塞州和美国的宪法及历史、虔诚和道德原则、教学科学与艺术①。在总共26

---

① Charles A. Harper. Theory and Practice in the History of American Education：A Book of Readings［M］．Washington D. C. ：American Association of Teacher College，National Education Association，1939：308.

门课程中，教育类课程只有哲学意义上的心理学（Mental Philosophy）①和教学科学与艺术两门课程②。美国各州的师范学校的课程有所不同，这些课程代表了19世纪师范学校课程设置的情况。

1841年，美国州立师范学校列克星敦学校的第一任校长塞罗斯·皮尔斯（Cyrus Peirce）指出，他的学校主要从事普通课程的教学（初等学校所设学科的教学）和教学方法的传播（主要指他自己的教学经验）③。当时的师范学校基本上是这种课程类型。普通课程比重较大，程度偏低，主要是掌握小学的知识；教育课程比重较小，只限于教学方法和教育实习，缺乏理论学习。所用教材大多是教师依据个人经验写成的（如霍尔的《学校管理讲座》等）。师范学校里的师资训练重视教育实习，侧重传授教师的个人教学经验和培养学生的实际教学能力。

19世纪下半叶，各州要求师范学校提高档次，招收高中毕业生，并敦促师范学校向师范学院过渡，以提高教师教育质量。有些发达的州将师范学校的修业年限延长为三年或四年，以培养能胜任中学教学的教师，满足当时对中学教师的迫切需要。这一时期的中

---

① 有的学者指出：心理学作为一门科学的历史为时较短。心理学这个名词在欧洲16世纪以前并未出现。弗朗西斯·培根（1561—1626）的学科分类将心理学列为灵魂或精神的哲学。通过17—19世纪哲学心理学的研究和19世纪心理生理学的研究，心理学得到其体系、科学事实和研究方法，才有条件成为一门独立的科学。总而言之，科学的心理学到19世纪下半叶才得以确立。（高觉敷. 西方现代心理学史[M]. 北京：人民教育出版社，1982：3-4.）

② James W. Hillesheim & George D. Merrill. Theory and Practice in the History of American Education：A Book of Readings［M］. Washington, D. C.：University Press of America,1980：308.

③ Borrowman L. Merle. Teacher Education in America：A Documentary History［M］. New York：Teachers College Press, 1966：54.

学教师，一般由大学和文理学院来培养，但并未经过专门的师范教育训练。教育家们逐渐认识到，和小学教师一样，中学教师除了必须具备文理知识外，也必须接受专门的师范教育训练。19 世纪中期后，美国人借鉴了欧洲的教育理论，增加了教育课程。到 19 世纪末，师范学校教育专业课程明显增多了，教育理论性科目也相应增加。

一些大学和文理学院提出要开设教育学课程，以适应培养中学教师的需要。教育家贺拉斯·曼首先在安第亚克学院(Antioch College)开设了"教育理论与实践"课程。在 1866—1870 年，爱荷华大学(Iowa University)也相继开设了"思维哲学"、"思维发展规律"等课程。1882 年，哥伦比亚大学(Columbia University)校长巴纳德还提出了开设教育史、教育理论与实践等课程。1890 年，罗得岛师范学校的课程中有关教育专业的课程已达六门，占课程总类的1/4；其他州师范学校课程中教育专业科目也有所增加。芝加哥师范学校教学法与课程委员会提供的一份报告体现了课程改革的这种趋势，报告指出："19 世纪末，师范学校的教育专业课包括：教育实习及观察课占总课时的 28%、教育史课占 10%、教育科学占21%、初等教育方法占 24%、心理学占 15%。"[1]由此可见，有关教育专业的课程种类和所占课时总数已经大大增加，使得师范生有较广的教育理论和心理学知识，使教学工作能够建立在教育学、心理学的基础上，教学方法也日益灵活。

在美国师范学校建立和发展的过程中，教育实习作为一门实用课程受到了普遍的重视。最初的师范学校都建立了学生的实习基地，这在当时被称为"模范学校"(model school)。1839 年 10 月，在列克星敦师范学校建立了第一所实习学校，其他的师范学校也纷

---

① Jessie M. Pangburn. The Evolution of the American Teachers College[M]. New York: Teachers College Press,1932:28.

纷效仿。由于教职人员工作繁忙而未能给予实习学校更多的关注以及资金短缺等问题,马萨诸塞州的这些早期实习学校并不成功,最后不得不关闭。直到其他州的师范学校经验证明教学实践在师范教育中是不可或缺的,这些"模范学校"才得以恢复。后来的师范学校都设有实习学校或指定附近学校作为教学实习的场所,学生大致要用整个学习时间的1/3在实习学校中度过,教师在实习期间的授课过程成为实习的重点。其中奥斯威哥师范学校(Osweiger Normal School)的实习工作是非常有名的。为了推广裴斯泰洛齐的直观教学法,学校抽出大量时间让学生到实习学校观察实习,该校毕业生因其实际教学能力更高而深受各地学校的欢迎。在教育课程的分配安排中,各校教育实习的课时数在其课程总数中所占的比重也较大。例如,在芝加哥师范学校教学法与课程委员会的报告中,教育实习及观察课占总课时的28%,超过了其他各科的课时数。教育实习在美国师范教育发展的过程中占有很重要的地位,并且形成了一种优良传统而延续下来。因此,师范生在走上工作岗位后,能很快地适应教学工作,并较好地完成教学任务。

(二)州立师范学校教师资格认证制度的建立

19世纪以前,为了让孩子们接受教育,家长们总是希望将孩子们交给那些具有良好品德的教师,他们只重视政治与宗教的条件,而忽视了教师对所授学科知识的掌握,也忽视了教师的教学技能和教学经验。进入19世纪以后,核发教师资格证的权力从牧师转到当地的官员手里后,这种情况有了改进。从19世纪30年代开始,一些城镇开始试行通过自行设计的笔试来选拔教师,以确保从教人员能够胜任未来的教学工作。1825年,美国开始推行教师资格证书制度。俄亥俄州于1825年颁布的美国教师证书法令,是美国最早的教师资格制度①。它规定了教师的入职标准、资格审查及证书的颁发等制度,对规范教师的任用标准和加强教师职业专业化有着重要的意义,同时也标志着政府对教师职业进行规范化管理的开始②。俄亥俄州中等民事法庭被授权在各县任命三名普通学校教师考试官员,这三名官员的职责是考核教师并对合格者颁发教师资格证书。法令规定教师资格认证的主要手段是通过考试,以及看教师是否接受过短期的培训③。这个法令还规定,"……无证者不得在任何乡村学校任教,不得领取法定的工资和福利"④。随后,各州纷纷仿效俄亥俄州的做法。俄亥俄州1831年颁布的教师证书法令开始具体规定教师达标的课程要求,即必须在读、写、算方面合格,证书的有效期为一年⑤。

这一要求在1838年马萨诸塞州的《师范学校法》(Normal School Act)中得到重申。《师范学校法》规定作为入学的先决条件,报考者必须明确声明其目的是成为合格的教师。"如果报考者愿意成为公立学校的教师,或愿意在本州办学校,那么,其学费可免缴……男生须满17周岁,女生则须满16周岁;并且必须是没有任何不适宜于从事教师职业的疾病……必须参加考试以证明其在阅读、英语

① Kinney. Certification in Education[M]. N. J.: Prentice-Hall,1964:45.
② 秦立霞. 美国教师资格认证制度研究[M]. 北京:教育科学出版社,2010:18.
③ 秦立霞. 美国教师资格认证制度研究[M]. 北京:教育科学出版社,2010:18-19.
④ Ellewood P. C. Readings in the History of Education [M]. Boston: Houghton Mifflin,1920:Chapter 28,Section 350.
⑤ B. D. Frank. Teacher Certification in Ohio [M]. New York:Teachers College Press,1953.

语法、地理及算术等方面的能力。必须具有良好的智力、高尚的品德……"①

1845 年，佛蒙特州在各县任命了一个县督学，其主要职责是考核教师的待聘者和在各县发放有效期为一年的教师资格证书。在考核教师的专业人士出现以前，以往的考核只是对教师候选人进行口头测试，要求做一些阅读、书写和解决简单数学题的演示，并没有达到标准化的程度。1840 年之前，纽约州的法令仅要求教师必须通过文学知识考试，但 1841 年新颁布的法令将考试要求细化，具体包括拼写、算术、英语语法、历史和地理等。这些考试要求在 19 世纪中期已相当普遍。以 1847 年俄亥俄州各县教师考试为例，主要包括一般学科、文法、阅读、算术、地理及教学理论知识等方面②。缅因州（Maine）也在同一年采用了同样的考核形式。虽然考核的方式还不够完善，但是从建立教师资格证书制度的角度来看，这在当时确实是一种难能可贵的措施。内战之后，各州教育主管部门开始确立各州教师从教的最低标准，并相继成立了管理证书的专门机构——州教育委员会，负责考核和颁发教师资格证书。这标志着教师资格认证制度在美国的确立。到 19 世纪后半期，除增加考试科目外，考试的内容更加标准化，各地普遍开始使用州教育行政部门制定的试题。与此同时，一些教育人士开始呼吁加强对教师的培训。

（三）州立师范学校的特点

到 19 世纪后半期，美国的中小学教师教育制度基本形成，但州立师范学校的发展还受到很多限制。斯坦福大学教育学院教授琳

① Ellewood P. C. Readings in the History of Education [M]. Boston：Houghton Mifflin，1920；Chapter 28，Section 350.

② Kinney. Certification in Education[M]. N. J. ：Prentice-Hall，1964；49.

达·哈蒙德(Linda Hammond)曾对州立师范学校提出了批评。她指出："教师教育模式存在较多问题，例如，时间不够充分，理论和实践脱节，课程内容肤浅，学生缺乏合作精神，学校教学方法陈旧，缺乏激励性等。"①斯坦福大学教育学院教授莱伯尔(David Labaree)甚至说："师范学校成了教师工厂，批量生产市场所需要的教师。"②

美国师范学校在发展过程中存在的问题可以归结为以下三个方面：

1. 教师培养处于较低层次

师范学校在创办初期，教师培养的水平比较低，这是因为学生生源学历水平低且不稳定。师范学校招收八年制的小学毕业生，有些地区的学生尚未完成学业，而由于小学师资短缺而受聘任教。19世纪上半叶师范学校的招生对象基本上是小学毕业生，一直到19世纪末一些州才开始规定招收中学毕业生。尽管师范学校后来的入学标准明显提高，大部分申请者是中学毕业，但在1900年以前，全国38所州立师范学校所录取的学生平均只有26%是高中毕业生③。因为学生生源的知识水平有限，他们来学校的目的主要是为

---

①　Linda D. Hammond. The Case for University-Based Teacher Education[M]//Robert A. Roth(ed). The Role of the University in the Preparation of Teachers. London：Taylor and Francis/Falmer Press,1999：22.

②　David F. Labaree. The Lower Status of Teachers in the United States[M]// Nobuo K. Shimahara(ed.). Teacher Education in Industrialized Nations — Issues in Changing Social Contexts. New York and London：Garland Publishing Inc., 1995：55.

③　王凤玉. 美国师范教育机构的转型：历史视野及个案研究[D]. 华东师范大学，2007：44.

学习基础知识的，而不是学习如何来教这些知识的①。另一个原因是课程内容不够全面。州立师范学校创办初期的课程仅限于任教学科知识，教育专业课程开设较少。以马萨诸塞州第一所师范学校为例，设有阅读、写作、数学、几何、语法、作文、哲学、地理、音乐、绘画、生理、圣经等课程，教育专业课程只有心理学（Mental Philosophy）、教学科学与艺术两门课程②。师范学校后期才增加了一些教育专业课程。同时，教师的培养年限短。师范学校多提供短期的师资培训，学制一到四年不等。师范学校在创办初期教师的培养年限多为一年或两年制，培养小学教师。后来开始招收中学毕业生，延长了培养年限，但是，当时对中学教师的培养还没有设立专门的师资培养机构，主要由大学的文理学院来承担。由于学生生源、所学课程和培养年限的限制，培养出来的教师质量也受到了限制。

2. 教师地位低下、待遇微薄

19世纪30年代，公立学校迅速发展。为了满足公立学校急需优秀教师的要求，提高公立学校的教学质量，美国中小学教师的待遇有所提高。但相对其他行业，教师仍然属于低工资的职业。即便在教师职业内部，各州之间、城乡之间以及男女教师之间的工资相差也很大。一般而言，教育、经济发达的州内教师待遇相对高些，在城市任教的教师的工资要高于在农村任教的教师的工资，男教师的工资要高于女教师的工资。当时女教师多于男教师，"美国化"使大量女子走出家门加入到教师行列，女教师的数量剧增。19世

---

① Donald Warren. American Teachers：Histories of Profession at Work[M]. New York：Macmillan Company,1898：218.

② 崔允漷. 美国教师的培养与培训：经验与思考[J]. 外国教育资料，1998（2）：54.

纪时的美国师范学校一般是男女兼收，早期的师范学校所招生的学生几乎都是女生。1839年美国在马萨诸塞州列克星敦建立第一所州立师范学校，有学生25人，但全是女生①。1848年费城创办了一所女子师范学校，1852年波士顿也建立了一所女子师范学校，其目的是训练那些本市文法学校毕业的女青年成为普通学校中的教师②。1856年纽约市教育局也成立了著名的"妇女师范日校"(Daily Normal School for Females)。这些学校培养了大量的女教师。这主要是因为当时教师工资较其他行业低，很多男子都不愿做教师；另一个原因是当时女教师的工资比男教师工资更低，很多学校都愿意录用女教师。此外，中小学教师的工资是根据教师所任年级的高低而定的。中学教师的工资比小学教师的工资高，同校任教的教师还按授课年级不同而不同，高年级教师的工资比低年级教师的工资高，这显然不利于提高小学教师和低年级教师的教学质量。美国中小学教师的社会地位低下，教师只是学校的劳动雇员，而不具有国家公职人员的身份。当时，美国教师的就业或失业完全由教育董事会所决定，教师流动性大。美国教师偏低的工资和社会地位影响了教师队伍的素质。

3. 教育经费和资源有限

州立师范学校的经费主要来自州政府的拨款和来自学生的学费，但学生的学费通常很低。因此，师范学校的经费十分有限。19世纪60年代中期，维持一所普通的师范学校每年所需的经费大约是12 000美元。1865年，新泽西州的师范学校、纽约州的师范学

① Carol K. Ingall. The Quest for Continuity:The Hebrew College and the Normal Schools[J]. Religious Education,1995(1):51.

② W. S. Elsbree. The American Teacher[M]. New York:The American Book Company,1939:152.

校、密歇根州的师范学校以及伊利诺伊州的师范学校的费用基本上是这个数目。1900 年，据美国教育部的统计，师范学校平均经费为 27 500 美元，每个学生平均费用近 50 美元。1890 年，师范学校图书馆的平均藏书为 3 000 册①。总之，州立师范学校经费及设备不足，也没有藏书丰富的图书馆。资金不足、教学资源有限制约了美国师范学校的发展。

师范学校时期，尽管教师培养处于较低层次，但美国的中小学教师教育毕竟有所发展。首先，中小学教师培养有了专门的机构和专业的训练，具有了专业的特征，培养的教师不仅具有基础文化知识，也掌握了一定的从事教师职业的专业知识和技能。其次，事实充分证明师范学校毕业生更能胜任教师工作。正如理查德·爱德华兹于 1876 年在全美教育协会（National Education Association）上的讲话所说："尽管遇到许多失败，尽管还很自负和幼稚，尽管展示出一些还未被吸收理解的方法，尽管还有嘈杂的狂热，尽管是一知半解，尽管还有许多缺点，但事实上，在师范学校里接受教育或部分教育的年轻人，无论是男性还是女性，在整体上都要比他们的同代人更胜任教师的工作。"再次，地方教师证书制度逐步确立和发展。1825 年，俄亥俄州颁布的第一个教师资格证书法令成为美国实施教师资格证书制度的开端。1827 年，俄亥俄州制定学校法，制定教师资格审定制度。教师资格证书的出现，标志着教师作为一种专门职业逐步得到发展。此外，这一时期教师的专业地位有所提升，主要以 1857 年全美教师协会在费城成立为标志，第二年全美师范学校协会也相继成立。师范学校时期的教师教育呈现出三个转变：改变了以往具有一定知识的人无须专业教育便可充任教师的状况，

---

① Charles A. Harper. A Century of Public Teacher Education [M]. Washington D. C. : American Association of Teacher College, National Education Association, 1939:120.

实现了师范学校逐渐由私立向州立的发展，完成了初等师范教育向中等师范教育的转变。这一阶段是美国教师培养向专业化方向发展的重要一步。经过近一个世纪的发展，到19世纪下半叶，美国中小学教师教育制度的雏形已基本形成。

第四章　美国中小学教师教育的改革与发展(上)
(19 世纪末—20 世纪 50 年代)

19 世纪末至 20 世纪上半叶,美国的高等师范教育体系逐步形成。师范学校向师范学院的过渡意味着教师培训开始由一般的职业培训进入专业培训,是美国中小学教师教育制度进一步发展的时期。

一、19 世纪末—20 世纪 50 年代美国师范学校向师范学院过渡的历史动因

(一)19 世纪末 20 世纪初美国社会的进步及教育的普及

19 世纪末 20 世纪初,美国由一个农业国转变为一个以工业为主、工农业共同发展的国家。大量的农村人口转为城市人口,城市人口迅速增加,城市规模迅速扩大,使城市成为产业和文化教育的中心。伴随着其工业化和城市化的进程,美国经济以惊人的速度向前发展。1894 年,美国工业生产一跃而居世界首位,生产量占欧洲各国生产总量的一半。经济的发展推动了教育的发展,特别是中等教育的大发展。1890—1930 年,公立中学的发展相当迅速。1930 年公立中学的数目已经发展为 1890 年的 12 倍多,而在校人数增长了近 20 倍。中学的数目和在校人数又以 1920—1930 年增加

最快(详见表4-1,表4-2)。

表4-1 **1890—1930 年美国中等学校的增长①** （单位：人）

年度 学校类型	1890	1900	1910	1920	1930
公立	2 526	6 005	10 213	14 326	23 930
私立	1 632	1 978	1 781	2 093	2 760
合计	4 158	7 983	11 994	16 419	26 690

表4-2 **1890—1930 年美国中学生人数的增长②** （单位：人）

年度 学校类型	1890	1900	1910	1920	1930
公立	202 963	519 251	915 061	2 199 389	4 399 422
私立	94 931	110 797	117 400	184 153	341 158
合计	297 894	630 048	1 032 461	2 383 542	4 740 580

　　从表4-1 和表4-2 可以看出：这期间美国"中学生的人数是以几何级数增加的"③。中等教育的大发展，使中学师资的培养成为亟待解决的问题。有统计数据表明："1894 年全美共有80 767 名各

---

① 曹炎申. 美国教育[M]. 上海：商务印书馆，1937：112.
② 曹炎申. 美国教育[M]. 上海：商务印书馆，1937：162.
③ 滕大春. 今日美国教育[M]. 北京：人民教育出版社，1980：3.

种师范生，有各种空额教学职位 45 万个，二者的比例为 1∶5.6；1910 年共有各种师范生113 685名，空额教学职位为 63 万个，二者的比例为 1∶5.5；1926 年共有各种师范生494 290名，而空额教学职位有 69 万个，二者的比例为 1∶1.4。"①

一方面，中等教育的大发展及义务教育年限的延长（各州义务教育年限延长到 6 ~ 10 年不等）造成了教师的严重缺乏；另一方面，昔日以培养小学教师为主的师范学校已不能适应教育发展的需要。教师短缺的事实让教育行政人员意识到，仅仅依靠师范学校培训教师，而不重视师范学校的改革，无法提高教师职业竞争力。教师短缺存在着深刻的内在原因，需要提高师范教育的规格，小学教师应和中学教师一样，接受高等师范教育的培训。

以往师范学校主要培养小学教育师资，所提供的学业程度较低，不适宜培养中学教师。师范学校长久以来一直未能摆脱外界有关学术质量较差和标准较低之类看法的困扰。20 世纪初期，尽管师范学校反复提出要使其标准更加严格，但其入学标准仍然较低。据 1895 年对 51 所师范学校的抽样调查："仅有 14% 的师范学校要求入学者须有高中毕业证书；到 1905 年，其百分比才增加到22%。虽然在 1908 年全国教育学会师范学校部已通过决议，提出将高中毕业证书作为师范学校的入学条件，但直到 20 世纪 30 年代，只有为数不多的师范学校将这一条件作为入学的基本要求。"②与此同时，19 世纪 80 年代以后，与师范学校入学标准有关的批评也在不断增加。爱荷华州立师范大学（Iowa State Normal University）校长霍默·希尔利（Homer Seerley）1902 年曾这样评论说："师范学

---

① Jessie M. Pangburn. The Evolution of the American Teachers College[M]. New York：Teachers College Press，1932：8.

② Joel Spring. The American School 1642-1933（3rd edition）[M]. New York：McGraw-Hill，1994：273.

校无论是过去还是现在,都过于注重理论、教条和哲学,而太少注重现实的、实用的和基本的东西。"①伊利诺伊州立师范大学(Illinois State Normal University)的教授查尔斯·麦克默里(Charles McMurry)也表达了同样的观点,他指出:"我们的教师培训已注入了过多的和现实联系不紧密的理论。"②为了改变这种情况,师范学校也需要进行新的改革和发展。因此,建立高等教师培训机构成为了当务之急。

(二)教育专业组织的推动

中等教育的大发展,使得中学毕业生人数剧增。为了保证向大学输入合格的新生,各州纷纷成立了地区认证协会(Regional Accrediting Association)来评鉴中学的办学水平以及学生的学习质量。自19世纪末开始,一些专业协会或团体开始参与教师教育计划的认证工作。1889年,美国师范学校协会(American Normal School Association)指派委员会评鉴全美各地二、三、四年制师范院校的课程,这是美国全国性教育协会鉴定教师培训机构的开端。与此同时,教师培训的地区认证制度开始出现,一些地区认证组织纷纷组建,并成为教师培训认证的主要机构。当时的协会主要有中部协会、东部协会、南部协会、中北部地区大学和中学协会以及新英格兰协会等。其中以中北部地区大学和中学协会影响最大,它有大

---

① Homer H. Seerley. Defects in the Normal Schools That Are Responsible for the Opposition and Criticism Urged Against Them in Many Parts of the United States[M]//National Education Association Addresses and Proceedings. Chicago: University of Chicago Press,1902:542.

② Charles A. McMurry. Conflicting Principles in Teaching [M]. Boston: Houghton Mifflin,1914:247.

量的经认证合格的优秀中学①。1902 年，该协会制定了第一套用来评估一所中学是否有资格加入该协会的标准，其标准之一就是想加入该协会的中学教师应毕业于隶属于中北部地区大学或同类的大学。同时，还规定了中学教师在为其职业所做的学业准备中，必须包括至少 11 个小时的教育实践工作，从而强调了职业培训的重要性。为取得合格的认证，一些规模较小的中学不得不聘用符合上述标准的教师。但是，师范学校的短期课程已无法满足这种要求。因此，这种情况给师范学校带来了巨大的生存压力，促使它们提高学业标准，并设法获得学位授予权，以求生存和发展。这些协会均要求其所属中学的教师必须毕业于它们认证的大学或学院。在教师培训机构的认证过程中，起重要作用的是州教育部门和地区专业协会，在此基础上培训机构才接受全国性协会的鉴定。由于美国师范学校协会和地区认证委员会等专业团体的认证是一种自愿的程序，它们对标准的统一缺乏协调能力，所以，这一时期教师培训机构的认证主要还是由州教育部门支配。1902 年，该协会提出了评鉴中学水平的一套方案，其中规定，参加该协会的中学，其教师必须毕业于经该会或相应专业团体认证的高等学校②。专业认证协会的这一规定，迫使师范学校升格为能够授予学位的师范学院。1946 年，国家教师教育和专业标准委员会(National Commission on Teacher Education and Professional Standards，简称 NCTEPS)的成立为促进教师专业发展提出了可以遵循的教师教育专业标准。全国教师教育和

---

① F. W. Morore. Report of the Organization Meeting of the National Conference Committee on Standards of Colleges and Secondary Schools [R]// Proceedings of Association of Colleges and Preparatory Schools of the Southern States,1907:12.

② Jessie M. Pangburn. The Evolution of the American Teachers College [M]. New York:Teachers College Press,1932:20.

专业标准委员会的基本指导思想是，任何称得上专业的职业都必须订立标准并强迫其成员执行该标准。NCTEPS的功能是"针对教师聘用、教师挑选、教师准备以及促进专业标准等事项，发展和制订有益于专业的一连串计划，也包括对教师培养机构制定有关标准"①。美国教师教育专业标准的制定为教师的专业发展提出了努力的目标。

同时，其他教育专业团体对提高教师质量也提出了一些政策性的建议。20世纪初，全美教育协会(National Education Association, 简称NEA)制定的一些新政策是师范学校迅速升格的一个重要原因。1902年，中北部地区大学和中学协会规定，参加该协会的高级中学的教师必须毕业于该协会或相应专业团体认证的高等学校。1908年，全美教育协会明确指出："师资培训机构应当招收高中毕业生，培养中学和小学教师；小学教师培训年限为两年，中学教师为四年；师资培训机构在培养教师的同时，还应设置研究部，进行教育科学研究。"②该规定把中小学教师的培养正式纳入了同一机构，明确地指出了师范学院的入学标准及修业年限。同年，全美教育协会师范学校部起草了《师范学校政策声明》(Statement of Policy for the Normal Schools)。该政策声明主要包括以下决议："(1)州立师范学校应使高中毕业或具有同等学历水平成为接受标准师范课程教育的基础。(2)师范学校为全体民众培养初等和中等学校教师。(3)初等学校教师培养期限为两年，中等学校教师培养期限为四年。(4)师范学校应设立组织良好的研究部门，以帮助解决影响教

---

① T. M. Stinnett. Professional Problems of Teachers (3rd edition) [M]. New York: Macmillan Company, 1968:409.

② Jessie M. Pangburn. The Evolution of the American Teachers College [M]. New York: Teachers College Press, 1932:55.

育和生活的问题。(5)尽管师范学校不是培训教师的唯一部门，但它是每个州的主要的培训部门，因此，应设立教学标准、确定教育理念并培养教育领导人物。(6)师范学校的课程范围应比较广泛，能够满足公立学校不断扩展的需求。"①

1912 年，全美教育协会师范学校部又提出了师范教育机构变革应遵循的四条原则："(1)20 世纪的师范学校应致力于高等教育；(2)它具有培养教师的专门功能；(3)设立与其他学院相同的入学标准，即四年制中学毕业；(4)学制扩展为四年，与学院的其他学科与学术标准要求相同。"②通过上述决议不难看出，美国的师范学校正在受到挑战，而这些教师专业团体的主张自然成为师范学校向师范学院转型的巨大压力。师范学校要想得到社会的认可，就必须在各个方面提升其水平，师范学院取代师范学校已是大势所趋。有统计数据表明："1909—1910 年，美国有州立师范学院 10 所，市立、私立师范学院各 1 所。1919—1920 年，增加为州立 39 所，市立 1 所，私立 6 所。1929—1930 年，增加为州立 125 所，市立 3 所，私立 6 所。1940 年，共增加为 185 所。1948 年，更增加为 250 所(见表 4-3)。而师范学校则江河日下。1930 年，美国有州立师范学校 66 所，市立 26 所，私立 58 所，到 1942 年总共降为 60 所，1945 年只剩 14 所。"③

---

① M. Haberman & T. M. Stinnett. Teacher Education and the Profession of Teaching [M]. Berkeley：McCutchan Publishing Corporation，1973：42.
② Charles Jacobs. Relation of the Teacher's Education to Her Effectiveness [M]. New York：Teacher College Press，1928：2.
③ J. I. Goodlad. Teachers for Our Nation's Schools [M]. San Francisco：Jossey-Bass，1990：26-37.

表4-3 全国师范学院发展一览表① （单位：所）

学校类别 年份	州立师范学院	市立师范学院	私立师范学院	合计
1909—1910	10	1	1	12
1919—1920	39	1	6	46
1929—1930	125	3	6	134
1940	/	/	/	185
1948	/	/	/	250

在此期间，条件好的师范学校纷纷改为师范学院，水准低的都被淘汰。

(三) 美国高等师范教育体制的形成和发展

从19世纪后期开始，在各州政府的扶持下，美国的中等师范学校或被淘汰或被升格为高等师范学院。1893年纽约州奥尔巴尼(Albany)州立师范学院成立，成为美国第一所由师范学校升格的师范学院②。从20世纪初到20世纪30年代，二至四年制的高等师范学院逐步取代了原有的中等师范学校。随后，大量的高等师范学院在美国建立。到1920年，全美师范学院达到46所，到1928年又增加为117所，到20世纪50年代初，美国共有139所师范学校改为师范学院③。

---

① 滕大春. 今日美国教育[M]. 北京：人民教育出版社，1980：131.

② T. M. Stinnett. Professional Problems of Teachers [M]. New York：Macmillan Company，1968：409.

③ 洪明. 美国教师教育变革与发展的主要趋势[J]. 比较教育研究，2003(7)：48.

1893 年，纽约州奥尔巴尼（Albany）市首先把原有的师范学校升格为州立师范学院，招收中学毕业生，修业两年。其他各州纷纷向纽约州看齐，师范学院的数量渐渐增加①。一些教育专业团体也根据当时的教育发展状况提出了一些要求和建议。例如，当时美国最大的教育专业团体——全美教育协会（National Education Association）提出，师范学校要提高档次，招收高中毕业生，并敦促各州的师范学校向师范学院过渡，以提高教师教育质量。有些师范学校将修业年限延长为三年或四年，以培养能够胜任中学教学的教师，主要目的是为了满足对中学教师的迫切需要。这一时期的中学教师，一般由大学和文理学院来培养，但并未经过专门的师范教育训练。教育家们逐渐认识到，和小学教师一样，中学教师除了必须具备文理知识外，也必须接受专门的师范教育训练。因此，一些大学和文理学院也提出要开设教育学课程，以适应培养中学教师的需要。教育家贺拉斯·曼首先在安第亚克学院（Antioch College）开设了"教育理论与实践"课程。在 1866—1870 年，爱荷华大学（Iowa University）也相继开设了"思维哲学"、"思维发展规律"等课程。1882 年哥伦比亚大学（Columbia University）校长巴纳德还提出了开设教育史、教育理论与实践等课程。

到 20 世纪中期，美国独立的高等师范教育体系逐步形成。这是美国定向型师范教育机构的第一次转型。随着中等师范学校向高等师范学院的升格，美国师资培养标准也得到了进一步的提高。与前一时期师范学校模式相比，师范学院模式在培养目标、培养年限、入学标准、课程设置、实际教学技能的掌握等方面都发生了很大的变化，形成了一系列特色。培养目标不仅仅定位在中小学教师培养，同时也兼顾学校管理人员、研究人员、师范学校教师的培养

---

① 滕大春. 外国教育史和外国教育[M]. 石家庄：河北师范大学出版社，1998：436-437.

等。师范生的培养年限由两年延长为四年，并提供学士学位。到了 20 世纪 50 年代初，美国共有 139 所师范学校改为师范学院，高等师范教育体系已逐渐形成，同时，一些大学也开始设立教育系或教育学院进行师资培养，实现了中小学教师培养的升格，接受四年制高等教育已成为中小学教师的任职资格要求。19 世纪末至 20 世纪 50 年代，教师培养实现了由师范学校向师范学院的转变，并最终为高等师范教育所取代。从此，美国进入了独立的、定向的培养师资为主体的新格局。

二、19 世纪末—20 世纪 50 年代美国中小学教师教育的改革和发展

(一) 高等师范教育时期美国中小学教师教育入学条件和课程安排

到 20 世纪中期，美国独立的高等师范教育体系逐步形成，这是美国定向型师范教育机构的第一次转型。随着中等师范学校向高等师范学院的升格，美国师资培养标准也得到了进一步的提高。与前一时期师范学校模式相比，师范学院模式在培养目标、培养年限、入学标准、课程设置、实际教学技能的掌握等方面都发生了很大的变化，形成了一系列特色。培养目标不仅仅定位在中小学教师培养，同时也兼顾学校管理人员、研究人员、师范学校教师的培养等。师范生的培养年限由两年延长为四年，并提供学士学位。

在入学标准与要求上，对师范生的学历要求由八年制的小学学历升格为中学学历。同时，"作为入学的先决条件，报考者必须明确说明他们的目的是成为合格教师。要求没有任何不适合担任教师职务的疾病，还要参加考试以证明其在阅读、英语口语、地理和算

术等方面的能力，具有良好的智力、高尚的品德"①。20 世纪 30 年代以后，师范学院对学生的心理素质、社会适应能力、语言能力和思维品质等方面都有了更高的要求，使入学标准的审查更加全面。以纽约州为例，该州在 1933 年举行的入学考试中增加了心理测验和英语测验，并参考中学校长对应试生的品质、人格所做的评定。1938 年增加了语言和发音测验。而到了 20 世纪 40 年代，还增加了人格和语言联合测验，其中包括个人仪表、社会适应能力、性格、经验广度、语言能力等。师范学院在选拔师范生时，不仅注重新生入学时的基本学历，而且注重全方位地考察新生的个人素质，这在美国教师教育发展史上是一个很大的进步。

在课程设置上，尽管各州师范学院在课程的具体内容上有较大的差异，但在总体的内容划分上却是相似的。一般来讲，主要包括基础知识学习、专业学习、观察与实践活动及教学实习等。20 世纪 20 年代，卡内基教学促进基金会（Carnegie Foundation for the Advancement of Teaching）对中小学教师教育课程标准进行了规范，它的指导思想体现了突出教育专业教育的趋向，反映了美国这一时期教师教育发展的方向。在小学教师培训中，教育专业课程占到近 1/2；在中学教师培训中，教育专业课程占到近 1/3。

19 世纪中期以后，随着欧洲先进的教育思想开始进入美国，特别是受赫尔巴特和裴斯泰洛齐教育思想的影响，美国师范学校开始普遍关注教育教学理论问题。教育学、心理学等教育专业课程大量进入教师培养的课程中。教师培养突破了任教学科的范围，教育理论开始受到关注。师范学院时期，教师专业发展对教师教育课程提出了更高的要求。同时，社会的发展带来了教育科学的长足发

---

① 王柳生．教师资格制度：昨天、今天、明天［J］．现代教育科学，2004（3）：92.

展，教育科学开始分化成拥有许多学科群的学科体系，诸如教育哲学、教育社会学、教育心理学、教育测量学、教育统计学、教育史等。于是，在实用主义教育思想的影响下，各师范学院普遍开设教育理论课程，增加教师培养的内容，教师的培养开始由一般的职业培训进入专业培养。到19世纪末，师范学校教育专业课程明显增多，教育理论性科目也相应增加。以1890年罗得岛(Rhode Island)师范学校的课程为例，有关教育专业的课程达到六门，占课程总数的1/4。芝加哥师范学校教学法与课程委员会提供的一份报告体现了课程改革的这种趋势。该报告指出："19世纪末期，师范学校的教育专业课程包括：教育实习及观察课占总课时的28%、教育科学占21%、初等教育方法占24%、心理学占15%、教育史课占10%。"①教育专业课程的增强使教学工作能够建立在教育学、心理学的基础上，同时也使师范生有较广的教育理论和心理学的知识，提高了教学的科学化水平。

20世纪20年代，卡内基教学促进基金会对中小学教师教育课程标准进行了规范，确立了由基础课程、任教课程和教育专业课程构成的教师教育课程结构，架构了美国后来教师教育课程体系的基本框架。各类课程比例的分配如下(见表4-4)。

如表4-4所示，教育专业课程在美国教育史上首次大量进入师资培训过程。以康涅狄格州(Connecticut)第二所师范学院为例，在该校1889年和1890年两年间开设的43门课程中，有16门新增的课程，其中教育学、心理学、课程研究、师范小学的观察与实践等课程占到1/3②。"在小学教师培养中，教育专业课程占到近1/2。小

---

①　Jessie M. Pangburn. The Evolution of the American Teachers College[M]. New York: Teachers College Press 1932:28.

②　郭志明. 证书标准变迁与教师教育专业化——美国教师素质提升历时性研究[J]. 外国中小学教育，2004(5)：2.

表4-4   **20 世纪 20 年代美国中小学教师培训课程比例分配**①

培训对象	基础课学分及百分比		任教课程学分及百分比		教育专业课程学分及百分比	
小学教师培训课程（包括初中）	126.5	51%	—	—	121	49%
中学教师培训课程	88	45.1%	48	24.6%	59	30.3%

学教师培训中的教育专业课程，包括教育原理、普通教学法、学科教学法、课堂管理、心理学、生理学、卫生学、学校制度、教学参观与实习等 26 门课程。在中学教师培养中，教育专业课程占到近1/3。中学教师培训中的教育专业课程，包括教育原理、普通教学法、学科教学法、课堂管理、生理学、卫生学、心理学、心理测验、教学讨论、学校制度、教学参观与实习 11 门课程。"②

表 4-4 中的基础课程是指普通高校的文理基础课程。这些课程涉猎的范围广泛，表现出当时美国对教师教育课程师范性的重视，相对于师范学校时期的课程设置是一大进步。然而，这种课程设置过分强调教育学科的价值，却忽视任教学科知识的掌握，导致美国基础教育质量下降，受到了当时民众的批评。

在实际教学技能掌握方面，师范学院一个最突出的特色就是，注重学生掌握教学的实际技能，让学生进行教学观察和实习，以培养教师的责任感和对课堂的驾驭能力。

这一时期的中小学教育课程的设置已经比较规范，确保了师范

---

① 郭志明. 美国教师专业规范历史研究[M]. 北京：中国社会科学出版社，2004：110.

② 余家菊. 师范教育[M]. 上海：中华书局，1926：35-38，41-44.

生在校学习期间能够掌握一定的教育科学知识和教学方法，为以后从事教学工作打下教育专业知识基础。但师范学院的教育专业课程过多，势必影响学生文理科目的学习，也势必会影响师范学院的教学质量。

师范学院这种过于重视教育专业课程的做法，引起当时社会各界人士的批评，他们认为师范生学术水平差、文化修养低。为了解决这一问题，由哥伦比亚大学师范学院教授埃文登(E. S. Evenden)主持的美国联邦教育局于1930—1933年组织的为期三年的全国性师范教育调查指出，师范学院的普通文理知识教育是一个薄弱环节。要保证师范学院真正达到高等教育水平，必须加强师范生文理基础知识的修养以培养师范生成为思想开阔、知识丰富、有文化修养的人，同时认为师范生必须接受高等教育专业训练以及学科专业知识的学习。这一改革方案比较符合当时师范教育发展的实际情况，各州师范学院在此基础上对课程设置作出了改革调整。文理基础知识课程被明确划分为基础知识课程和学科专业课程。基础知识课程包括人文科学、社会科学、自然科学三大类，目的是扩大学生的知识面。学科专业课程指师范生未来所教科目的专业知识，旨在使学生的学科专业知识更扎实。此时的课程设置已经有所改进，标志着美国师范教育的课程设置逐渐走向合理化。

中等师范学校发展为高等师范学院后，师范教育的课程范围扩展了。另外，新知识、新学科的不断涌现也扩展了美国师范教育的课程设置。新知识、新学科一旦产生或传入，就会很快被引入到学校课堂之中。美国学者厄尔·拉格(Earle U. Rugg)在1933年对全国师范教育的调查中发现，在31所师范学院中，共有636门课程，每所师范学院平均有20多门课程①。由此可见课程范围的日趋扩展。

---

① Donald Warren. American Teachers: Histories of a Profession at Work[M]. New York: Macmillan Company, 1989: 244.

（二）高等师范教育时期美国中小学教师资格证书制度的进一步发展

美国的教师资格证书制度经历了一个从重数量到重质量，从低标准、宽要求到高标准、严要求，从各县、各州分散独立到全国逐步统一标准的完善过程。19 世纪末到 20 世纪中期，美国教师资格证书制度在前一个阶段发展的基础上，有了明显的进展，开始出现了一些新的变化，各州在教师资格认证管理上集权的管理趋势加速发展。从证书的管理来看，随着各州教育局的成立，教师资格证书逐渐由县级管理向州统一管理过渡。缺乏受过良好培训的教师一直是师范学院时期初期美国公共教育发展中存在的问题，这个问题早在 19 世纪后期已经引起州政府和学校管理者的关注。美国教育学者贾德（C. H. Judd）1915 年明确指出："美国只有不到 20% 的教师曾接受过职业培训。随着教师资格证书制度的发展，其主要的问题已不是教师培养的数量问题，而是如何保证为公立学校培养出更好的教师。为了保证教师的培养质量，从 19 世纪末开始，州教育行政部门逐渐代替了地方教育行政部门，成为教师资格证书标准的制定和颁发的权力机构。"[①]

各州控制教师资格证书的发放权，表明美国教育行政部门对学校的管理权趋于集中化，而地方教育董事会所行使的权力则不断下降。这一变化导致了督导一职的职业化。这些督导主要替代地方教育委员会行使权利，这导致了督导权利及其管辖范围的扩大。对那些想进入教师职业的人需要达到的标准也随之提高，明确要求其受

---

① E. C. Elliott. State School System, Legislative and Judicial Decisions Relating to Public Education, 1914-1916［R］. U. S. Bureau of Education Bulletin, 1916(3).

过职业培训或具有从教经验，或两者皆需①。这表明，各州对受到良好培训的教师的需要反应越来越敏锐。到 1890 年，要求申请小学教师职位的申请者出具就读师范学校的证明，申请中学教师职位的人则需大学毕业。当时，在全国范围内，教师培训一般要求中学毕业后学习两年，但纽约州、新泽西州和马萨诸塞州要求最少学习三年，这方面处于领先地位的加利福尼亚州则要求中学毕业后必须在大学学习四年才能获得教师资格证书②。到 1898 年，有三个州建立了完备的州教师证书体系，即从证书标准的制定到证书的颁发都由州政府控制。进入 20 世纪后，这种趋势进一步加强。内战结束之后，各州教育主管部门确立了各州教师从教的最低标准，并成立了管理证书的专门机构——州教育委员会，负责考核和颁发教师资格证书。1940 年后，州教育行政部门不仅负责签署所有的教师资格证书，而且对教师资格证书的发放实行控制。这标志着教师资格证书制度在美国的确立。

提高获得教师资格证书的学历要求，是保证教师培养质量的重要措施。学历证明取代教师资格考试制度是各州对教师资格证书实行集中控制和教师培训机构扩大的必然结果。进入 20 世纪后，通过考试获得教师资格证书的做法逐渐被取消，接受正规学校教育成为颁发教师资格证书的基本条件。在此之前，考试是颁发教师资格证书的基本方式。这种方式存在着许多弊端，社会民众已不再满足于学校只为学生提供传统类型的初级课程以及由那些水平仅略高于成绩优异学生的教师在教学上照本宣科，而是要求教师必须经过专门的培训和具备良好的修养，职业培训作为发放教师资格证书的条

① U. S. Department of Education. Biennial Survey 1916-1918［R］. 1918:138.
② California State Department of Education. Biennial Report［R］. 1928: 291.

件之一获得了越来越多州的认可。1863 年，加利福尼亚州
(California)承认了州立师范学院的毕业证书可以作为教师资格证
书而免于考试①。随后，其他州也都逐步实施公立教师培训机构或
同等程度教育机构的毕业生免除考试的政策。这使得学院和大学里
渴望从事教师职业的学生可以出具学历证明，而不需参加考试。
1897 年，得克萨斯州(Texas)也制定了相关的法律。其内容是：
"得克萨斯大学董事会对完成某一学位课程及完成教育学院的学位
课程的学生授予证书，该证书将在该州具有永久教师证书的效
力。"②1898 年，南卡罗莱纳州(South Carolina)也颁布了类似的法
律。该项法律规定：大学和学院被授权提供学习课程，对完成学业
的学生授予学历证书，有学历证书者有资格获得初级教师证书，可
以在该地区的公立学校任教③。到1930 年，"中学教师资格证书持
有者达到学士学位水平的州从 10 个增加到 23 个"④。以学历取代
考试作为颁发证书的基本条件标志着教师资格开始建立在系统的学
校培训的基础之上。

这一时期的教师资格证书制度的发展表现在证书由综合性证书
向学科化证书(特殊学科证书)的转变。19 世纪末，美国已有 6 个
州的小学和中学对教师资格证书的要求作出区分。根据科目或工作

---

① U. S. Department of Education. Report of the Commissioner of Education,
1897-1898[R]. 1898:1659.

② Teachers Examinations and Certificates. South Carolina Education Law,
1898[R]//Report of Commissioner of Education, 1897-1898. Washington D. C. :
Government Printing Office,1899,1(11):1685.

③ Teachers Examinations and Certificates. South Carolina Education Law,
1898[R]//Report of Commissioner of Education, 1897-1898. Washington D. C. :
Government Printing Office,1899,1(11):1684.

④ 郭志明. 证书标准变迁与教师教育专业化——美国教师素质提升历
时性研究[J]. 外国中小学教育, 2004(5):2.

领域来区分教师资格证书的规定是在 1920 年建立起来的。随着教育发展对教师要求的不断提高,进入 20 世纪后,学科的范围扩大,教学学科化趋势加强,教师的培训被指定在特定的学科范围。所有的州都给美术教师、音乐教师、体育教师、家政学教师和手工教师颁发专门证书,这些专业证书的发放要依据专业的培训和专业考试。有几个州还开始分别发放小学、初中和高中教师资格证书。到第一次世界大战前夕,教师资格证书专门化的原则已被列入各州教师资格证书的条例之中。到 1930 年时,所有的州都颁发小学教师的资格证书,6 个州颁发初中教师的资格证书,31 个州颁发高中教师的资格证书。初中和高中教师的资格证书在一些州还被分成不同的专业证书,例如,教数学的证书、教英语的证书、教自然科学的证书等。这种教师资格专门化证书是当时保证中等教育师资培训质量的重要手段,但小学教师培训基本上仍遵循综合化教师资格证书的原则。通过学科化证书来提高教师证书的标准客观上提高了教学的专业性,这种证书学科化的趋势是对教师职业标准的进一步提高与规范。

这一时期教师资格证书制度的发展还表现在终身教师资格证书的逐步废除。教师资格认证的前提是教师资格认证标准。申请进入教师职业的个人或申请进行教师教育培训的机构,必须达到一定的标准,才能获得资格。因美国是分权制的国家,因此教师资格认证的权利属于各州,各州的标准也不同。通常由各州教育主管机构首先授权当地某一组织制定一套教师或教师教育机构认证标准,然后再由教师资格认证机构在标准要求的范围内采取多种方式来进行教师资格认证。各州颁发的一般为初级教师资格证书。对教师教育机构的认证起初由各州进行,由于各州确定的教师资格标准不一,不利于教师在各州之间的流动,因此,推动各州之间教师资格证书的相互认可,成为美国教师证书发展中的一个重要问题。1890 年,纽约州制定了一个教师资格证书交换计划(Exchange of

Certification)。到 1921 年，全美有 38 个州加入了这一计划，之后，许多州之间制定了相互认可协议。后来，教师教育机构的认证由国家教师教育认证委员会进行。

(三) 美国中小学教师教育激励制度

在美国中小学开始实行的教师单一工资制，是对中小学教师继续教育的一种激励。20 世纪初期，由于美国中小学教师工资待遇低、工作负担重、社会地位不高，许多人不愿意选择中小学教师这一职业，在职教师的流失也很严重。这些因素导致美国的中小学教师不仅知识水平不高，而且数量不足。为了扭转这种局面，美国政府采取了一些措施来提高中小学教师的经济待遇和专业地位。1914—1920 年，在卡内基基金会(Carnegie Foundation)的资助下，雷奈德(W. S. Learned)等人在密苏里州(Missouri)进行了关于师范教育的调查。该调查报告指出，教师是为社会谋福利的"公仆"，理应受到人们的尊重，享受崇高的荣誉，因此必须改变教师的地位。报告建议消除初等教育师资和中等教育师资培训上的差别，提高师范教育的规格，将师范学校升格为师范学院。在 20 世纪 30 年代，佛罗里达州(Florida)首先实行"中小学教师单一工资制"，即教师工资不再按任教学校的级别来定，而是按他们的教育程度来定。凡是大学毕业取得学士学位者，无论任教中学或小学，其开始的工资级别都相同，但低于取得硕士学位者；取得博士学位者起始工资又高于取得硕士学位者。从此，师范学院、高等学校和研究院都成了中小学教师的养成所①。美国各州纷纷仿效佛罗里达州实行中小学教师单一工资制。这种工资制度按照中小学教师所受教育的程度来决定他们的待遇，学历越高，工资也越高。如果具有同样的

---

① 滕大春. 外国教育史和外国教育[M]. 石家庄：河北师范大学出版社，1998：437.

学历，在小学或中学任教的教师可以享受同样的工资待遇。中小学教师单一工资制的实行，增强了那些能够授予学士学位的师范学院的吸引力，并促进了师范学院数目上的迅速发展(见表4-3)。从表4-3可以看出，师范学院增长速度的加快是从20世纪30年代开始的。这一时期，正是由于各州仿效佛罗里达州实行中小学教师单一工资制，中小学师资由师范学院来培养已经成为普遍现象。

随着高等师范教育体系的形成，接受四年制高等教育逐渐成为中小学教师的资格要求。1933年，全国师范教育调查报告指出，中小学教师都应接受四年的高等教育；凡是没有达到该水平的在职教师，除五年内即将退休者外，必须在规定的年限内通过在职进修达到此标准。这样，加强中小学教师的在职培训的问题被正式提到了议事日程。当时为中小学教师提供的多种多样的进修形式促进了在职教师的专业发展。

为了保证教师专业发展有明确的目标和方向，美国大多数学校要求教师制订专业发展计划。例如，马里兰州蒙特高美市公立学区要求教师制订一份四年专业发展计划，并提出不断改进的措施。每年校长、校长助理、办公室、教研室和人力资源部都要检查这些计划，检查这些计划是否清楚、严谨，是否有实质性的内容。同时，学校制订相应的计划以支持教师的专业发展活动，帮助教师专业成长。比如，学校为教师的专业发展活动提供各种资源、时间和直接指导等。

学校开展的各种形式的教师专业发展活动为教师的专业发展提供了机会。教师的专业发展是建立在共同理解教师的教和学生的学之间的复杂关系基础上，以研究学生的学为核心内容而开展的各种教师活动。为了促进教师素质的不断提高，学校一般设立由校长和资深的优秀教师组成的教师专业发展管理小组，负责对本校教师的培训计划和方案的督促和调整。他们主要负责的工作包括：对教育和教学新信息进行收集，并负责及时向教师传达；组织校内教师进行教学观摩和研讨；帮助教师的专业成长；促进教师之间的交流，组织同年级或同学科教师间的定期交流研究会议，分享彼此的教育教学心得，研究教育教学过程中的困难问题，讨论有效的解决办法等。

(四) 高等师范学院时期美国中小学教师教育的特点

注重师范性是美国高等师范学院时期的显著特点。20 世纪初期，受实用主义教育和进步主义教育运动的影响，师范学院在培养目标上更多地强调培养"教育工作者"，在课程和教学上侧重于"教学艺术"的训练，而对普通教育知识的要求则相对忽视。美国历史学家亚瑟·贝斯特(Arthur Bestor)在 1952 年的评论中曾指出："当教师培训课程延长至四年时，教学法这条蝗虫吃光了所有的收成。"①由于对学术性课程的忽视，从 20 世纪 20 年代起，师范学院遭到来自各方面的指责。这些指责主要集中在师范学院过于强调专业性的特色，过多地开设一些与实际相脱离的教育专业课程，且很多教育专业课程是重叠交叉的。尽管师范学院在 1920 年以后逐渐放弃了先前那种集中学习中小学科目的做法，并开设了包括社会科学、自然科学和人文科学在内的多种课程，但仍没有取得令人满意的预期效果②。正如美国教育家乔治·康茨(George Counts)1935 年所批评的那样：州立师范学院对以往的课程修改后，其明显的结果是：新课程仅仅是在老课程的基础上添加了一点东西③。显然，与以普通文理教育为宗旨的文理学院和综合性大学相比，师范学院在

---

① Arthur Bestor. Liberal Education and a Liberal Nation [J]. American Scholar, 1952(21):139.

② I. L. Kandel. Comparative Education[M]. Boston:Houghton Mifflin,1933:607-609.

③ George S. Counts. Break the Teacher Training Lockstep [J]. Social Frontier,1935(June):6-7.

普通教育课程及教学水平上的差距是很明显的，这也影响到师范学院的学术性水平。此外，由于学生把大部分时间用于教育课程的学习，而普通教育课程的时间安排较少，势必造成学生学科专业教育肤浅、普通教育知识薄弱的不良后果。

师范学院常常遭到"狭隘"之类的贬抑，但由于处于教师短缺时期，所以，这个问题一直无力解决。直到20世纪30年代，受经济大萧条(the Great Depression)的影响，教师出现了供过于求的局面，使得教育界人士开始着手提高教师质量及协调师范教育的学术性与师范性的问题。1930—1933年，美国联邦教育部委托哥伦比亚大学(Columbia University)师范学院教授埃文登(E. S. Evenden)主持了历时三年的全国师范教育调查。调查结果表明，师范教育对未来教师的学术性知识重视不够，并建议对师范教育进行全面的改革。这份调查报告指出：必须对美国的师范教育体系进行根本性的改革，师范教育应包括广泛的普通教育以及充分的专业教育；师范教育的年限应至少延长到五年，其中最初几年应对学生实施普通教育①。1938—1946年，在哥伦比亚大学师范学院教授比格罗(K. W. Bigelow)的主持下，全国师范教育委员会对美国师范教育进行了为期八年的大规模调查，并发表了题为《师范教育的改进》(The Improvement of Teacher Education)的调查报告。该调查报告强调，师范教育应实现普通教育与专业教育的合理平衡和优化组合，并主张未来教师在大学里至少用2/3的时间来进行普通教育②。学术性与师范性的争议是美国师范学校转型后产生的一个问题，并长期困扰着美国的师范教育。

---

① David Kopel. The Centennial of Teacher Education in America [J].
Education Management and Supervision, 1939,25(9):658.

② Sol Cohen(ed.). Education in the United States:A Documentary History[M].
New York:Randon House, 1974:2703.

至 19 世纪末，师范学院的课程主要集中在两个方面：一是学术科目，例如，阅读、写作、英语语法、计算、历史、地理等，主要是对小学所授科目的学习；二是教育学科目，主要强调教育专业知识及教学技能的掌握。在三年制的师范学院里，第一年主要学习学术科目，后两年主要学习哲学、心理学、教学法、教育史、听课和教学实践等。美国印第安纳州立大学(Indiana State University)的杰西·潘伯恩(Jessie Pangburn)曾这样描述三年制师范学院对专业课程的时间安排："27 周的教育科学、31 周的小学分科教学法、13 周的教育史以及 20 周的心理学，每周 5 天课，每节课 45 分钟。此外，还要听 50 节课，进行 130 节的教学实践。"①总之，教育专业课程和教学实习几乎占所有课时的 2/3 以上。为适应培养中学教师的需要，师范学院的学习年限延长到四年并扩展了课程范围，但存在着师范教育的学术性与师范性失衡的问题。师范学院过分强调师范性的做法受到当时许多教育界人士的批评，并由此引发了关于学术性与师范性的争议。

师范学校转变为师范学院标志着教师培训开始由一般的职业培训进入专业培训。从此，美国进入了独立的、定向的培养师资为主体的新格局。而在高等教育层次上进行教师教育，也标志着教师的职业规范开始具有与其他专门性职业相同的起点。师范学院或教师学院招收的学生是高中毕业生，学生入学的起点得到了提高，学习年限得到了延长，学习内容得到了增加，培养出来的教师质量也得到了提高。因此，师范学校向师范学院发展有利于提高教师培养的质量，有利于促进教师教育向专业化发展。

---

① Jessie M. Pangburn. The Evolution of the American Teachers College[M]. New York:Teachers College Press,1932:14.

第五章　美国中小学教师
教育的改革与发展（下）
（20 世纪 50—80 年代）

20 世纪 50 年代以后，美国中小学教师教育改革与发展的一个重要特点是把教师教育逐步纳入综合大学或文理学院中进行，师资培训开始朝着主要由开放型的综合大学和文理学院培养，以取代封闭型的师范院校培养的模式，教师教育由"定向型"走向"非定向型"。这一时期的教师教育通常被称为"大学化"教育。

一、20 世纪 50—80 年代美国中小学
教师教育大学化的起因

（一）国际竞争的需要

第二次世界大战后，科学教育越来越受到美国学校的重视，至20 世纪 50 年代末已酝酿成一场席卷全国各级各类学校的教育改革热潮。战后，世界尖端科学技术的发展突飞猛进，知识量迅速增加，几乎每 8 ~ 10 年就翻一番，新的技术发明创造层出不穷。但战后一段时间，美国的教育在教育理念、教学内容和教学手段方面没有多大的改变，仍然受杜威实用主义教育思想的影响，强调以"儿童为中心"和"从做中学"，忽视了系统理论知识的传授。据 1955年统计，未开设外语的中学占全国中学的 46%，未开设几何的中

学占 24%①。美国教育质量大大下降，在人才培养和尖端科学发展方面落后于苏联和其他发达国家。

1957 年，苏联第一颗人造地球卫星发射成功，对美国提出了严峻的挑战，暴露出美国科学技术方面落后于苏联，显示了美国在军事竞赛中处于劣势。美国朝野为之震惊。1958 年，美国官方派出了考察团访问苏联，考察结果表明美国科技的落后是教育落后造成的，其根源在于缺乏称职的教师来培养优秀的高级科学技术人才。而且，当时美国的教师教育出现诸多不良倾向，如偏重教材教法，忽视普通文化知识的养成，致使教师的学术性水平偏低，直接影响到学生的培养质量。美国公众与教育界有识之士对此做出强烈的反应，要求改革当时的教师教育。在这样的大背景下，美国要想在国际竞争中立于不败之地，必须提高教师教育的质量。

当时实行的由大学的教育学院独自承担师资培训职责的教师教育模式越来越显露出它的一些弊端，于是，人们对当时的教师教育进行反思。在反思过程中，人们意识到美国教师所受的系统训练偏重教材教法，忽视普通文化知识的养成，这也在一定程度上导致中小学生学习成绩下降②。因此，有必要对师范教育进行必要的改革，提高教师的学术水平，这是促使教师教育从学院走向大学的内部学术动力。

（二）教师教育培养机构的要求

于 1954 年正式成立的国家教师教育认证委员会（National

---

① Julia Babara Hotter. Teacher Education at the Interface of Theory and Practice：Introducing a Model of Mediated Corpus-based Genre Analysis[J]. System, 2008（3）：371.

② Julia Babara Hotter. Teacher Education at the Interface of Theory and Practice：Introducing a Model of Mediated Corpus-based Genre Analysis[J]. System, 2008（3）：371.

Council for the Accreditation of Teacher Education，简称 NCATE）标志着美国教师教育机构认证制度的形成。早在 1946 年成立的国家教师教育和专业标准委员会（National Commission on Teacher Education and Professional Standards，简称 NCTEPS）为教师教育和教师专业发展提出了可以遵循的教师教育专业标准，其基本指导思想是：任何称得上专业的职业都必须制定标准并强迫其成员执行该标准。NCTEPS 的功能是"针对教师聘用、教师挑选、教师准备以及促进专业标准等事项，发展和制订有益于专业的一连串计划，也包括对教师培养机构制定有关标准"①。美国教师教育专业标准的制定为教师的专业发展提出了努力的目标。国家教师教育认证委员会的成员由全国较有影响的学术团体和已被美国教师教育协会认证的学院及推荐的专家组成。认证委员会的基本职能是"审核与确定大学教育院系是否符合教师培养的专业要求，促进教师教育改革，提高师资培养质量"②。国家教师教育认证委员会评估和鉴定的项目包括教育内容、专业和课程设置、教师资格、学生状况、学校和资金管理、实验室与图书馆等，其主要目的是为了提高教师教育的质量，领导教师教育机构的变革。"NCATE 关注三个核心任务：一是教师职前教育的绩效责任（accountability），二是教师职前教育的改进（improvement），三是引领教师教育进行改革（providing leadership）。"③国家教师教育认证委员会一般只对已获得地区性专业组织认证的教师教育机构进行评估认证。"认证的核心不在办学的许

---

①　T. M. Stinnett. Professional Problems of Teachers（3rd Edition）[M]. New York：Macmillan Company，1968：409.

②　乔玉全.21 世纪美国高等教育[M].北京：高等教育出版社，2001：131.

③　National Council for Accreditation of Teacher Education. Professional Standards for the Accreditation of Schools，Colleges，and Departments of Education（2002 Edition）[R]. 2002：4.

可而在于对办学质量和标准的许可。认证的基础和中心在于标准本身，它既是保证教师培养质量和教师教育专业认证的指标，又是该委员会与各州及有关大学合作和互动的动力所在。"①国家教师教育认证委员会作为美国教育发展而产生的一个具有权威性的教师教育认证机构，对美国教师教育产生了深刻的影响：一方面，凡是通过 NCATE 认证的学校，其在校生所学的课程和所得学分，可以在各校之间互相承认；另一方面，这种认证在全国具有一定的权威性，尽管美国各个教师教育机构的办学理念、专业模式、类型特色都不尽相同，但都希望通过 NCATE 的认证来提高本校的社会声誉，以争取生源，获得较为理想的办学经费，争取毕业生有较好的分配，从而形成自身发展的优势和良性循环。美国教师教育机构认证制度的形成对教师教育机构在办学的各个方面都提出了更高的要求。师范学院不论在课程设置、师资条件或是经费设备等方面，都不如综合大学和文理学院。在激烈的竞争中，解决教师教育质量和水平问题，成为独立的高等师范院校生存的保证。美国社会和个人都期望高等教育有较大、较快的发展。因此，美国进一步着手改革和发展教师教育，提出了"教师教育的任务应由大学各院系承担"的目标，于是，原来培养目标单一的师范学院开始向多目标的综合性大学和文理学院演变，使教师教育成为大学教育的一部分。美国师范学院向综合大学的转变，对于提高教师教育的水平和保证教师的质量起到了很大的作用。综合大学教育学院培养未来教师时，要求师范生必须先在文理学院或其他学院完成文理基础课程和拟教科目的专业必修课程，其后在教育学院完成教育专业课程，通过教育实习，各门课程和教育实习全部合格之后，才有资格领取教师证书，到中小学任教。综合大学教育学院培养的

---

① 易红郡. 借鉴美国教师教育认定制度，推动我国教师教育改革[J]. 高等师范教育研究，2002(1)：74-78.

师范生在知识的宽度、深度和知识结构的构成以及未来的专业发展方面都较前一时期有所提高。

（三）教师教育培养模式的变更

对教师教育培养模式的反思也是推动教师教育从单一目标的师范学院开始向多目标的综合性大学或多学科的文理学院转变的因素之一。1957年苏联航空、航天技术的挑战，引起了美国学界对教师教育理论与实践的反思。当时社会各界纷纷指责教师教育质量问题，认为教师教育计划过分强调教学方法的训练，忽视文理基础教育及学科专业知识水平的提高，而教育专业训练又开展得不够深入。学术专家们认为，造成这种状况的原因在于传统的教师教育观，那种所谓体现"师范性"的教师教育所培养出来的既不是"学者"，也不是"真正的教师"，仅仅只是一名"教书匠"而已。而培养"学者型教师"（scholar teachers）才能解决教师教育发展中"学术性"与"师范性"的问题。

全美教育协会积极参与了教师教育改革的运动。全美教育协会下属的国家教师教育和专业标准委员会于1958年、1959年、1960年连续举行了三次具有重大影响的全国教师教育研讨会。会议经过激烈的争论，在教师教育的一些重要问题上形成了相对一致的认识："首先，教师教育必须进行改革；作为教师，必须精通'教什么'和'如何教'这两方面的专业知识；教师'要具备宽厚的文理基础知识，精通至少一门学科专业知识，要有坚实的教育专业知识和严格的教育实习。'"①

会议主张精简教育专业课，提高文理基础知识和学科专业课所

---

① U. S. Department of Education. Teacher Education: The 74th Year Book of the National Society for the Study of Education [R]. Chicago: The University of Chicago Press, 1975: 19.

占比例。会议还一致认为，为了使未来教师的"专业性"与"学术性"都得到充分的发展，有必要把教师培训的年限延长到五年。

在这一时期的教师教育的改革中，美国著名科学家、前哈佛大学校长詹姆斯·科南特（James Conant）发挥了重要的影响作用。自 1961 年起，科南特等人在卡内基基金会的资助下，调查了 22 个州 77 所不同类型的教师教育机构，经过两年的研究，于 1963 年发表了著名的报告《美国教师教育》（The Education of American Teachers）。报告集中论述了美国中小学教师的培训工作，特别是教师教育课程的改革问题，提出了很多改进教师教育的建议和培养各年级各学科教师的教学计划。

科南特的教师教育思想，对当时和后来的美国教师教育改革产生了很大的影响。在他的影响下，美国对教师教育的课程设置进行了重点改革，加强了师范生对普通教育知识的学习，基本上确立了五年制的师资培训计划。他所关注的问题正是历次教师教育改革中备受关注的问题。他提出的"临床教授"的做法，对 20 世纪 60 年代后期兴起的"能力本位"的教师教育有着很大的启示意义。从 20 世纪 60 年代开始，一直延续到 70 年代，教师教育界发起了"能力本位"的教师教育（或"以能力为基础的教师教育"（Competency-Based Teacher Education））的变革。所谓"能力本位"的教师教育，是指培养师范生具有"表现教师应备能力"的一种教师教育。实施这种教育首先必须分析出作为一位成功教师应具备的能力，然后再根据这种分析所得的"应备能力"来设计教师教育的课程及教学，师范生接受这种课程及教学之后，必须真正学习到并能表现这种"应备能力"后方能毕业。虽然各个院校在具体实施过程中存在着一些差异，但也有共同之处："（1）分析教师应具备的能力，要求学生逐步掌握。（2）重视个别教学以确保每个学生都能掌握应备能力。（3）根据培养目标对各种能力加以分类，组成教学单元（instructional modules），有系统地辅导学生循序渐进地达到目标。(4)重视实地教学，要求师范生亲临中小学课堂，通过临床实践活动，掌握教学的各种能力和技巧。(5)运用现代化的教育技术手段，通过'微观教学法(micro-teaching)'①组织教学活动。(6)作为教育临床专家，要求师范生学会在教学的各个环节和各方面发挥不同的职能，通过现场实践的训练掌握教育理论，成为教育工作的学者、改革者、交往者和决策者。"②

这种"能力本位"的教师教育模式，把传统的个别化教学与现代教育技术的应用结合起来，更新了课程观念，变革了教学方法与教学组织形式，提高了未来教师对教育理论的理解和对现实问题的把握能力。同时，由于电子科技的发展及其在各领域中的广泛应用，部分教育改革家力图以现代科学技术的研究成果，尤其是控制论、系统论和信息论的研究成果，应用于教师教育领域。他们主张教师不仅应该成为某一学科专业的"学者"，还应该成为教育专业的"学者"。1970 年，国家教师教育认证委员会建议采用"以能力为基础"作为教师教育的认证标准，于是，以能力为基础的教师教育纷纷受到重视和实施。1972 年，有 10 个州已经批准以"能力为本"的教师教育计划与教师证书计划。1973 年，有 125 所师资培训机构实施了这一计划。到 1975 年，采用以"能力为本"的教师教育计划的培训机构已多达 228 所(占 52%)③。但是，这种教师教育模式也表现出过分依赖现代教学技术的缺陷。

由于各方面因素的共同作用，从 20 世纪 40 年代开始，出现了

---

① 微观教学法是 20 世纪 60 年代美国斯坦福大学(Stanford University)首创的一种师资训练法，即采用录音录像设备，将教师的教学过程录制下来，通过分析这一过程以促进教学技能的形成和发展。20 世纪 70 年代后，此法被普遍采用，成为以培养能力为基础的教师教育的一项重要措施。

② 杨之岭，林冰. 努力提高教师和教育的专业地位和水平[J]. 北京师范大学学报，1988(3).

③ 马骥雄. 战后美国教育研究[M]. 南昌：江西教育出版社，1991：1.

高等师范院校扩充或归并于综合大学的趋势。20 世纪 50 年代开始，师范学院已从单独建制的、目标单一的学院逐渐向注重研究、学术性更强的综合学院或大学转型①。到 20 世纪 60 年代以后，美国各州独立的师范学院中的绝大多数转变成综合大学或学院的教育学院或教育系。据 1960 年的统计，当时全美共有 1 319 所中小学师资培养机构，其中大学 221 所，文理学院 891 所，技术学院及初级学院 122 所，而师范学院仅为 85 所②。综合大学和文理学院成为师资培训的主体，非定向的教师培养体制在美国初步形成。美国师范学院向综合大学的转变有利于提高教师教育的水平，保证教师的质量。教师教育由教育学院向综合性大学院系的转变，进一步促进了美国教师教育的专业化发展。

二、20 世纪 50—80 年代美国中小学教师教育的改革和发展

(一) 教师教育大学化时期美国中小学教师教育的课程设置

教师教育大学化的模式确立了以加强学术教育、培养"学者型教师"为中心的目标，进而开始从"师范性"与"学术性"两方面构建教师专业规范，对课程设置进行了相应的调整。受科学主义教育思想的影响，20 世纪 50 年代，美国开始调整教师教育的课程结构，削减教育专业课程，增加任教学科课程③。20 世纪 20 年代至 50 年

---

① John I. Goodlad, R. Soder & K. A. Sirotnie. Places Where Teachers Are Taught[M]. Francisco: Jossey-Bass, 1990: 147.

② Stinnett. T. M. Certification Requirement and Procedure Among the States[J]. The Journal of Teacher Education, 1962(6): 125.

③ 在 20 世纪 20 年代，教师教育中教育专业课的比例为 49%，到 50 年代削减到 28.4%。

代教师教育的课程结构的调整比例，说明了这一调整转变的趋势①。

1961 年，国家教师教育和专业标准委员会发表了题为《教学专业的新视野）（New Horizons for the Teaching Profes-sion）的报告，明确提出将师范教育课程分为三个部分：普通教育、专门教育及专业教育。该报告认为，普通教育旨在使师范生成为一个知识丰富的人（a person）；专门教育旨在使师范生掌握将要任教科目（subject）的知识；专业教育旨在使师范生拥有取得专业绩效的知识和技能（understanding and skill）。同时，该报告指出，这三部分是所有教育专业人员职前教育不可或缺的，这三者是相互关联的，因此，师范教育课程的设计应尽可能消除这三部分之间的界线②。尽管上述三类课程在不同的院校中有不同的实施模式，但都体现了师范教育大学化模式重视学术学科的共同趋势。

1958—1960 年连续三次的教师教育大讨论确立了"学者型教师的培养目标"。这一目标的最大特点是改变过去忽视文理普通教育及任教学科教育的状况，精简教育专业课程，加大学术学科教育的课时比重，调整文理普通教育、任教学科教育和教育专业教育三类课程的结构。

美国各个师资培训机构的普通教育课程，必须经过国家教师教育认证委员会以及各州教育部门（State Education Department）的认可与审定。国家教师教育认证委员会认为，各师资培训机构应该加强普通教育的教学。对于在教师教育课程中的"普通教育"学科的内涵，美国教育家科南特提出了比较清楚的解释，同时他也对教师应接受普通教育的数量和内容提出了自己的见解。他肯定了教师教

---

① 滕大春．美国教育史［M］．北京：人民教育出版社，1994：228.

② NCTEPS. New Horizons for the Teaching Profession［R］. Washington D. C.，1961：72.

育由普通教育、任教学科教育和教育专业训练三部分构成。为了严格教师的培养计划，科南特提出了拓宽基础课程、加深任教学科教育、精简教育课程、强化教学实习等措施。他认为："培养一个健全的中小学教师，普通教育课程应占大学四年学习时间的1/2；而且，这些普通教育的课程必须是广博的学术课程，而不是狭隘的职业课程。"①在当时的教育界看来，中小学教师只有接受博雅教育，才会有充实而全面的学识，才能胜任所教的学科；而"普通教育"这一概念已经融合了博雅教育和文理科教育的内涵。为此，科南特制订了一个新的教师教育课程计划(见表5-1)，具体地提出了三部分学科的内容和比例。

表5-1　　　　科南特制订的教师教育课程计划②

教师教育科目	未来中学教师		未来小学教师	
	所占总课时的比重	学时	所占总课时的比重	学时
普通教育	50%	60	50%	60
任教学科教育	37.5%~40%	45~48	25%	30
教育专业训练	10%~12.5%	12~15	25%	30

注：总课时数为120学时。

与20世纪50年代末教师教育课程结构相比，科南特的教师教育课程计划中，普通教育科目的课时比重有了明显的增加。20世纪50年代末，美国小学教师教育中普通教育科目所

---

① [美]科南特著，陈友松主译.科南特教育论著选[M].北京：人民教育出版社，1998：249-250.

② 马骥雄.战后美国教育研究[M].南昌：江西教育出版社，1991：184.

占的平均比例是 38.5%，中学教师教育中的普通教育科目所占的平均比例是 36.8%（见表 5-2 和表 5-3）。而科南特所提出的培养中小学教师的教育课程计划中，普通教育科目所占的比例均为 50%。相比之下，培养小学教师和中学教师的课程计划中普通教育科目都有所增加，这一比例表明了培养中小学教师的教育课程计划对文理科基础知识的重视，目的是为了让未来教师获得扎实的学科知识和相应的教学能力。20 世纪 50 年代末的教师教育课程比例，纠正了先前时期过分突出教育学科的课程结构，将重心转移到了任教学科。

表 5-2　　**20 世纪 50 年代末美国小学教师教育中各类学科在总课时中所占比例①**

教师教育机构	普通教育科目（%）			任教学科（%）	教育专业科目（%）			合计
	人文	社会	自然		教育理论	实习	教材教法	
教师教育学院	38.7			35.0	26.3			100
	15.8	14.7	8.2		10.6	8.7	7.0	
普通学院教育系	34.0			33.0	33.0			100
	13.7	11.0	9.3		13.0	7.0	13.0	
综合大学教育学院	42.7			31.5	25.8			100
	14.5	17.0	11.2		11.1	6.6	8.1	
平　均	38.5			33.2	28.4			100
	14.7	14.2	9.6		11.6	7.4	9.4	

---

① 郭志明. 美国教师专业规范历史研究[M]. 北京：中国社会科学出版社，2004：155.

表 5-3　　**20 世纪 50 年代末美国中学教师教育中各类学科**
在总课时中所占比例①

教师教育机构		教师教育学院	普通学院教育系	综合大学教育学院	平　均
普通教育科目与百分比		45.8	47.2	56.4	46.5
		36%	37.3%	37%	36.8%
任教学科与百分比		58.2	56.4	55.4	56.7
		45.8%	44.6%	43.9%	44.8%
教育专业科目与百分比	教育理论	9.3	10.2	10.3	23.3
	教材教法	2.5	2.4	2.8	
	实习	6.4	5.5	6.0	
	总计	23.2	22.9	23.8	
	百分比	18.2%	18.1%	19.1%	18.5%

　　至此，美国中小学教师教育课程发生了重大变化，拓宽了课程的范围并且加深了课程内容。课程范围包括人文科学、社会研究、自然科学、教育哲学、教育原理、艺术教育等。然而，这一变化导致了美国培养的中小学教师对教育学科知识的掌握不够，教学能力缺乏的现象。于是，人们开始重新思考教师教育课程问题，寻求通过一种新的教师培养模式来提高教师的培养水平，以解决教师教育课程中的"师范性"和"学术性"之间的冲突问题。

　　教学硕士课程计划的提出和实施在一定程度上解决了美国培养的中小学教师教育学科知识方面的不足。哈佛大学校长科南特早在 1936 年就提倡设置教学硕士课程，以培养兼具学科与教学专长的

---

　　① 郭志明. 美国教师专业规范历史研究[M]. 北京：中国社会科学出版社，2004：157.

中学教师①。科南特建议，接受教师教育的学生应该是来自中学毕业生中的优秀者，未来教师的选拔应该从中学毕业班最有才智的1/3 学生中招生。小学教师应该接受大学四年制教育，中学教师应该接受五年的师资训练。当时的教学硕士课程只是作为吸引非教育专业毕业生以解决教师短缺的一种方式，并不是教师培养的主要模式。20 世纪 50 年代后，由于美国公众和教育界对师范学院和教师教育的批评，在美国促进教育基金会（The Fund for the Advancement of Education）的支持下开展了多次教师教育的实验，寻找学术教育与教育专业训练在教师教育课程上的优化组合。在所有的教师教育改革中，最具突破性的是五年制的"教学硕士课程"（Master of Arts in Teaching Programs）计划的提出及实施。

1951 年 11 月至 1952 年 8 月，福特基金会（The Ford Foundation）下属的教育进步基金会出资 300 万美元，首先在阿肯色州（Arkansas）推行了教学硕士课程的实验，该课程也称"第五年计划"（Fifth-Year Programs）。该州所有的师资培训机构都参与这一计划，建立了五年制教师培训课程计划。教育进步基金会又转而资助哈佛大学和东北部另外 29 所颇负盛名的大学全面开展了教学硕士课程计划实验。每年七月初，从哈佛大学和另外 29 所大学挑选的优秀本科毕业生在哈佛—牛顿暑期学校开始为期六周的学习。在富有经验的大学教育学教授和中学教师的共同指导下，他们通过研讨班的形式学习教育理论和课堂教学技能，然后又在参与合作的中学进行一个学期的实习。学生毕业后授予教学硕士学位②。在福特基金会的资助下，许多大学纷纷采用这一新的课程模式。

---

① Francis Keppel. A Review of Recent Development in Teacher Education[J]. Journal of Teacher Education,1963,1(18):246.

② Paul Woodring & John Scanlon. American Education Today [M]. New York:McGraw-Hill,1963:251.

在这一教师教育改革方案中，前两年打好普通教育基础；第三、四年专攻任教学科教育，着重解决"教什么"的问题；第五年集中学习教育专业课程，着重解决"如何教"的问题。该模式加强了师范生普通教育知识的学习，注重宽厚的基础学科和内容充实的教育专业课程，重视课堂实践及实习，加强与中小学的合作。教学硕士课程计划的实验最终取得了成功。

在教学硕士课程计划实验的基础上，福特基金会从 1958 年开始到 20 世纪 60 年代中期，共提供2 900万美元的资助，与 42 所综合大学和学院联合推行师范教育的革新计划。其主要内容包括："第一，由综合大学教育系、大学学术性学科系和公立学校教师共同设计师范教育计划；第二，通过研讨班形式进行教育理论的学习；第三，训练教师掌握最新的教学工具、电视教育等操作方式以及分组教学方法等。"①

教学硕士课程计划的实施，相对延长了教师的培养时间，同时加强了未来教师的临床实践和教学实习及与中小学的合作，开创了 20 世纪 60—70 年代美国中小学教师教育发展的新模式。

教育实习是将理论付诸实践的重要环节，是学会"怎样教"的关键，是培训未来教师的一个重要步骤，同时也是检定未来教师的一种方法。在培训教师的高等院校设立如同医科大学的"临床教授"（Clinical Professor），来指导教育实习。"临床教授"具备丰富的教学实践经验，了解教育研究的最新成果，并善于把这些成果应用于教学实践。除了对实习生进行实际的指导之外，"临床教授"的另一个职责是让学院和大学的有关系科了解未来教师需要掌握哪些知识与技能。

---

① Paul Woodring. Investment in Innovation: A Historical Appraisal of Fund for the Advancement of Education [M]. Boston: Little Brown Company, 1970:136-137.

1961 年，哈佛大学校长弗朗西斯·凯佩尔（Francis Keppel）对这一改革方案作了总结，高度评价了教学硕士课程计划对美国师范教育发展所作的贡献。凯佩尔首先赞成在大学本科之上设置的"教学硕士课程"可以提升民众对于教育专业的尊重与支持。他强调指出："招收优秀的大学本科毕业生并提供与学者之间建立更密切的联系，即中小学教师与大学教授共同承担师范教育的责任，使教学与研究能够结合起来。其中最重要的是，可以全面地提高师范生的学科专业水平和从事教育工作的能力，以及长期献身于教育事业的精神。"①

因此，综合大学开展的研究生层次的中小学教师培养的模式受到了推崇。

（二）教师教育大学化时期美国中小学教师的在职培养制度

第二次世界大战后，美国中小学教师的在职培养开始得到社会各界的重视并不断地制度化。其内容和重点也从帮助教师胜任教学工作或改善教师之间的关系，转为帮助教师专业发展。1958 年美国的《国防教育法》（National Defense Education Act）对教师的在职培养提出了要求。早在 1940 年，芝加哥大学已经开设教师在职进修的课程，但是在全国范围内，教师的在职进修仍属薄弱的环节。1961 年，全美教师协会颁布了《谁是最优秀的教师》（Who Are The Most Distinguished Teachers?）的报告，指出："教师被评定的成绩在其任职的最初阶段是随着经验的增加而迅速上升的；以后 5 年或更长的时间，进步速度逐步下降；以后 15 至 20 年无大变更；再后则趋于衰

---

① Francis Keppel. A Review of Recent Development in Teacher Education[J]. Journal of Teacher Education,1963(1):18.

退。"①美国不少学者专家们认为：教师在职前培养阶段所学的知识、形成的技能是有限的，随着社会和教育的快速发展变化，许多知识会逐渐陈旧过时，而新的知识和理论增长很快，这就需要教师能迅速掌握新的知识和理论，不断扩充并改进自己的教学内容。同时，教师培养规格的不断升级，又加大了在职教师与合格教师之间的差距，在职教师的科学化水平和业务水平普遍不能满足当今社会迅速发展的需要，从而要求在职教师为适应社会的新的要求而接受在职培训。1965 年，美国又相继颁布了《初等教育法》(Primary Education Act)、《中等教育法》(Secondary Education Act)和《高等教育法》(Higher Education Act)，对教师的在职培养提出了要求。《高等教育法》还特别规定，各地应采取措施，加强教师的在职培养。联邦政府依据这些法令，拨出巨款资助各州和地方学区开展各种在职培训活动，在职教师的培养已成为全国各州、各个学区日常工作的组成部分。同时，20 世纪 60 年代的终身教育理论也为教师的继续教育奠定了理论基础。曾经的一次性的教师培养教育已经不能适应终身教育社会对教师的要求，教师需要在工作岗位上不断地学习和提高。此外，美国教师队伍的质量问题一直未得到根治，不合格的教师在许多学科中还大有人在。于是，加强教师的在职培养就成了解决教师质量问题的良方。

1967 年，美国在各州均实施了"教师许可证制"，并要求严格执行。1972 年的美国教育白皮书还宣布，新任教师可有 1/5 的时间进修，正式教师可每隔七年轮流脱产进修一次。这为教师进修权利的行使提供了法律上的保障。1976 年，美国总统福特签署了"全国教师中心计划"，要求在全国范围内发展教师的在职教育。

在这一时期，美国中小学教师在职培训的类型多种多样。教师

---

① Chris A. De Young. American Education[M]. New York：McGraw-Hill, 1977：49.

中心（teacher center）是中小学教师在职培训的重要形式。教师中心这种培训方式是教师在自己所任职的学校内接受各种不脱产的在职培训，它是"学校本位"的师资培训模式。教师中心一般由各科教学专家、课程专家、教育理论家和科技人才组成，其中许多还与本地的大学教育学院和研究所挂钩。它们为教师提供咨询，介绍新的学说、设备和技能，定期举办研讨会和专题讲座，同时还开设了一定数量的课程，既有教育理论课程、教学法课程，又有专业学科课程。教师中心还可聘请专家听课，指出实际教学中存在的问题及改进的方法。此外，教师中心还提供图书与教学参考资料，供教师们使用①。教师中心能够从当地教师的实际需要出发，采取灵活多样的培训方法，取得了较好的效果。教师中心兴起于20世纪60年代，70年代以后有了新发展，成为在职教师培训的重要基地。从国家签署全国教师中心计划至20世纪80年代，美国各地的教师中心已达5 000所②。

　　校本培训是美国中小学教师继续教育的另一种重要形式。校本培训的在职教育的基本理论假设为："（1）每个教师对教学都有一种基本认识；（2）对于教学的认识是在学校中形成的，而过去流行的观点认为教师所需要的知识大多是在大学里获得的；（3）教学和学习是不可避免地联系在一起的，教学就是学习；（4）如果教师想要在实践中进行持续的学习，教师的学习就需要有系统；（5）教师的学习需要系统化，以吸收更多的知识；（6）教师的学习需要以问题为基础，为实践提供问题解决的方向。"③

---

　　①　李瑾瑜."学校本位"师资培训模式述评［J］. 外国中小学教育，1996(6).

　　②　王维臣. 美国中小学教师的在职进修［J］. 外国中小学教育，1992(3).

　　③　李瑾瑜."学校本位"师资培训模式述评［J］. 外国中小学教育，1996(6).

校本培训的主要目标与方式："(1)为营造和支持最好的教育实践而提供一个反思和重构的学校环境；(2)促进教师的职前教育并使他们感知教学专业化；(3)促进在职教师的持续发展和专业成熟。校本培训的方式有：让经验丰富的老教师指导新教师掌握课堂管理技能和教学技巧，使他们尽早适应教师工作；帮助重返教坛的教师了解现代的教学内容和教学技术；帮助那些换了年级和任教科目的教师熟悉新的年级和任教科目。"①

这种学校本位的师资培训模式的指导思想是：一门专业化的职业是由专业理论武装起来的职业，理论对实践的指导是专业化的保证。教师专业化的重要体现便是教育理论能够有效地指导教育实践，因此，理论联系实践成为师资培训包括在职进修的指导方向。这种培训模式可以为初任教师提供入职指导，加强教师培养机构与中小学的合作，共享教育资源，为中小学教师提供良好的在职进修的条件和机会。

校本培训方案通过举办各种教育活动，促进职前与职后教育的一贯性，目的是使教育理论与实践能紧密结合，促进大学与中小学校的合作和教育的改进与发展。通过协调理论与实践、校内与校外教育、职前与职后教育的关系来促进大学教授与中小学教师的合作、职前与职后教育的一体化以及师范教育有关人员的团结与团队精神②。

学校本位的师资培训模式改变了以往的教师培训"以大学系科培养为基地"的培养模式。中小学由过去作为师范院校被动实习的

① 李瑾瑜."学校本位"师资培训模式述评[J]. 外国中小学教育，1996(6).

② U. S. Department of Education. Changing Pattern of Teacher Education, New Pattern of Teacher Education and Tasks [M]. Organization for Economic Cooperation and Development，1974:48.

场所变为主动积极的参与者，它改变了教师的角色认识，激发了教师的职业热情和创新精神，促进了教师的专业发展。

除了校本培训计划之外，还有学区组织的教师培训、由高等院校提供的教师进修计划和教师专业团体组织的教师培训等培训方式。

（三）教师教育大学化时期中小学教师资格证书制度的进一步改进

第二次世界大战后，普及中等教育的需求以及高等教育大众化的发展，既提高了教师的资格标准，也为高标准教师的培训提供了条件。教师资格证书制度在前一阶段的基础上有了进一步的改进。教师资格证书制度开始从此前注重学历向注重培养内容转变，对教师培养质量的监督和控制也进一步加强。由于教师的短缺，教师临时资格证书在 20 世纪 60 年代仍在实行，不过，教师资格证书的要求和标准已提高了许多。20 世纪 60 年代中期以后，教师临时资格证书被逐渐废除。第二次世界大战后，美国教师资格审查标准进行了调整。美国各州在关注教师学历的同时，开始关注学历教育的内容及课时，即培训课程的设置及范围、掌握某一门学科所需要的学时时数等。不过，各州之间存在着很大的差异。例如，对普通教育学时的要求，亚拉巴马州、亚利桑那州、路易斯安那州、特拉华州、得克萨斯州、马里兰州、新墨西哥州、伊利诺伊州、南达科他州、弗吉尼亚州等州都规定最低总学时为 46～71 学时。密苏里州在普通教育上规定要求主修以下科目：英语作文和口语交际、美国历史和政府、数学、物理和生物科学等；选修科目是：哲学、文学、经济、社会学、人类学、心理学、音乐、艺术、外语、西方文化、古典著作研究、电影和戏剧、地理等。大约 2/3 的州实施教师资格认证"许可项目"计划，通过"许可项目"考核的毕业生可以申请教师资格证书。不过，各州在"许可项目"上的规定也有所不同。

早在 1946 年，全美教育协会创建了国家教师教育和专业标准委员会。到 1961 年时，美国各州都建立了国家教师教育和专业标准委员会分会。有些州要求通过国家教师教育认证委员会标准，有一些州则建立了自己的教师资格认证理事会，并授权理事会制定教师许可项目的标准。例如，肯塔基州、马萨诸塞州、佛蒙特州、俄亥俄州、宾夕法尼亚州、怀俄明州等制定了以操作为基础的项目评定纲要或实际能力评估标准体系。其中，怀俄明州制定了不少于 23 项职业教育项目必须遵循的标准，且每项都有细致的条款；马萨诸塞州制定了有关学科知识、教育方面知识、交际能力、教育实践、评估、问题解决、平等问题、专业性八项教师资格认证能力标准。这些组织在促使各州把学士学位作为小学教师的最低资格、制定中学教师培养的五年制标准上起到重要的作用，也促使教师资格认证方面发生了更为深入的变化。例如，说服州立法部门把教师资格认证权利授予州教育部门，并促使州教育委员会建立咨询机构以辅助州认证官员完成教师资格认证工作。到 1960 年，大约有六个州设置了类似的咨询机构①。

美国各州对教学职位申请者的学历要求显示出较大的差异。许多州规定，毕业于州教育机构或国家教师教育认证委员会认证的教师候选人，一般不需要再经过资格审查，就可以直接申请教师证书。认证的教师教育机构的培训标准就是教师的入职标准，所以，教师资格审查实际上就是学历审查。到 20 世纪 70 年代，所有的州都提出中小学教师要想获得证书必须具有学士学位，还有一些州提出了更高的要求。例如，加利福尼亚州在 20 世纪 70 年代中期规定，一切教育领域的永久性资格证书拥有者，都必须获得学士学

---

① Earl W. Armstrong & Stinnett. T. M. A Manual on Certification Requirements for School Personnel in the United States [M]. Washington D. C. : National Education Association, 1961 : 19.

位，必须完成一门权威部门认可的非教育类的主修专业，外加28～30个学分的专业教育。在专业教育方面，大多数州对专业教育的最低要求的课程和学时做了规定，一般申请在小学任教的人，专业教育的学时为18～45学时不等；申请在中学任教的人，专业教育的学时为16～30学时。在实习方面，各州也作出了明确的规定，大多数州要求至少5～12学分的教学实习。

美国各州对教师所任教学科的学习要求差异很大，而且各州内部各个不同的地方也有很大的不同，如何统一教师标准的差异问题，是一项复杂、艰巨的工程。同时，随着社会的发展，教师在全国范围内流动频繁，在全国范围内对教师教育的课程标准和培养目标进行协调显得非常必要。在这种情况下，1954年，教师教育院校协会、全美教育协会等五家组织联合发起并成立了国家教师教育认证委员会。它是在美国联邦教育部承认后建立起来的非政府和非营利性的学术认证机构，宗旨是保证教师教育的质量。委员会的成员由各方面推荐的专家组成，由他们共同制定、审核教师教育认证的规格和标准。凡是被该组织认证的教师教育课程所培养出来的教师，就被认为是符合全国标准的教师，他所获得的教师证书具有在全国范围内通用的功能。教师教育证书制度的建立增加了政府规范的专业性，各州对教师培养机构的要求也开始趋于统一。到20世纪六七十年代，教师证书的标准在各州内基本实现了统一，但各州之间仍然存在着一些差异。20世纪70年代后期，许多州都开始重视教师队伍质量的提高，一些州要求从教者在完成教育计划所规定的课时的同时，必须参加全国教师考试，为20世纪80年代以后教师资格审查中考试制度的发展奠定了基础。

严格的教师资格标准，对提高教师整体专业服务水平起到了促进作用，改变了公众对教师职业形象的看法，并为提升教师职业地位、经济待遇及改善教师的工作条件奠定了基础。

(四)教师教育大学化时期美国中小学教师教育的特点

在教师教育大学化时期，美国开展了一系列有助于提高教师素质的实验活动，注重教师能力的培养，凸显普通教育课程，不断拓展教育学院的职能，从而形成了师范教育的一些新特色。主要表现在普通教育课程内容的凸显、教学硕士课程计划的成功实施和教师教育培养职能的拓展与丰富等方面。

这一时期，美国中小学教师教育向以培养"学者型教师"为中心的目标转变。其中最突出的特点是："使学术教育与专业教育从分离走向整合，改变过去忽视任教科目知识的状况；调整普通教育、任教学科教育和教育专业教育三类课程的结构；突出各类课程的不同价值，特别是普通教育课程内容的凸显。"①

在这样的教师教育的大形势下，几乎所有美国师资培训机构都作出了新的规定，即普通教育课程应该在全部课程中至少占 1/3 的比例。

这一时期，美国教师教育的课程改革的特色还体现在教学硕士课程计划的提出和实施。从 20 世纪 60 年代开始，美国通过综合大学的教育学院培养中小学教师。许多院校创建了五年制即"4+1"模式，即未来教师在前四年主要在文理学院集中学习四年的文化知识和学科专业知识，第五年集中在教育学院的研究生班学习教育专业课程。在各具特色的培训模式中，最具突破性的便是五年制的"教学文科硕士"(Master of Arts in Teaching)计划的提出和实施。教学硕士课程计划的实施，打破了传统的教师教育专业培养的模式，在更广泛的意义上进行教师培养课程和教学方法的改革，体现了美国教师教育发展的新方向。由综合大学研究生院培养中小学师资，也

---

① 王凤玉. 美国师范教育机构的转型：历史视野及个案研究[D]. 华东师范大学，2007：98.

意味着美国培养中小学教师的教育机构再一次升格。这种模式有利于未来教师的学术与专业的共同发展。

后来，随着教育的普及与行政学的发展，综合大学的教育学院和多科性学院的教育系基本都开始设立教育行政系（Department of Education Administration），增加了教育行政人员培养课程，旨在为各个层次的教育机构培养专业的教育行政人员，这是美国教师教育的培训机构在培养职能上的拓展与丰富。

20世纪60—70年代，美国的中小学教师教育基本上形成了一个相对稳定、完全开放的教师教育体系。教师教育大学化标志着美国现代教师教育体制的确立。这一时期教师教育的发展主要表现在培养目标的重新定位、课程设置的调整和扩展等方面。这一时期基本上确立了以加强学术教育、培养"学者型教师"为中心的目标，并且随之对课程模式等方面进行了相应的调整。教师教育机构普遍确立了由普通教育、任教学科教育及专业教育构成的新的课程模式。"教学硕士课程"计划的提出，开辟了美国师范教育发展的新方向。"能力本位"教师教育的出现，打破了教育专业培养的传统模式。教师教育大学化使学术教育与专业教育从分离开始走向整合，普通教育课程内容更加得到凸显。这在一定程度上顺应了当时社会的发展需求，教师教育在实现自身有效发展的同时，做到了更好地为基础教育发展服务。但是，在实际的改革与实施的过程中出现了矫枉过正的现象：注重学术培养而淡化专业养成的倾向；师范教育在大学中的边缘化、师范性弱化；教师入职标准过于宽松、教师职业地位不高、教师专业性不强等问题。这一时期美国中小学教师教育中产生的这些新问题都有待于在未来的发展过程中得到相应的解决。

第六章　20世纪80年代以来美国中小学教师教育的改革与完善

随着世界范围内经济与科技竞争的加剧，各国把教育摆到了社会发展的战略位置。在西欧和日本经济腾飞的压力下，美国重新审视本国的教育状况，提出了"国家处在危机中，教育改革势在必行"。在世界范围的教育改革热潮中，人们越来越认识到，教育改革的成败在于教师。只有教师专业水平的不断提高才能造就高质量的教育水平。20世纪80年代后，教师教育的中心开始转向教师的专业发展。

一、20世纪80年代以来美国中小学教师教育改革的背景

日益加剧的国际竞争、教育改革的大势所趋、教师专业化发展的需要和美国教师教育机构认证制度的发展等因素的协同作用促成了20世纪80年代以来美国中小学教师教育的改革。

(一) 国际竞争及教育改革的需要

20世纪80年代初，发达国家出现了以微电子技术为核心的新技术革命，整个世界由工业化社会向信息化社会转变的趋势加强。新科技革命成为引导社会发展的主导力量，它以极大的渗透力进入

经济领域，形成了新的经济形态——知识经济①。以微电子技术为核心的新技术革命使美国社会由工业化社会向信息化社会发展。工业生产相应地由以劳动密集型为主逐渐转向以知识密集型为主，这就要求劳动者具有较高的文化科学知识水平，以适应新技术革命的挑战。正如美国未来学家吉西（Gicy）在《教育的困境：如何适应信息社会》一文中指出的："随着经济进入信息社会，美国劳动力队伍面临着结构上的重大转变。由于很多重复的、低级的劳动可以由技术制品有效地进行，所以，必须广泛地提高职工的技能。"②而提高劳动者的技能和素质必须由教育来完成。

这一时期，美国经济出现低速增长的趋势。另外，西欧、日本的经济和科技迅速发展，欧共体的国内生产总值、对外贸易总额和黄金储备都超过了美国，这使美国在国际上的地位受到很大的挑战。在这种背景下，美国人认识到："从我们的以前历史可以看到，教育可以使我们繁荣富强，也可以使我们落后。"③国际竞争的实力来自于科技发展，而科技发展又依赖于教育，国家之间的竞争是教育竞争。于是，美国把国家的发展战略从经济领域转向教育领域。这一时期，在美国国内激发了关于教育质量问题的空前激烈的大讨论，而教师质量则成为争论与关注的中心。

虽然美国教育经过 20 世纪 70 年代末的"恢复基础"运动的不懈努力，美国中小学教师的质量得到了一定程度的提高，但中小学教师队伍中长期存在的根本性问题一直没有得到很好的解决。美国中小学教师的数量不足、质量参差不齐。每当"入学高峰"到来，

---

① 袁振国. 当代教育学[M]. 北京：教育科学出版社，1999：13.

② 中国教育科学研究代表团. 美国教育改革考察记[J]. 外国教育，1984（3）.

③ U. S. Department of Education. Promising Practices：New Ways to Improve Teacher Quality[R]. September，1998.

教师供不应求时，各州都会降低对教师申请人的资格要求，甚至会颁发一些"临时证书"或"应急证书"，以解学校的教师短缺之急。这种应急措施严重降低了教师队伍的学术水准，致使教师的专业地位低下，很难吸引优秀人才从教，美国中小学教师的整体素质还需要提高。20 世纪 70 年代，美国社会的经济危机也影响了美国的教育。1980 年 6 月 16 日发表于《时代周刊》的一篇题为《救命！教师不会教》(Help! Teacher Can't Teach!) 的文章引起了美国公众对教师质量的忧虑。1983 年 4 月，美国国家教育优异委员会发表了著名的《国家处在危机中：教育改革势在必行》(A Nation at Risk：The Imperative of Education Reform) 调查报告。调查结果表明，美国中学生掌握的知识和一般技能比较缺乏，美国学生的数学成绩远不如日本和中国台湾的学生。该报告将美国科技的落后归咎于学校教育存在问题。报告指出："小学教师来自高中和高等学校毕业生中程度最次的 1/4，这类教师人数占得过多……数学和科学教师的短缺尤为严重。1981 年调查的 45 个州中 43 个州缺少数学教师，33 个州严重缺少地球科学教师，各州都缺少物理教师。有一半新招聘的数学、科学和英语教师都不能胜任这些科目的教学工作。"①

要改变这种状况，就必须实现教师教育"质"的飞跃，就必须全面提高小学教师的素质并着手解决有些重要学科教师短缺的问题。"没有合格的、关心学生的、勇于承担责任的教师，就不会改善课程和评估，也不会有使人放心的、在世界上处于最高标准的学校，更不用说确保我们的学生迎接美国第二个世纪的挑战和机遇了。教师培养我们的工作技能，为我们成为一个合格公民并全身心地参与社会活动和投入公民生活打下良好的基础。所以，教师是形

① 国家教育发展与政策研究中心．发达国家教育改革的动向和趋势——美国、苏联、日本、法国、英国 1981—1986 年期间教育改革文件和报告选编[M]．北京：人民教育出版社，1986：24.

成高质量教育的关键，是关系着美国未来的重要职业。"①

《国家处在危机中：教育改革势在必行》的报告因其强烈的危机意识，引起了全体美国人对美国教育质量空前的关注，人们强烈呼吁改革美国的中小学教师教育。

自1983年《国家处在危险中：教育改革势在必行》发表以来，美国全社会开始高度关注基础教育的质量。各州都采取了强硬的措施，改组学校，提高标准，加强教学效能评定以提高学生的学业成绩，但这次改革并未取得预期的效果。实践的教训再一次向美国人民证明：缺少教师参与的任何教育改革都将遇到失败，教师教育才是解决美国基础教育质量问题的最佳选择。1983年12月，美国又召开了一次全国教育改革会议，这次改革从一开始就要求教师教育要根据"全面提高教学质量"这一目标进行相应的改革，以提高师资培养的水准和教师的水平②。该会议还建议提高教师待遇。在随后的第二次和第三次教育改革浪潮中，中小学教师教育始终是基础教育中教育改革的主旋律。教师专业化目标的重心定位于教师的专业发展。

《国家处在危机中：教育改革势在必行》的报告发表之后，有关教师教育的改革报告纷纷出现。1985年，卡内基教育与经济论坛(Carnegie Forum on Education and the Economy)发表了《准备就绪的国家》(A Nation Prepared)的报告，对美国教师专业发展提出了五项政策建议。同年，国家教育优异委员会又发表了报告《变革教师教育的呼吁》(A Call for Change in Teacher Education)。1986年5

---

① U. S. Department of Education. Promising Practices：New Ways to Improve Teacher Quality[R]. September，1998.

② 国家教育发展与政策研究中心. 发达国家教育改革的动向和趋势——美国、苏联、日本、法国、英国1981—1986年期间教育改革文件和报告汇编(第一集)[M]. 北京：人民教育出版社，1988：148.

月，美国卡内基基金会颁布了《准备就绪的国家：21 世纪的教师》（A Nation Prepared：Teachers for the 21st Century）教育调查报告。该报告指出："只有保留和造就最优秀的教师，美国才能摆脱他所陷入的困境。"报告还提出要建立全国性的教师资格审查机构，以制定全国统一的高质量的教师资格标准；所有教师必须经过研究生阶段在教育方面的训练，以培养一批优秀的、富有经验的教师。改革教师教育，提高中小学教师的素质成为当务之急。同年，霍姆斯小组在《明日之教师》（Tomorrow's Teachers）调查报告中认为"教学是一种必要的专业"（Teaching is the essential profession）①，并进一步指出了教师教育的重要性。该报告对师资培养、聘用、考核等都提出了具体的改革建议。报告还提出要建立教师"专业生涯阶梯"（professional career ladder），将教师按不同的职能、胜任工作的能力划分为教员（instructor）、专业教师（professional teacher）和终身专业教师（career professional teacher），以此促进教师的专业发展②。该报告对师资培养、聘用、考核等提出了八点建议："（1）建立全国性教师资格审查机构，以制定全国统一的、高质量的教师资格标准；（2）要求所有教师必须经过研究生阶段的培训；（3）培养一批优秀的、富有经验的教师，负责重新建设学校和指导教师的工作；（4）建立教育成绩奖励制度，奖金的发放以学生成绩为准；（5）把教师工资提高到与律师、医生、工程师相同的水平；（6）大力培养少数民族教师；（7）调整学校结构，以创造合适的环境；（8）把取得文理学士作为任教的专业条件。"③

---

① Office of Postsecondary Education, U. S. Department of Education. Teacher Quality Enhancement Grants[R]. 2000.

② 赵中建. 美国 80 年代以来教师教育发展政策述评[J]. 全球教育展望, 2001(9).

③ The Holmes Group. Tomorrow's Teachers[R]. 1986.

1996年，国家教学与未来发展委员会（National Commission on Teaching and America's Future）相继发表了《什么最重要：为美国未来而教》（What Matters：Teach for America's Future）、《做最重要的事：投资于优质教学》（Do What Is Most Important：Investing in Quality Teaching）两份报告，并且强调要进一步提高教师的专业地位，以提高教师的专业地位来促进教师社会地位的提高。人们形成了一个共识：那就是教师是提高教育质量的关键，必须从提高教师的专业教育、专业水平、专业地位入手，促进教师专业化水平的提升。并特别强调了教师的专业培训，如改革培训课程和加强实习，创设教学专业环境，提高教师的待遇和改善工作条件等。1999年9月，美国召开了第一次前所未有的"教师质量大学校长高峰会议"。2000年5月，为对培训教师的高等教育机构有所约束以保证培训的效果，国家教师教育认证委员会颁布了认证教师教育机构的《2000年标准》（Goal 2000）（该标准已于2001年正式启用）。随着美国20世纪80年代以来多次的教育改革，教师的专业发展已成为大势所趋。

（二）教师专业发展的需要

在美国中小学教师教育的改革和完善的过程中，促进教师专业化（教师专业发展）是其改革的宗旨。教师专业化在教师教育上取得成功的标准不外乎内在的和外在的两个标准：内在标准表现为受教育者是否有专业知识与专业技能；外在标准表现为是否有系统的质量保障体系。美国的中小学教师教育的改革就是一直在朝着这两个标准努力。人们通过对以往中小学教师教育改革的反思后逐渐发现，无论学者型教师还是能力本位教师都解决不了美国当时的社会和教育问题，教师不仅要具有专业知识和教学能力，还应具备较高的综合素质。美国卡内基教学促进基金会主席李·舒尔曼（Lee Shulman）教授是研究教师教育的专家。他对教师的专业特点进行了归纳，具体包括：服务社会的责任感、理论体系、判断力、实践技能、从经验中学习的能力及维持继续学习的能力①。实际上，教师的这些专业特点和"教师专业发展"是息息相关的。"理论体系"和"实践技能"本身就是教师专业发展的重要组成部分，"保证工作质量"和"专业服务"有赖于教师的专业发展，"服务社会的责任感"是教师专业发展的必要保证，"维持继续学习的能力"的目的是为了促进教师的专业发展，因此有些学者从许多相关的实务经验中归纳出一个重要的结论：任何试图改进学生学习的努力，都必须依赖教师的专业发展②。同时，美国教育部也指出："教师的知识水平和工作能力对于国家是至关重要的。因此，长期培养、培训教师的知识和技能，支持他们的专业发展是一项重要任务。"③因此，教师专业发展是谋求教师素质的内在提高、教育质量改善的最为关键的因素。

教师的专业发展是一个复杂而全面的过程。在教师教育内部，需要对中小学教师的职前、入职和在职教育阶段进行重大改革，以适应教师专业发展的需要。中小学教师教育一体化是 20 世纪 80 年代以来美国中小学教师教育改革的基本理念。

早在 20 世纪 70 年代中期，美国就提出了教师专业化的口号，以提高公共教育质量，推动教学成为真正的专业。1976 年美国教师教育院校联合会发表的一份报告预言，教学能够并将自我实现为

---

① 教育部高校师资培训考察团. 管理考察团赴美考察报告[J]. 高等师范教育研究, 2000(4).

② 饶见维. 教师专业发展——理论与实务[M]. 台北：台湾五四图书出版有限公司, 1996：37.

③ U. S. Department of Education. Promising Practices：New Ways to Improve Teacher Quality[R]. September, 1998.

专业，同时激励为此做出专业的和有组织的努力①。20世纪80年代早期，面对国内外的经济和社会危机，美国社会各界越来越意识到教育的重要性。人们普遍认为，教师是教育价值的承载者、教育计划的实施者，教育质量的高低与教师的专业素质密切相关；而教师职业的专业性不够强，教师职业的专业研究、专业训练、专业自主、专业待遇、专业地位等都比其他职业(如医生、律师)差。要提高教师职业的专业化水平，使教师职业像医生、律师、工程师那样成为专门职业，具有不可替代性，只有这样才能解决人们所呼吁的"国家处在危机中"的问题。

随着终身教育思想的深入人心，人们开始探索一种融教师专业发展、中小学教育改革和大学教育科研为一体的办学模式。20世纪80年代初，人们发现，由大学教育学院独自承担师资培训任务导致了教育理论与实践相脱节、教学质量不理想的问题。1982年，卡内基教学促进基金会(Carnegie Foundation for the Advancement of Teaching)召开第一次中小学视导与大学校长会议，提议建立大学与中小学、社区的伙伴关系。1985年，卡内基教育与经济论坛在报告中提出：为教师职业做准备的最好环境是一所联系大学和中学的临床实践学校。1986年，美国在布鲁克林(Brooklin)市兴办了第一所教师专业发展学校。此后，教师专业发展学校(Professional Development School，简称PDS)大量出现。除PDS以外，由高等教育机构与公立学校合作的机构还有专业实践学校(professional practice schools)、临床学校(clinical schools)、专业发展中心(professional development centers)和搭档学校(partner schools)等②。PDS

---

① 王长纯.教师专业化发展：对教师的重新发现[J].教育研究，2001(11).

② 龚冬梅.美国教育实习的经验与启示[J].外国中小学，2011(3)：40.

类似于医学院的学生临床实习的教学中心。有学者认为 PDS 的经验是"更集中、更合作和更加以实践者为导向的"①。

在专业发展学校，大学教师与中小学指导教师结成平等的合作伙伴关系，共同担负教师职前培养的任务。大学教师参与专业发展学校的各种教师集会，观察教师及实习生的工作，为中小学开办各种讲座，为实习教师提供理论研究的支持。而中小学的实习指导教师和实习生则组成专业发展小组的形式参与到帮助和指导实习生的教学中。大学教师与中小学指导教师密切合作，共同促进实习生教学实习的顺利进行。同时，实习生以小组为单位，和指导教师一起共同探讨和解决教学实习期间的问题。

专业发展学校模式的目标系统包括三方面的内容：一是培养实习生的教学能力和未来反思型教师；二是推动专业发展学校中在职教师的专业发展；三是促进大学指导教师的发展②。这个培养目标不仅强调师范生在专业发展学校中获得最好的发展，在真实的教学情境中培养未来教师，改善教师的职前培养水平，而且充分考虑为在职教师提供专业发展机会。在职教师通过指导师范生和与大学教师交流来反思自己的教学，获得专业水平的提升。大学教师在与中小学进行合作科研、探讨师范生教学等实际问题的过程中，丰富其思想，改善其理论研究和教学。这三个方面互相联系，构成了专业发展学校的一体化的整体培养目标，而这一目标成为其进行教师教育实践的导向。PDS 作为中小学与大学的合作形式，在以往相互隔绝的中小学和大学之间架起了沟通的桥梁。这种融教师职前培养、

---

① L. Teitel. The Impact of Professional Development School Partnerships on the Preparation of Teachers[J]. Teaching Education,1992,4(2):77-85.

② Pellet Heidi Herschel. Professional Development Schools: A Model for Effective Physical Education Partnerships [J]. Journal of Physical Education, Recreation & Dance,2009,80(1).

在职进修和学校改革为一体的专业发展学校形式，"为职前教师提供示范教育，为在职教师提供继续专业发展教育，并为参与的学校和大学提供合作研究的机会"①。

从20世纪80年代中后期开始，许多有影响的政策制定部门纷纷出台相应政策，支持专业发展学校发展。1990年，霍姆斯小组在其第二个报告《明日之学校——建立PDS学校的原则》（Tomorrow's School：Principles for the Design of Professional Development Schools）中，提出建立PDS的六项基本原则，认为专业发展学校是"为初学者的专业训练、有经验者的继续发展、教学研究和发展所能考虑的最佳形式"②。1995年，国家教师教育认证委员会设立了制定专业发展学校标准的方案——《美国1997年教师优异挑战法案》（Teacher Excellence in America Challenge Act of 1997），该法案"为建立专业发展学校、促进教师培养和专业发展、建立学校与大学的伙伴关系提供竞争性的资助"。1996年，国家教学与未来发展委员会发表的《什么最重要：为美国未来而教》（What Matters Most：Teaching for America's Future）报告中也建议大学学院和中小学一起来重新设计教师教育。同时，为了确保这种合作伙伴关系的质量，美国从政策保障、经费投入以及大学与中小学组织内部等多方面寻求策略，确保伙伴关系的良好运作③。1997年，《专业发展学校标准草案》（A Draft for Professional Development Schools Standard）出台。2001年，国家教师教育认证委员会最终出台了《2001年专

---

① N. Burstein. , D. Kretschmer, et al. Redesigning Teacher Education as a Shared Responsibility of Schools and Universities[J]. Journal of Teacher Education, 1999,50(2):106.

② The Holmes Group. Tomorrow's School：Principles for the Design of Professional Development Schools[R]. M. I. :East Landing, 1986:215.

③ 谌启标. 美国大学与中小学基于合作伙伴的教师教育改革[J]. 福建师范大学学报(哲学社会科学版)，2009(3)：158-162.

业发展学校标准》(Professional Development Schools Standard in 2001)。相关政策的出台,促进了专业发展学校在全国范围内的迅速发展,并促使其成为美国师范生教育实习的主要基地。PDS的主要特征为:强调办学机构的多方合作伙伴关系,强调理论与实践的紧密联系,强调在实践中学习。从严格意义上讲,PDS不是一个真正的学校形式,而是一个全新的理念。它打破了中小学与大学之间长期的隔阂,把教师教育、甚至把整个教育改革看成是双方或多方的共同责任。美国的专业发展学校是融教师职前、入职和在职教育为一体的一种典型的改革和创新的模式。

(三) 美国教师教育机构认证制度的发展

在美国,教师职业的专业化水平一直是一个存在广泛争议的问题,公众对教师职业的专业化认同较低,其原因是较为复杂的。其中重要的一点是教师队伍的质量问题,一些教师难以胜任教学岗位。另外,由于美国是由各州自定教师资格标准或教师证书颁发标准,各州的标准难免参差不齐,而且各州的标准一般来说偏低。这就更加要求建立高水平的、统一的全国性标准,树立教师的专业形象,保证教师队伍的整体质量。同时对优秀教师进行科学客观的认证,可以鼓励广大教师关注自身教学能力的提高,有助于教师专业化水平的不断提高。于是,卡内基基金会于1986年发表了题为《准备就绪的国家:21世纪的教师》的报告。该报告所提出的八项有关教师教育的改革建议中的第一项就是建立国家专业教学标准委员会(National Board for Professional Teaching Standards),负责制定教学的高标准,为达到优秀标准的教师颁发全国通用的资格证书。国家专业教学标准委员会于1987年正式成立,由全国15个非营利、无党派的独立教育团体及63位理事所组成。国家专业教学标准委员会是制定全国教师教学标准的机构,它建立的目的是为了促进教师

的专业发展，提高专业教学的地位和美国教育的质量①。1989 年，
NBPTS 为教师专业标准的制定提出了五个关于教育工作的核心命
题(Core Propositions)："(1)教师应对学生的学习负有责任，并能
全身心致力于每位学生的学习上；(2)教师应当熟知"教什么"(内
容)、"为什么教"(目的)以及"怎样教"(方法)；(3)教师要具备
相应的学生学习组织管理能力；(4)教师必须善于反省自己的教学
实践，并从中获取教学经验；(5)教师必须是学习共同体的成员，
在成就学生同时，也必须成就自己。"②

　　国家专业教学标准委员会所颁发的所有标准都是基于它所提出
的这五个核心命题，它们能够区别出优秀教师的知识、技能、意向
和对教学工作的投入。五个核心命题是国家专业教学标准委员会对
优秀教师的基本设想，也是制定各个学科和各个阶段优秀教师标准
的基本依据和出发点。这五个核心命题与国家教师教育认证委员会
(NCATE)、全国社会学科委员会(NCSS)、全美教育协会(NEA)、
教师教育鉴定委员会(TEAC)、美国科学促进会(AAAS)、国家科
学教育标准与评估委员会(NCSESA)及美国州际新教师评估援助委
员会(INTASC)等全国性专业组织的指导思想是相互协调一致的，
因此具有权威性与影响力。国家专业教学标准委员会认为："成功
教师的知识、技能、能力和责任反映在：教师对学生及其学习尽职
尽责；教师了解所教学科并知道如何把该学科知识和技能教授给学
生；教师有责任管理和检查学生学习；教师系统地思考其实践并从

---

　　① Frank Serafini. Possibilities and Challenges—The National Board for
Professional Teaching Standardas[J]. Journal of Teacher Education,2002,53(4).

　　② N. Burstein, D. Kretschmer, et al. Redesigning Teacher Education as a
Shared Responsibility of Schools and Universities[J]. Journal of Teacher Education,
1999,50(2):106.

经验中学习；教师是学习化社区的成员。"①

国家教师教育认证委员会认为："教师应该做到：善于选择教学内容的，应使用有效的教学方法教授处于不同发展阶段、具有不同学习风格、来自不同背景的学生，具有反思教学实践并据此改变教学行为的能力，能把技术与教学有机地结合起来。"②

国家专业教学标准委员会和国家教师教育认证委员会的观点是一致的。美国各州都依据国家教师教育认证委员会的标准建立或修正自己的教师专业标准及自己州的资格认证制度。

新的教师专业标准对教师和教师教育机构应当承担的责任做了规范性说明，使教师教育理论有据可循，对教师教育实践也起到指导作用。此外，它以标准的形式确定了教师教育的内容、形式，使得教师教育能够在一定的标准下有相对一致的形式和内容，从而最大程度地保证了教师教育领域的一致性。新的教师专业标准的出台及国家教师资格证书的颁布，为教师专业发展指明了方向，越来越多的教师希望通过达到国家教师专业标准来促进其专业发展。与此同时，为了使教师教育机构培养的教师符合标准，各方采取了积极措施。一方面，各州都在寻求让本州的教师教育机构接受国家性的 NCATE 的教师资格认证及对其办学条件的评估；另一方面，美国教师教育院校联合会及教师教育机构在进行教师教育课程开发与实施时也参照全国委员会标准，例如纽约大学就是根据 NBPTS 标准的门类与要求设置课程和组织教学的。

美国不少州让本州的教师培养机构接受国家教师教育认证委员

① The National Board for Professional Teaching Standards. What Teachers Should Know and Be Able to Do —Policy Position (Five Core Propositions) [R]. 1986：321.

② The National Council for the Accreditation of Teacher Education. Professional Standards for Accreditation of Schools, Collges, and Department of Education [R]. 2000：223.

会和教师教育鉴定委员会的教师资格认证。到 20 世纪 90 年代末，国家教师教育认证委员会已开发出了 21 种教师资格标准，并组织了相应的教师资格考试，颁发教师资格证书。国家教师教育认证委员会的标准亦随美国社会的变化和发展以及其他机构认证标准的变化而适时调整。重新修订的 2000 年标准分成以下六个项目：学生的知识、技能和品德，学生和机构的评价系统，教师的资格、成绩和专业发展，教学实习和临床实践，多样性以及机构的管理和资源分配。国家教师教育认证委员会的新标准已经在 2000 年获得了正式通过，2001 年秋正式生效。

美国教师教育机构的认证制度为中小学教师资格认证和评价制度的制定提供了依据，最终的目的是为了促进教师的专业发展。

二、20 世纪 80 年代以来美国中小学教师教育的改革和完善

20 世纪 80 年代以来，美国对中小学教师教育制度进行了一系列的改革，进一步加强了中小学教师的职前、入职和职后教育的一体化进程，改进了教师教育的课程，注重大学与中小学的合作，进一步健全了教师教育质量保障体系，并致力于提高教师的工作环境和职业地位。这一系列的改革促进了中小学教师的专业发展和专业素质的提高。

(一)20 世纪 80 年代以来美国中小学教师教育的一体化

师范生的职前教育是非常关键的时期，而教师教育的课程设置尤为重要。

20 世纪 80 年代中期，李·舒尔曼(Lee Shulman)和他的同事开始致力于教师专业基础知识的研究，经过多年的对教师教学实践的研究，提出了对后来的教师知识研究产生了重大影响的教师知识分

类。舒尔曼把教师知识分为七类：（1）内容知识，（2）一般教学知识，（3）课程知识，（4）教学内容知识，（5）有关学习者及其特征的知识，（6）有关教育情境的知识，（7）关于教育目的、价值及其哲学、历史基础的知识。其中一般教学知识主要指课堂管理与组织的原则、策略等方面的知识；课程知识指教师用来作为教学媒体的材料和教学规划等方面的知识①。

在舒尔曼对上述七种知识的分类中，"教学内容知识"是由舒尔曼首次提出的一类教师知识，也是他特别强调的。舒尔曼认为，这类知识是用来进行教学的学科内容知识。我们知道，没有哪一种表征形式是适合所有教学内容和所有学生的最有力的方式，教师必须掌握各种不同的教学方式。这些教学方式的来源，有些是来自对教学的研究，有些则是来自教师的实践智慧②。"教育内容知识"是将教学这一专业区别于其他专业教师的特有知识，是"将内容知识和教学知识融合为如何组织、表现某一特定教学主题或者问题使其适应于不同兴趣、不同能力的学习者，并对其实施教学"③，是教师自己特别的专业理解形式。它确定了教学与其他学科不同的知识群，体现了学科内容与教育教学知识的整合，是最能区分学科专家与教师的不同的一个知识领域。

后来，舒尔曼等人经过大量的研究提出了学科教学知识（Pedagogical and Content Kowledge，PCK）的概念。他们认为，教师的专业基础知识不是学科（content）知识，也不是学科知识和教育学（pedagogy）知识的简单相加，而是普通教育学与任教学科的结合

---

① L. S. Shulman. Knowledge and Teaching：Foundations of the New Reform[J]. Harvard Educational Review,1987,57(1):1-22.

② L. S. Shulman. Those Who Understand：Knowledge Growth in Teaching[J]. Educational Researcher,1986,15(7):4-14.

③ L. S. Shulman. Knowledge and Teaching：Foundations of the New Reform[J]. Harvard Educational Review,1987,57(1):1-22.

以及教育学知识在任教学科的具体应用①。这一概念的提出，引起了广大课程专家的关注。人们开始强调知识的连贯性和融通性，课程设置上采取综合设计的理念，力图打通各类教师教育课程的学科疆界，形成多维融合的课程网络。美国中小学教师的职前培养阶段，除注重普通文理专业知识的教育外，还强调教学方法与教学技巧的培养，尤其注重培养教师具备熟练的教学技能和课堂驾驭能力。为了保证教师的能力水平，一般要求教师候选人修习一定学分的通识学科课程（liberal studies courses）、专业学科课程（major courses）和教育科学课程（education courses）。目前美国教师教育专业三类课程的设置占学时总量的比重和学分分配的大致情况可参见表6-1。

表6-1　　　　　三类课程的学时与学分比例分布②

课程类型	学科领域	占总学时的比例	占总学分的比例
通识学科课程	自然科学、社会科学、人文科学和艺术、语言学	1/3 强	1/2
专业学科课程	中小学教学科目（如数学、科学、英语等）	1/3 强	1/3
教育科学课程	教育基本理论、各科教学法、教学实践	1/3	1/6

从表6-1中可以看出，通识学科课程、专业学科课程和教育科

---

① Grossman. Making of a Teacher：Teacher Kowledge and Teacher Education[M]. New York：Teachers College Press 1990：6-8.

② 教育部师范教育司. 教师专业化的理论与实践[M]. 北京：人民教育出版社，2003：286.

学课程所占学时的比例基本相近，但通识学科课程所占总学分的比例是最大的，为 1/2。这是由于开设通识学科课程的目的是拓宽学生知识面，使他们具备宽厚的文理基础知识，使每个受过高等教育的人成为真正有教养的人，并且头脑开阔、思维清晰、乐于交往、富有创造性。通识学科课程主要涉及自然科学、社会科学、人文科学和艺术、语言学等各学科领域，该课程一般安排在大学本科的一、二年级开设，任何专业的大学生都必须修大部分的通识课程。而人文素质的综合培养，是培养教师的基础。在师资培养计划中，专业学科课程所占的学时比例一般是 1/3 强，所占的学分比例为 1/3，专业学科课程是与未来教师希望取得的教师资格证书的科目类别以及准备任教的学科相对应的课程，如数学、科学、英语等。教育科学课程为未来教师提供教育教学所需的专业知识和专业技能，主要由教育科学基本理论、各科教学法和教学实践三部分组成。由此可见，一名合格的教师必须具有良好的综合素质、扎实的学科专业基础及科学的教学方法。

从美国目前教师教育课程的改革来看，美国各州的中小学教师教育课程设置显现出了学科知识渗透和融合的趋势。例如，在美国的小学教师培养计划中，专业学科课程与教育科学课程有着密不可分的关系。所有的未来教师，无论他（她）的专业方向是什么，都必须学习教育专业课程。新的教师培养计划规定，未来的小学教师必须学习阅读、数学、科学、社会、艺术、音乐等领域的教学法课程，这些课程涉及学科结构、科目教学原理、儿童掌握该科目知识的阶段与过程、公立学校课程、特定的教学方法及革新趋势等。目前，美国中小学教师教育课程呈现出明显的融合趋势，融合课程成为课程设置的主流。虽然教师教育课程结构仍然是普通学科课程、专业学科课程和教育科学课程三部分，但在后两者之间已形成了你中有我、我中有你的新格局。学科教育学、学科课程、学科教学法等是任教学科与教育学科融合的结果。这些课程注重培养未来教师宽广的教育视野和具体的教学能力，既适应了基础教育改革的要求，极大地解决了美国教师教育长期以来存在的"学术性"与"专业性"的矛盾，也促进了美国教师的专业发展。

20世纪80年代中期以来，美国各州的教师教育政策越来越强调入职者宽广而深厚的文理学科知识背景。1986年，卡内基教学促进基金会对提高教师教育课程提出了建议，要求所有的入职教师修完学士学位的人文科学课程以及专业课程，并完成二年制的硕士课程计划。这项建议激起州和学院的热烈讨论①。

教育实践是中小学教师师资培养的一个重要的组成部分。美国心理学家波斯纳（Bothna）提出了"经验+反思=成长"的教师成长模式理论。学者舒尔曼认为，在教学活动中最重要的因素是判断，即教育机智，这种判断是需要教师在实际的课堂情境中、在集体的实践活动中通过领悟和内省来获得的②。美国教师资格认证标准对重视实践的教师教育理念和政策作出了回应，在对教师素养的要求上突出了教师的教学实践能力。从20世纪80年代起，美国教师教育的主流指导思想之一是"反思实践"。"反思实践"强调教师从经验中学习的重要性，倡导教师在教学专业实践中开展反思活动③。教育实践是将理论付诸实践的重要环节，是培养未来教师学会"怎样教"的重要步骤。教师职业的专业化客观上也要求加强教师教育的实践环节。为了达到教师教育专业化对教师实践能力的要求，美国各大学进行了相应的教育实习改革，注重职前教师专业化和实践能力的培养。1979年，教师教育鉴定委员会（Teacher Education

① 谌启标．美国教师教育制度的改革与实践［J］．外国中小学教育，2003（4）：7.

② ［美］李·舒尔曼．理论、实践与教育的专业化［J］．比较教育研究，1999（3）：36-40.

③ 洪明．反思实践取向的教学理念——舍恩教学思想探析［J］．外国教育研究，2003（8）：14-17.

Accreditation Committee）在颁布的《师范教育鉴定标准》（Teacher Education Accreditation Standards）中，把实地经验也作为职前师范教育的必备环节。大多数州作出规定，教师资格证书的申请人除了参加过教学实习之外，还应当拥有在各种学校情境中的实地经验，最早的实地经验可以安排在第一学年。如今，几乎所有的师资培养计划中都安排有实地经验的内容。

从 20 世纪 80 年代开始，美国的一些高等院校已试行与地方学区合作制定见习教师培养计划，要求成为见习教师者可以是非教育专业的本科学生。他们在大学三年级时就应提出书面申请，并接受面试。学生在见习前必须攻读有关教学方法的课程，并获得一定的实地经验。见习期间，见习生可以全面参与中小学活动，可以在各个年级和学科参与教学工作，其中至少有两周时间要全面负责任教班级的各项活动，包括计划、实施、评价诸环节。见习生除了与协作指导教师交换意见外，还要听取大学教授指导，参加见习生小组的讨论会，写教学笔记。

在教学实习期间，未来教师可以得到更充分的实践机会，即可以全面担当起一名教师的应有责任，包括制订每日计划和长期计划、授课、评定成绩等常规教学工作。教学实习仍然在中小学协作教师的指导下进行，可以随时讨论学生在实习中遇到的问题和存在的不足。大学教师也定期进行视察，参与指导。与实地经验相比，教学实习已经有比较久远的传统和比较完善的制度，如指导教学实习的协作教师通常必须达到相应的资格标准。

(二) 职前、入职和职后教育的一体化

美国在大力推行教师的职前培养的同时，也将初任教师的入职引导看作是教师专业成长的一个不可缺少的阶段予以重视。有学者指出："学会教学是一个贯穿整个教师生涯的过程，不论我们的教师教育计划做了些什么，也不管我们做得多么出色，充其量我们也

只能为教师开始教学做些准备工作。"①因此，初任教师的入职引导和在职教育十分重要。

教师任教的最初几年是教师职业生涯过程中的一个非常态的教师发展时期，却又是一个专业发展的关键期。从一个学生角色转换为教师角色，他们面临着"骤变与适应"，常常感到无所适从。初任教师阶段被称为"求生阶段"，因为在此阶段初任教师会遇到各种各样的问题，即所谓的"现实冲击"。他们在教学实践中发现，实际的教学与他们理想中的教学存在着很大的差别，例如，职前所学的理论无法完全应用于教学实际，会出现无法有效地管理班级、对课堂教学中的复杂性感到不知所措、教学不能得心应手等状况。于是，他们会产生由专业理想与教学现实之间的距离引起的失落感，甚至常常感到紧张、无助与焦虑，严重的可能离开教师岗位。初任教师，即便是那些受过良好教育的初任教师，如果在这一阶段得不到必要的教学指导和帮助，很容易产生挫折感而影响后期的发展。在美国，"大约有30%～50%的教师会在五年内离开教师队伍，新教师的流失率为老教师的五倍之多"②。在美国这样一个市场经济发达、人员流动频繁的国家，对初任教师的支持和指导是十分必要的。鉴于此种现象，美国加强了对初任教师有组织的指导工作。

这种有组织的入职指导是在指导教师的帮助下，为初任教师提供一至三年的有计划、系统而持续的支持和帮助，对他们进行适当的实践策略和方法的培训，将他们在职前教育中所学的教学理论与课堂教学实践联系起来，弥补他们实践经验的不足，帮助他们克服

---

① K. Zeichner. Rethinking the Practicum in the Professional Development School Partnership[J]. Journal of Teacher Education,1992(43):296-307.

② 许明，黄雪娜. 从入职培训看美国新教师的专业成长[J]. 教育科学，2002(2).

教学和管理中的困难和问题，完成从职前教育向真实课堂教学的过渡，以尽快地适应教师角色。在美国，已有27个州正式通过并推广了州一级的新教师支持体系。近年来，入职培训得到了社会各界的广泛支持。从联邦政府来看，1998年的高等教育法提出要为教师的入职培训提供财政资助。各州通过具体的立法和措施来推进入职培训的开展。例如，加利福尼亚州为"新教师支持与评定"（Beginning Teachers Support and Assessment）计划等三项培训计划拨出近两亿美元专款。许多学区还建立了新教师培训中心等机构。据统计，1999年，全美已有38个州和哥伦比亚特区建立了新教师入职培训制度。就全国而言，超过50%的新任教师在工作的头三年接受了形式不一的入职培训①。入职培训已经成为美国教师教育体制的重要环节而被加以正规化和制度化。

在新教师的入门指导中，美国佐治亚州实施的"教学辅导教师"（Georgia Mentor Teacher Program）方案较为有代表性。这种方案采取一对一或是一对多（一位教学辅导教师辅导一至三名初任教师）的方式来对初任教师进行辅导、支持与帮助。教学辅导教师必须是具有三年以上的教学经验，达到州级专业认证委员会的标准，并获得辅导教师专家许可证的优秀教师。辅导内容主要包括：帮助初任教师了解与适应班级、学校、社区环境；观察初任教师的教学，提供反馈信息与建议，如示范教学、协同教学、分享教学资源、协助制定班级管理计划与有效进行师生沟通、帮助安排一学年的工作进度等；帮助初任教师进行个案研究或对重要事件进行反思②。研究表明，教师入职培训的实施大大减少了新教师的流

---

①　许明，黄雪娜. 从入职培训看美国新教师的专业成长[J]. 教育科学，2002(2).

②　S. M. Kardos. Supporting and Sustaining New Teachers in Schools：The Importance of Professional Culture and Mentoring[D]. Harvard University，2004.

失率。

自 1988 年以来，加利福尼亚州一直在为新参加工作的教师提供强化的培训学习。在担任教师的最初两年，需要进行广泛的学习，包括岗前培训和终身职业发展训练。州政府规定，新教师需要对教学的通用语言、教学范围及教学工作的复杂性有新认识，以帮助教师丰富教学实践经验。"加州教师职业标准"满足了这些要求。制定"标准"的宗旨在于帮助教师达到以下目标：（1）激发对关于学生学习和教师教学实践的思考；（2）制定职业目标以推动教学实践；（3）参照职业目标及行业标准，对教学实践活动进行指导、跟踪及评估。"标准"解决了当前加州各类公立学校的师生多样性的问题，反映了一种全面的和发展的教学观（详见本书附录1 加利福尼亚州教师职业标准）①。

初任教师指导方案有效地衔接了教师的职前培训和职后继续教育，促进了初任教师向专业教师的顺利过渡，从而促进了教师的专业发展。

美国还采取了一些其他方式来为新教师创造良好的工作环境，"美国州际新教师评价与支持联合会"（Interstate New Teacher Assessment and Support Consortium，简称 INTASC）就是其一。

INTASC 是美国各州教育机构与全国教育组织共同组成的，旨在改革新教师入职培训、教师资格证书制度和教师专业发展。该联合会创建于 1987 年，各州教育机构负责教师资格证（teacher licensing）、项目批准和专业发展等事宜。INTASC 的任务是为各成员州提供一个平台，从而使成员州了解以下方面信息以及进行相关合作：各州可兼容的教育政策、教师培训项目中的新要求、为审查教师资格而对教师表现进行评价中所应用的新技术、提高教师专业

---

① 赵勇，王安琳，杨文中. 美国中小学教师[M]. 北京：北京师范大学出版社，2008：168-184.

发展的新项目。

INTASC 提出了十条核心标准，每个标准包含知识（Knowledge）、倾向（Disposition）和表现（Performance）三部分。这十个核心标准是：(1)学科知识：教师要掌握本学科的核心概念、探询工具和知识结构，并为学生创造学习经历，使学生感到上述各方面的学习有意义；(2)学生学习：教师要了解不同年龄段学生的学习方法以及发展特点，并能提供有利于学生智力、社会和个人发展的学习机会；(3)学生的多样性：教师要了解学生学习方法的差异性，并能创造相应的教学机会，以适应不同文化背景和个体差异的学生；(4)教学策略：教师要熟悉并使用各种教学策略来激励学生批判性思维能力、解决问题的能力和表现能力的发展；(5)学习环境：教师要了解并利用学生的个体和群体动机以及学生的个体和群体行为，以便营造一个有利于鼓励学生与社会保持正面互动、主动参与学习和加强内在动力的学习环境；(6)交流手段：教师要善于利用有效的言语、非言语以及媒体通信手段，营造一个积极探询、相互合作和互相支持的课堂氛围；(7)教学计划：教师要根据学生、班级、学科知识和课程目标来规划和管理教学；(8)评价策略：教师要掌握并使用正式和非正式的评价策略对学生进行评价，以便确保学生的智力、体力和社会能力的持续发展；(9)教师的反思与专业发展：教师在实践的过程中要不断地反思自己——评价自己的内容选择与教学行为对别人(学生、家长以及其他人)的影响，同时还要主动寻找有利于专业发展的机会；(10)合作关系：为了支持学生的学习和发展，教师要保持与学生家长或监护人、同事以及社区的联系与往来①。

此外，INTASC 根据上述十个核心标准制定了以下八个学科标

---

① http://www.ccsso.org/projects/Interstate_New_Teacher_Assessment_and_Support_Consortium/.

准：艺术教育标准、小学教育标准、英语教育标准、外语教育标准、数学教育标准、科学标准、社会科学标准和特殊教学标准。

INTASC制定的学科标准使州际之间的教师流动更加通畅。

美国在为新教师创造良好的工作环境的同时，一直非常重视教师的在职培养。随着终身教育思想、教师专业化理论的不断发展，美国越来越重视中小学教师的继续教育。在终身教育思想和教师专业发展思潮的影响下，人们认识到，教师在职前教育阶段所学的知识和技能是很有限的，随着社会和教育的迅速发展，教师需要不断扩充并改进自己的知识和技能。教师的成熟是相对的，其发展空间是无限的，教师必须在个人的整个职业生涯中持续不断地学习和提高。

美国中小学教师的在职培训形式灵活多样，培训的内容呈多样性和广泛性。美国十分重视教师在职培训内容的针对性、实用性和前瞻性。在职培训计划大体包括教育专业课程、教学方法课程、学科课程、现代科学技术课程等内容。为了克服过去进修课程由大学教师决定而产生理论脱离实际的弊端，美国不断改革教师的进修内容，十分强调理论联系实际。一方面，积极推广以中小学为基础开办进修课程，其中包括专业课程、大学基础课程、教育专业课程和管理领导课程等，以此改变由大学教师决定进修课程的做法。另一方面，他们把进修课程办到中小学去，这样既可以吸收更多的在职教师参加进修活动，又可以使教师确认和决定自己的培训需要，解决教师们在实际教学中遇到的各种问题，提高教学能力。此种做法受到中小学教师们的欢迎。据了解，佛罗里达州（Florida）有99%的教师不仅参加了这种进修，而且喜欢这种理论联系实际的进修内容①。近年来，随着社会的不断发展和教育改革的不断深入，美国

---

① 顾明远，梁忠义．教师教育[M]．长春：吉林教育出版社，2000：230.

教师继续教育的培训目标超越了学科知识、教育理论和教学能力的范围，扩展到教师的所有方面，呈现出培训目标全面化、复杂化的趋向，培训目标逐渐由帮助教师胜任教学工作转变为进一步帮助教师获得专业发展，全面提升教师的素养。尽管各州对教师进行在职培训的要求不同，其基本目标是一致的。归纳起来有这样几种：(1)达到一定的学历标准；(2)提高教师的文理知识水平和专业素养；(3)更新教师的知识和技能；(4)发展教师的个性；(5)解决课堂教学中所发现的、需要解决的问题。

虽然目前美国的中小学教师学历水平已达到了本科层次，然而，由于中小学教学内容与要求在不断提高和变化，教师要不断通过继续教育更新知识，以适应形势需要。美国近年来各州相继提高了教师的学历层次，有些州已明文规定今后中小学教师必须具有教育硕士学位。例如，华盛顿州于 1992 年开始实施中小学教师在申请更新教师资格证书时须同时具有双硕士学位，即除持有文学、理学或者人文科学硕士学位外，还须持有教育硕士学位。这便对美国中小学教师提出了新的挑战：在职教师必须通过不断的进修活动来提高自己的学历层次。纽约州对教师的学历和培训的要求是：有学士学位的本科生，毕业后只能任教五年，五年内必须拿到硕士学位，否则不能在学校继续任教①。

为了保证教师专业发展有明确的目标和方向，美国大多数学校要求教师制订专业发展计划。如马里兰州蒙特高美市公立学区要求教师写一份四年的专业发展计划，并提出不断改进的措施。每年校长、校长助理、教研室和人力资源部都要检查这些计划，检查这些计划是否清楚、严谨，是否有实质性的内容。学校同时制订相应的

---

① J. W. Little. The Persistence of Privacy: Autonomy and Initiative in Teachers' Professional Relations[J]. Teachers College Record, 1990, 91(4): 509-536.

计划支持教师的专业发展活动，帮助教师专业成长，如提供各种资源、时间、直接指导等。

中小学各学校也积极开展各种形式的教师培训活动，为教师的专业发展提供机会。为了促进教师素质的不断提高，学校一般设立由校长和资深的优秀教师组成的教师专业发展管理小组，负责制定和管理本校教师在职学习和工作提高。他们主要负责的工作包括：对教育和教学新信息进行收集，并及时地向教师们传达；组织校内教师进行教学观摩和研讨；促进教师之间的交流，组织同年级或同学科教师间的定期教学研讨会，分享彼此的教育教学心得，研究教育教学过程中的问题并讨论有效的解决办法等。

教师专业团体也积极参与教师的培训工作。例如，全美教育协会、全美教师协会以及各地分会、教学视导与课程编制协会等组织每年都为其会员举办讲习班、研讨会及教学资源展示会等，还举办示范、观摩教学、大学课程辅导和短期课程，其目的是使专业团体中的教师不断充实各学科的新知识，并改善其教育教学方法和技术，最终以提高教师素质及改善教师教学品质。在美国，学校与企业间的自发合作由来已久。20 世纪 80 年代以来，州政府更是亲自出面，采取措施吸引企业向教育投资。截至 1986 年，已有 45 个州制订了鼓励学校与企业合作的计划和政策。企业对初等和中等教育的捐款每年平均已超过 5 000 万美元，从而大大减轻了学校财政的负担。各企业还紧密配合教育改革，帮助学校培训教师和管理人员，增添教学设备等。一些大公司派一些热心教育事业的雇员到中小学义务教学，薪水由公司支付。义务代课教师也参加进修，进修费也由公司承担。

为了保障中小学教师在职教育的顺利实施，不断提高教育质量，美国政府一方面通过立法规范教师参加继续教育的权利和义务，同时为教师继续教育提供各种有利条件，如投入大量资金、建立激励机制、重视培训机构建设等。同时，调动广大中小学参与教师继续教育的积极性，推广校本培训，基本形成了教师继续教育实施的保障体系。

为了从根本上调动中小学教师进修的积极性，美国建立了在职教师进修与获得学位、增加工资相结合的激励机制和带薪休假制度。美国的中小学教师是按学士、硕士、博士学位，实行"单一工资制"，教师通过进修取得高一级学位，工资也随之提高。教师继续教育的学时与攻读学位学时是相等的，并与工资挂钩。例如，已有学士学位的教师如果修满45学分的课程学习，就可以享受硕士学位的待遇；已有硕士学位的教师如果修满90学分的课程学习，就可以享受博士学位的待遇①。同时，将中小学教师的在职进修与薪水的增加、职位的晋升联系起来。例如，加利福尼亚州为通过NBPTS认证的高级教师证书的教师提供一万美元的一次性奖金，北卡罗来纳州给那些获得高级教师证书的教师们提高12%的薪水②。这种奖励制度的实施在一定程度上激发中小学教师参与各种专业发展活动的积极性。1980年7月，联合国教科文组织在巴黎召开了一次教育改革讨论会，参会成员在展望和预测普通教育变革趋势的文件中提出：正式承认教师有权享受在职培训，并建立工资照发的教学休假制度。中小学教师在在职进修期间，可以享受免费、带薪等待遇。在美国，教师每七年有一个带薪"休假年"，让教师用于业务整体提高或旅游。

兑林顿政府于1993年宣布了题为《2000年目标：美国教育法》（Goals 2000：Educate America Act）的全国性教育改革计划。该法案提出"帮助各州和地方社区……更多地介入学校的计划和改革之

---

① 余艺文. 美国教师的继续教育[J]. 云南教育·视界，2005(1).

② 刘永芳. 美国公立学校优秀教师激励体系及其评价[J]. 外国教育研究，2005(2).

中，特别要致力于教师专业水平的发展提高"①。1994 年颁布的《教育改革法》(Education Reform Act)把师资培训的重点放在推动教师的在职培训上。该法规定：到 2000 年，所有教师都必须接受发展专业的继续教育，以获得教好学生所需要的知识与技能②。为了顺应 20 世纪 90 年代初期和中期的技术革新所带来的教育机会，1996 年美国联邦教育部发表了题为《让美国学生为 21 世纪做好准备：迎接技术能力的挑战》(American Students Ready for the 21st Century: Meeting the Challenges of the Technical Capabilities)的第一份国家教育技术计划。该计划提出了四个国家教育技术目标，其中第一项就是"美国所有的教师都将得到他们所需要的培训和支持，以帮助学生学习使用计算机和信息高速公路"③。1997 年克林顿又在国情咨文中将教师教育提升到事关"美国前途与未来"的高度，将改善教师教育、促进教师专业化发展列为美国十大教育发展目标之一，并为此加大联邦政府对教师教育和招聘合格教师的拨款④。2001 年 1 月，美国新任总统布什向国会提交了《不让一个孩子掉队法案》(No Child Left Behind Act，简称 NCLB 法案)，该法案提出要建立专业发展高标准，在有效的专业发展方面给予各州和学区更大的灵活性，让各州和学区更加灵活地培养、招聘和培训高质量的教师。

目前远程教育是美国中小学教师在职进修的一种重要方式。随着信息社会的到来和信息技术的普及与发展，美国越来越重视通过

①　王桂. 当代外国教育——教育改革的浪潮与趋势[M]. 北京：人民教育出版社，1995：369.

②　孙玉玺. 发达国家教师的在职进修[J]. 中国成人教育，2000(8).

③　国家教育发展与政策研究中心. 发达国家教育改革的动向和趋势——美国、苏联、日本、法国、英国 1981—1986 年期间教育改革文件和报告汇编(第七集)[M]. 北京：人民教育出版社，2004：101.

④　教育部师范教育司. 教师专业化的理论与实践(修订版)[M]. 北京：人民教育出版社，2003：85.

网络对教师进行教育，积极探索和开发各种网络培训课程，这为教师继续教育又提供了一条新的途径。远程教育方式既不受时间和空间的限制，又可以节约资源。教育机构可以利用电视、广播、函授、互联网等现代化手段，推广新的课程、教材及教学方法，并在进修者与授课者之间建立多向交流与联系。进修教师在当地就可以听到、看到教师的授课，这为乡村和边缘地区的教师进修提供了方便。远程教育通过少数教师就可以为千千万万的进修教师讲课，这样可以解决授课教师缺乏的问题。另一方面，授课的教师一般都是比较好的教师，这样又可以保证教学质量，提高进修水平。由于远程教育的这些优点，它受到了美国政府重视。2004年夏季，美国联邦教育部召开了"教师研究·实践"会议，会后，联邦教育部发起了一个"教师成长计划"。该计划的主要内容是利用远程教育促进教师的专业发展，联邦教育部与教育社团合作为远程教育提供大量支持，越来越多的州开始为教师通过网络学习更新专业知识提供机会。美国设计了"全美教师视听系统"，把全国的师资管理、培养和培训机构及每个中小学都纳入到一个计算机网络中。远程教育受到了中小学教师的欢迎而成为中小学教师接受继续教育的一条重要途径。

美国的专业发展学校是融教师职前、入职和在职教育为一体的典型改革和创新的模式。与传统的教师职前培养方案不同，专业发展学校模式的课程设置是围绕一系列的核心原则和具体实践进行的。这些核心原则中最重要的有四个方面：一是合作协调，二是遵守中小学日程安排，三是实际的课程合作教学，四是对实践的严格监督。培养课程不是由大学单方面制定的，而是由大学教育学院和中小学共同根据专业发展学校的具体情况设计的，具有一定的灵活性。由于各个专业发展学校的实际情况各具特色，所以专业发展学校的教师教育培养课程也没有固定的模式。

所有的实习课程都在中小学现场传授，并接受严格的监督。实习者由大学和中小学协调人员共同负责监督，所有的实习者由监督人员一周或两周检查一次，同时有合作教师进行常规系统指导，监督和指导分为教学阶段前和教学阶段后两个部分①。

与传统的师范生实习相比较，专业发展学校给教学实习提供了一个更好的环境。这种环境不仅延长了教学实习的时间，而且组织很多活动。这样的实习能确保实习生有更多的机会置身于真实的教学问题情境中，并与专业发展学校中的多方面人士沟通与合作。在专业发展学校中，教育实习融入了新的思想。这种新思想认为，"理解和改进教学，必须从反思自己的经验开始，而完全从别人的经验中获得的智慧则是贫乏的，有时甚至是虚幻的。实习生的实习不应该是程式型的、经验型的，而应该是探索型的、研究型的"②。因此，教师教育工作者必须致力于帮助实习生养成研究自己教学的习惯和能力，帮助他们对自己的专业发展承担起责任。这种探索型、研究型教学实习的特点在于，教学具有反思性。专业发展学校的宗旨是要培养反思型教师，使他们一生都在研究教学、探索教学。专业发展学校中的实习生在教学实习过程中，直接以教师的身份参与中小学的正常教育教学活动。这使实习生感到自己已经从学生的角色向教师的角色转变，这种模式更有利于培养实习生的教学自信心和良好的职业适应性。

美国20世纪80年代初发展起来的专业发展学校体现了教师教育一体化的模式。它所体现出来的教师教育的职前培养与在职培训相互融会贯通，开创了大学与中小学之间合作研究的新局面，促进了双方的共同提高，显示出教师教育一体化的强大生命力。根据

---

① 毛新勇. 专业发展学校在教师教育中的应用的个案分析[J]. 高等师范教育研究，1999(1).

② 丁邦平. 论美国教师教育的改革与创新——教师专业发展学校及其对我们的启示[J]. 首都师范大学学报(社会科学版)，2001(2).

2000 年 1 月美国教师教育院校联合会（Association of American Colleges of Teacher Education）的统计，全美已经建立 1 000 多所 PDS①。"事实证明，专业发展学校是美国教师教育计划中近十余年最受欢迎也是实施最广泛、成效最为显著的一项改革。"②一些研究表明："实地经验有效地提高了教育专业学生的学习成绩，尤其在教学实习中和在全国教师测验的教育专业课程部分取得了更好的成绩。另外还发现，实地经验明显增进了未来教师的语言表述的流畅性和连惯性，并且有助于形成教师职业所需要的人格特征，如理解力、创造性、敏感性、责任心、自信心、民主精神等。"③

20 世纪 80 年代以来，美国的中小学教师教育通过教师职前、入职和职后教育的一体化进行的一系列的改革，促进了教师教育的理论与实践的结合和教师素质的提高，促进了教师的专业发展。与此同时，为保证教师教育的质量，美国也进一步发展出一套较为完善的教师教育质量保障体系，如中小学教师教育资格认证制度和评价制度。

（三）20 世纪 80 年代以来美国中小学教师教育资格认证和评价制度的发展

教师资格认证的前提是教师资格认证标准。申请进入教师职业的个人或申请进行教师教育培训的机构，必须达到一定的标准，才能获得资格认证。美国是分权制的国家，教师资格认证的权利属于各州，各州的标准也不同。通常由各州教育主管机构首先授权当地某一组织制定一套教师或教师教育机构认证标准，然后再由教师资

---

① R. W. Clark. Effective Professional Development Schools［M］. San Francisco：Jossey-Bass，1999：77.

② 李其龙，陈永明. 教师教育课程的国际比较［M］. 北京：教育科学出版社，2002：335.

③ 陈永明. 国际师范教育改革比较研究［M］. 北京：人民教育出版社，1999：47.

格认证机构在标准要求的范围内采取多种方式进行教师资格认证。各州颁发的一般为初级教师资格证书。对教师教育机构的认证起初由各州认证，后由国家教师教育认证委员会认证。

　　20世纪80年代以来，美国中小学教师教育资格认证制度有了长足的发展。1986发表的《准备就绪的国家：21世纪的教师》呼吁建立一个全国性的高质量教师标准组织，以统一全国的教师标准。1987年，美国的国家专业教学标准委员会成立。该委员会自成立以来一直致力于为在职教师设立较高的标准，为他们颁发象征职业优秀的全国统一的教师资格证书。这种全国统一的教师资格证书与工程师等其他专业人员的资格证书具有同等的作用。全国教师资格证书的申请者还必须经过考核，考核的内容包括教师平时的课堂教学和在评估中心指定的场所进行的教学活动。在考核过程中，申请者必须显示其专业知识、教学水平以及课堂教学、制订教学计划、与其他教师协作的能力，并能不断地对教学进行评估。这种地方认证与全国认证相结合、个人认证与教师教育机构相结合的做法很有实效，它不仅促使教师们不断提高个人的素质，而且推动教师教育机构建立内部的质量控制机制，不断改进教师培养计划的质量。

　　1989年，国家专业教学标准委员会成立。该委员会设立专门资金项目支持国家教师资格证书标准的开发，为建立一种全国统一的教师资格证书制度——国家高级证书作准备，其目的在于通过建立一个自愿的国家证书系统和鉴定优秀中小学教师的评议程序来促进教学专业化地位的提高。全国性高级证书的申请者，必须具有学士学位、州授予的教师资格证书以及有三年或三年以上的教学经验。申请这种证书的教师必须参加不同于原来各州的考试。在考核过程中，需要显示其专业知识和教学水平以及组织课堂教学、制定教学方案和与其他教师合作的能力。同时，还需要能够不断地对教学进行自我评估以及从中吸取经验、教训。这种考核方式特别注重教师的教学实践和教学效果。

20 世纪 90 年代以来，美国掀起了教师教育改革的又一次高潮。有 30 个州或大或小地对教师资格制度进行了改革。其主要内容是：提高了教师资格的标准、详细地规定取得教师证书的条件、教师证书的名称变更、取得教师资格的学分增加、教师证书种类的多样化等。这一时期，出台了一系列重要的教师教育改革文件。20 世纪 90 年代初以来，布什政府和克林顿政府接连发布了指导全美教育改革的纲领性文件《美国 2000 年：教育战略》(The United States in 2000：Education Strategy) 和《2000 年目标：美国教育法》(Goals 2000：Educate America Act) 等。几乎每一份改革报告都对美国现有教师队伍的素质和教学质量提出了批评。其中的《1999 年法案：向所有儿童提供优质教育》(Act of 1999：To Provide Quality Education to All Children) 对优质教师提出了新的要求——既要对所教学科有深刻的理解，受过有效的专业训练，还要懂得如何教学高标准，知道如何向学生进行生动有趣的教学。为了确保教师队伍的质量，保证教师的专业化水平，必须建立与健全教师教育质量保障体系，而美国教师教育质量保障体系的核心就是教师资格证书制度。经过一个多世纪的发展，美国教师资格证书制度已经比较完备。但是，随着社会和教育的不断发展，新时期的美国教师资格证书制度又呈现出一些新的特点与发展趋势，具体表现在：不断提高中小学教师的学历要求，制定自愿遵守的较高的全国性教师资格标准以及采取多元综合评估的方式鉴定教师资格。

于 1989 年成立的国家专业教学标准委员会曾试图建立全国性的中小学各科目一般教师的资格标准和考试体系，到 20 世纪 90 年代末，已开发出 21 种教师资格标准，并组织相应的教师资格考试和颁发教师资格证书，逐步建立起全国统一的教师资格制度①。克

---

① 乔玉全.21 世纪美国高等教育[M]. 北京：高等教育出版社，2001：137.

林顿政府还决定从其预算中给予专门的财政支持，以便在未来十年里能有十万名教师获得骨干教师资格证书，即每所学校至少有一名由国家教学专业标准委员会认证的骨干教师①。

美国各州为提高教师素质，相继提高了对教师获得资格证书的学历要求。有些州要求高中教师除获得某门学科的学位外，还必须获得教育硕士学位；有些州甚至要求小学教师也须获得教育硕士学位。例如，夏威夷大学（Hawaii University）的教育学院规定教育硕士生的 60% 任小学教师。而华盛顿州则要求，至 1992 年，中小学教师申请更新教师资格证书时须同时具有双硕士学位，即除获得文理或人文科学硕士学位外，还须获得教育硕士学位②。

20 世纪 80 年代中期以前，美国实行的是教师任职资格终身制。但是随着社会的发展和教学内容与要求的不断变化，教师资格终身制已不能适应社会的需要。因此，1985 年以后，一些州开始通过立法进行改革，废除教师资格证书终身制，代之以教师证书有效期制。这就要求想继续从教的教师在证书期满之前必须参加专门培训，修完特定的培训课程并通过考核获得新的教师资格证书。例如，新泽西州规定在职教师须每隔四年接受一次考核才能继续任教，俄亥俄州也要求教师每四年申请更换一次教师资格证书，明尼苏达州要求每两年更换一次教师资格证书。长时间未在学校任教的教师，必须重新认证教师资格。美国教师的在职培训对教师的任用有重要的影响作用。目前，美国绝大多数州都已经实行教师资格证书更换制度，教师资格证书每五年（最多七年）更换一次。更换资格证书时，除了考核教学工作业绩外，还要考察这五年间有无进修

---

① 易红郡．借鉴美国教师教育认定制度，推动我国教师教育改革[J]．高等师范教育研究，2002(1)：74-78.

② 易红郡．借鉴美国教师教育认定制度，推动我国教师教育改革[J]．高等师范教育研究，2002(1)：74-78.

(继续教育)的记录。如果没有参加任何形式的进修，则对认证资格和颁发新的资格证书大有影响①。例如，加利福尼亚州要求更换证书的教师五年之内至少要完成 150 个小时的业务培训，而南卡罗来纳州教育委员会要求教师每五年在教育学院修习六个学期 145 个学分或在学区的在职培训活动中积累 120 学分。这就要求想继续从教的教师在证书期满之前必须参加专门培训，修完特定的培训课程并通过考核。进修的内容、时间等还与工资挂钩，即进修记录和学分越多，工资就越高。要提高资格证书等级，必须通过进修取得相关学分。例如，有的州规定短期证书换专业证书以及专业证书换长期证书时，除了具备相应的学历和工作年限以外，还要有相应的在职进修学分。如果没有参加任何形式的进修，则对认证资格和颁发新的资格证书大有影响。因此，尽管进修是利用业余时间和假期进行，且大多自费，但教师们接受继续教育的积极性仍然很高。

1994 年之后开始认证的国家高级教师资格证书的目的就是进一步考查教师基本学科和教学知识之外的实际教学能力与未来发展潜力。更重要的一点是，教师努力获得全国教师资格证书的过程，也是一个自我不断成长和发展的过程，因为这类证书要求教师能在实践中不断自我反思，要求教师收集自己教学的实践经历，学会正确分析以及评估其对学生学习的影响。

美国中小学教师资格认证制度发展到 20 世纪后期，已经日趋完善。它主要由教师资格认证制度和教师资格考试制度组成。美国各州在进行教师资格认证时，采取不同的资格考核方式，使用最多的一种方式是资格考试。20 世纪 80 年代除了少数几个州外，大多数的州都在认证过程中使用了某种形式的考试。最常用的教师资格

① J. W. Little. The Persistence of Privacy: Autonomy and Initiative in Teachers' Professional Relations[J]. Teachers College Record, 1990, 91(4): 509-536.

考试是书面考试，在认证新教师的过程中大多数州都采用书面考试。书面考试又分为标准化考试和非标准化考试。但资格考试中无论从范围到内容各州都不同，有的州测试基本技能，有的州测试教学知识，有的州测试所教科目的专业知识，还有的州测试以多种形式进行考核。例如，马萨诸塞州教育者证书考试（Massachusetts Educator Certification Tests）包括三个方面的内容，即文化素质、交流技能以及由申请人选择的所申请的证书领域的专业知识考试。由于常规的教师资格考试并不能全面检查和衡量教师的综合素质，尤其是无法考察教师的实地教学能力和课堂应变能力，而学生学业质量的提高最终取决于教师的实际教学能力，因此，教师资格认证应该采取多元综合评估方式，特别应当采取现场评价考核的方法。

很多州的教师资格标准没有形成一个整体化、连贯性的设计蓝图，让教师系统地了解什么样的活动是有助于有效的教学发展和学生成长①。于是，20世纪90年代以来，美国根据基础教育发展的需要，在反思传统评价方式弊端的基础上，进一步提出了新的教师评价理念，即把教育教学质量保证与教师的专业发展、整体素质提高结合起来，实施多元综合评估。"教育测试服务中心"着手开发基于"表现本位评估"（performance-based assessment）的教学评价系统，称为"普瑞细斯系列"（Praxis Series）之三。该系列包含三个方面：初任教师的知识和技巧、各种评价工具（教师个人档案、教室观察记录）、分析和量化教师表现的表格。其采用的评价方式是教室观察以及教室观察前后的访问。评价规则包括四个领域、24个规则。这四个领域为教学计划和准备、教室环境、教学历程和评价、专业责任。它就是在努力将教师个人的专业资格评估从一次性教师资格认证转变为不断更新的成长性的评估。

---

① 秦立霞，栗洪武. 当前美国教师资格评价标准的研究现状与意义[J]. 外国教育研究，2007（10）：43-47.

各州在教师资格认证和考核方面都作了许多重要的改革，侧重考察教师的全面能力而不再局限于考察教师的知识，并设计出了许多新的鉴定形式，如课堂实地考察、录像考察等。在纽约州，教师的课堂组织能力、语言表达能力以及传授能力等就是通过审查课堂录像的方式进行评估的。

在申请教师资格证书时，除须完成规定的必修课程外，通常还须经过州一级有关机构的测试，以考核申请者的专业能力。测试和评估的内容包括：(1)教案的编制（包括教案的准备与实施）；(2)评估能力；(3)个别差异的认识；(4)对多元文化的认识；(5)对青少年的了解；(6)课堂管理；(7)对教育政策及过程的认识。美国教育家李·舒尔曼(Lee Shulman)则进一步提出，教师作为知识的传授者应具备下列基础知识："(1)学科知识；(2)一般教学知识即原则性的教学策略，如课堂管理及组织等；(3)课程知识，即对教材与教案的了解；(4)科学教学知识，即因不同学科而异的教学方法；(5)对教育目的、价值和教育哲学、教育史的认识；(6)对学生及其特点的认识；(7)对教学环境的认识，如对教学经费、视导单位、社区资源等方面的认识。"①

目前，美国各州最常用的教师资格考试是教学实践。这种多元综合评估方式不仅是对教师实际工作状况的鉴定，更重要的是促进了教师的专业发展成长，从而达到提高学生学习成绩的最终目的。尽管各州和学区都有自己的一套评价方案，但从总体上看，当今美国教师评价主要采取了增值性评价(value-added assessment)、档案袋评价(portfolio assessment)、个别化督导和评价(differenced supervision & evaluation)以及同行评价(peer-review)等几种模式和方法。在美国，有全国性的教师评价标准，各州各学区也制定了各

① 吴中伦等.当今美国教育概览[M].郑州：河南教育出版社，1994：241.

自的教师评价标准，内容各不相同。以加利福尼亚州为例，该州的教师评价标准围绕教学实践中六个相互关联的方面提出了六个方面的要求："(1)为学生的学习提供支持和保障；(2)为学生创设并保持有效的环境；(3)围绕学生学习去理解并组织学科内容；(4)为全体学生制定教学计划并设计学习活动；(5)正确评估学生学习效果；(6)成长为专业教育工作者。"[①]

这种教师评价标准对教学活动的规定非常具体并具有可操作性。

美国的教师评价体现了发展性教师评价的新理念，既准确地分析每位教师的专业水平和工作现状，又重视教师的发展历程、发展潜力和发展趋势，注重不同教师个体间的差异，适应教师的个别需要和各种选择，突出了教师在评价中的主体地位，注重教师的自我评价，通过教师自我分析，达到自我提高的目的，这是教师主体地位最突出的表现。

申请全国性高级证书的教师必须参加不同于原来各州的考试。除了必须具备学士学位、有州授予的教师资格证书和三年或三年以上的教学经验之外，申请高级证书的教师还必须参加进一步的考核，这种考核方式特别注重教师的教学实践和教学效果。考核分为两个阶段：第一阶段是反映教师课堂教学情况的档案袋评价。档案袋的各种材料内容包括反映教学现场的录影带、学生作业、教学分析等。第二阶段是现场评价，它是作为第一阶段的补充，验证档案袋评价的真实性。现场评价由专门的评价中心组织进行。在考核过程中，申请者需要显示其专业知识和教学水平以及组织课堂教学、制定教学方案和与其他教师合作的能力。不论在个人材料还是在评价中心的考试中，知识内容和教学技能的应用都是最基本的部分。

---

① 赵勇，王安琳，杨文中. 美国中小学教师[M]. 北京：北京师范大学出版社，2008：170.

对教师资格的评审认证和资格证书的颁发都由 NBPTS 下属的有关机构办理。

进入 21 世纪以后，加利福尼亚州和得克萨斯州对中小学教师任职资格作了修订或补充，增加了教育技术的内容，并明确规定要获得教师资格证书，必须通过最基本的计算机水平考试①。

美国各州在实施教师评价的同时，还采取了一些措施来帮助教师们更好地应对教师的专业发展评估(Professional Development Appraisal System)。例如，得克萨斯州实施的"高质量教育搭档"(Partnership for Quality Education)着重提高教师的知识水平、教学水平和职业道德②。

进入 21 世纪后，美国还加大了对中小学教师的管理制度改革的力度。美国基础教育强调的是大众教育，即为每一个学生提供优质教育。为此，2002 年 1 月 8 日，美国总统布什签署了《不让一个孩子掉队法案》(No Child Left Behind Act，以下简称 NCLB 法案)，并在国会获得了通过。该法案是美国第一部由联邦政府制定的规定优秀教师应具备的标准的法案。法案颁布至今，联邦政府、各州做了下列大量的工作："(1)建立教师证书制度；(2)成立暑期教师补习班；(3)让家长知道他们孩子的教师是否胜任工作；(4)通过教师考试，改革教师人事制度；(5)提供财政支持；(6)为核心科目的教师提供获得硕士学位的机会。"③

《不让一个孩子掉队法案》的主要内容之一，就是要求学校必须改进教学方法，提高教学质量，要用统考成绩衡量学生和学校。

---

① 易红郡. 借鉴美国教师教育认定制度，推动我国教师教育改革[J]. 高等师范教育研究，2002(1)：74-78.

② Sukari L. Stredit. Support System That Facilitate High School Teachers' PADS Evaluation Ratings[D]. Texas Southern University，2006.

③ http://www. ed. gov/nelb/overview/intro/execsumm. html.

统考成绩不达标的学校要限期整改，没有显著成效的学校将被重组，校长会被解聘。NCLB法案提出的一个主要的目标就是为了保证为每一个孩子提供优质教育。在NCLB法案中，特别强调教师素质的提高，联邦政府把教师的质量问题提到空前的高度来认识，提出了培养高质量教师的理念，明确提出在中小学核心学科任教的教师必须是"高质量"的教师。NCLB法案具体要求到2005—2006学年结束时，所有从事核心课程教学的教师必须达到高质量教师的标准。NCLB法案要求在核心学科任教的高质量教师必须符合以下三个基本条件：具有学士学位；获得了州正式教师资格证书（Full State Certificate），特殊情况下也可以是"代用证书"（Alternative Certificate）；具有从事核心学科教学的学科知识能力①。NCLB法案也要求各州和各学区根据本州和本地区的不同情况，在联邦政府规定的基础上，制定适合各州和各地区需要的高质量教师的标准。

NCLB法案允许各州制定一个"更高的、客观的、统一的对教师进行评估的州的标准"（higher，objective and unified standard for states evaluation，简称HOUSSE）。这个标准由各州根据NCLB法案所制定的基本原则来自行确定，以法律形式规定教师必须达到学科内容能力的要求，也是对本州教师尤其是有经验的教师或已经达到高质量教师标准的教师的一套更高的、科学的、全面的评估系统。HOUSSE允许各州通过认证来评估教师的学科知识水平，包括对教师的教学经验、专业发展以及在专业中通过长期的教学所积累的经验等方面的评估。

目前，大多数州已经制定了高要求的、客观的、统一的评估标准，并用这套标准来评估有经验的教师。HOUSSE系统可以包括更

---

① 赵勇，王安琳，杨文中. 美国中小学教师[M]. 北京：北京师范大学出版社，2008：45.

多元的、更客观的教师能力考核方式①。教师在达到高质量教师的要求后，并不是就可以高枕无忧了。从联邦政府到各州政府乃至各学区，对高质量教师的专业发展也特别重视。美国各州和全国教师组织以及各学区和学校必须认真制订教师专业发展计划，认真对待教师专业发展。为了保证教师知识水平和教学能力的进一步提高，联邦政府提出了对高质量教师专业发展的具体要求。NCLB 法案的Title IX 中的第 9101（34）款，明确定义了教师职业的"高质量的专业发展"，它包括但并不局限于专业发展的范围。专业发展活动包括："（1）改善和提高教师的学科知识；（2）整合并扩展学校范围和学生达到本州所规定的学业标准的知识和技能；（3）改善课堂管理技能；（4）持续并深入地以课堂为中心，而不是开展为期一天或短期的工作；（5）教师要能够有效地理解教学设计策略，这些教学设计策略是以科学研究为基础的；（6）职业发展要有教师、校长、家长和管理者的广泛参与。"②

NCLB 法案中对高质量教师和高质量教师专业发展的要求对全国教师产生了深远的影响。NCLB 法案要求各州以及全国性的教师组织，不论环境和条件如何变化，都必须达到教师专业发展的要求。教师专业发展的主要领域包括：教师学科知识发展的长期项目、教学技能发展项目以及运用数据和研究结果来指导教师的教学工作和学生的学习活动。

在全国范围内开展的高级资格证书项目为教师迎接作为教育工作者和作为终身学习者的挑战提供了机会。很多教师参与专业发展项目，一方面是为了改进自己的教学能力和提高自身的知识水平，

① 赵勇，王安琳，杨文中. 美国中小学教师［M］. 北京：北京师范大学出版社，2008：53.

② 赵勇，王安琳，杨文中. 美国中小学教师［M］. 北京：北京师范大学出版社，2008：43.

另一方面也是现实的需要。美国按照教师资格证书的不同级别，对教师实施不同的培训、给予不同的职称、发放不同级别的工资。同时，更新教师资格证书的条件之一是教师要通过在职进修，获得学分并通过考核，或者获得高级学位，如硕士、博士学位。例如，佐治亚州科布县学区的2004—2005教职员专业发展计划规定，教师每五年必须获得十个单元的教职员专业发展的学分（Professional Learning Units，PLU）（每十个学时的学习才能获得一个PLU学分），方能更新教师资格证。该计划为在职教师提供了网上课程及面授课程。但是选择网上学习的教师必须保证期末考试时获得80分及其以上的成绩，且只有一次考试机会。初中和高中教师可以在自己所任教的学科通过学科知识水平测试或通过主修大学的相关课程且通过考试取得相应的学历证书来证明自己的学科知识水平和教学能力在不断提高。每一个州可以确定本州的项目，选择合适的方案，使中学和高中教师通过学科知识水平的测评，达到高质量教师对学科能力的标准要求。因此，美国中小学教师参加各种形式的教师培训和进修的积极性很高。

通过实施上述措施，美国中小学学生的学业成绩普遍提高，学业差距进一步缩小。同时，学校中优秀教师的数量也有所增加①。

高标准的优秀教师资格认证制度有力地推动了教师素质的全面提升，保障了教师教育的质量。1999年的资料表明公立学校中有56%的教师拿到了硕士学位（而1971年仅为27%），接受入职教育的人比过去二十年增加了三倍，48%的人报告他们从培训中获益匪浅，但这仅仅只是一些短期项目。其他的长期项目，中小学教师

---

①　Gerald Grant & Christine E. Murray. Teaching in America：The Slow Revolution[M]. Cambridge：Harvard University Press，1999：13.

会受益更多①。

综上所述，20 世纪 80 年代以来，美国在中小学教师教育改革的过程中采取了一系列行之有效的措施：主要包括建立全国统一的中小学教师教育机构认证制度；提高教师的专业标准，严格执行教师资格认证和评价制度；建立较为完备的中小学教师的任用和管理制度。这些措施对于提高教师队伍的整体质量和促进教师的专业发展起到了一定的促进作用。

(四)20 世纪 80 年代以来美国中小学教师教育的社会支持

教师专业发展的社会支持应该是全方位的支持系统，其中有政策支持、教育组织的支持、经费支持和对教师工资环境的改善和工资待遇的提高。

1. 政策支持

有关教师专业发展的政策支持，在前面已经有所论述。进入21 世纪以来，美国政府在支持教师教育方面做了大量的工作。

2002 年 1 月，小布什总统上任，他指出教师的质量是影响学生学业成就的关键因素。NCLB 法案在推进美国公共教育改革的同时，也对教师提出了相应的政策要求，并切实收到了一些效果。

第一，强调高质量教师及相关标准。NCLB 法案的第四条款对高质量教师(High Qualified Teacher)进行了界定，提出了相应标准。鉴于教师质量对学生学习成绩起到重要的影响，NCLB 法案确立了一个重要的目标：到 2005—2006 学年结束时，美国每一间教室里的教师都是"高质量的"。

第二，提高教师教育专业入学和教师资格制度标准。一直以

① Gerald Grant & Christine E. Murray. Teaching in America: The Slow Revolution[M]. Cambridge:Harvard University Press,1999:13.

来，较低的入学标准影响了教师专业的声誉。根据法案对高质量教师的要求，教育学院提高了未来教师的入学标准。据统计，至2004年已有49个州改进了未来教师的质量标准，有43个州和地区制订了与教师资格要求相关的政策，全国53个州都制定了相关的教师标准。

第三，扩大教师责任，拓宽教师口径。为充实高质量的教师队伍，美国优质教师认证委员会针对NCLB法案的要求，实行了两套教师评价体系：专业教师认证体系和优秀教师认证体系。一方面为有志于从事教师工作的人提供新的途径；另一方面建立了一套考核有经验教师的严格评价指标。这两套教师认证体系既有利于促进教师的合理流动，也有利于优化师资队伍。

第四，提高教师质量的资金支持。在美国2006财政年度预算中有大量的用于提高教师质量的预算：29.2亿美元的"提高教师质量州基金"，5亿美元的"新教师奖励基金"，1.64亿美元的"研究、发展、普及"经费，1 480万美元的"退伍军人进入教职计划"，4 490万美元的"向教学过渡计划"及为低收入社区的高质量数学、科学和特殊教育教师提供人均17 500美元的免还学生贷款①。

2008年11月，美国总统奥巴马政府执政以来，继承和改进了布什成功的教育政策，并且在确保教师队伍稳定方面做了一些工作。美国大学在通识教育、培养模式、教学实习、教师资格等方面都进行了相应的改革：在教师教育课程方面更加注重多学科知识基础，在培养模式上更加多元化，延长了教育实习期并完善了实习专业标准，严格教师资格认证标准并建立考试体系。奥巴马在《美国教育部2002—2007年战略规划》的第二项战略目标中，提出了要提高教师与校长的质量。奥巴马提出了包括招聘、培养、薪酬保障奖励、绩效工资等五项教师教育改革措施：

---

① http://www. whitehouse. gov. bs/budget/html.

第一，教师招聘。奥巴马政府设立"教师服务奖学金计划"。奖学金将覆盖四年本科及两年研究生教师教育，包括高质量的在高要求的领域和职位上工作至少四年以上的在职人员。奖学金的具体分配情况视学生的学术成就及反应其教学成功的其他潜在指标而定。

第二，教师培养。为确保教育的健康发展和改革的顺利进行，奥巴马政府采取了重要措施促进教师队伍的建设。奥巴马政府提出要把所有的教育学院都建成符合要求的高质量的教师教育机构，并建立一个基础性的全国成绩评价系统以确保每一个新的教育者都能受到培训，切实做好进行有效教学的所有准备。奥巴马政府提供1亿资金用于推动基于学校与大学合作的教师教育改革，将出台"教师实习计划"打造优质师资，每年将有30 000名经过扎实训练和充分准备的应聘者进入高需求领域从事教学工作。

第三，教师薪酬保障。为支持新教师的发展，将经验丰富的教师与新教师配对，并通过给教师报酬的方式鼓励教师合作并分享最好的实践经验。奥巴马政府采用新的措施和方法提高教师的收入，如给新教师做导师的教师可以获得额外的薪水，给那些教学工作优异的教师和在乡村或城市中心地区服务的教师更多的报酬。

第四，教师奖励。奥巴马政府认为应根据学生进步来奖励教师。奖励那些指导新教师的资深教师、不断提高自身教学技能的教师、在教学中持续取得进步的教师以及服务于偏远地区或者数学、科学等特定学科的教师；对于不合格的教师采取惩罚措施。

第五，绩效工资。绩效工资方案主张评价教师不仅依据学生的标准测验成绩，还应参考同事意见、课堂评估结果及其他指标。奥巴马政府努力寻求教师的配合，尊重教师的权利，使他们在绩效工资制度的制定和实施过程中可以发出自己的声音，并鼓励各地的学校系统与教师和家长一道共同制定出奖励工作业绩突出的优秀教师制度，并把实施教师绩效工资的学区再增加 150 个①。

奥巴马采取的一系列措施进一步提高了学生学业标准并奖励优秀教师、招募教师和吸引人才、增加联邦教育经费，对美国的教师教育发展产生了深远的影响。

2. 教育组织的支持

美国教育专业组织在影响教育决策、促进教师专业发展、提高教师社会地位和保护教师合法权益等方面起到了很大的支持和推动作用。

(1)影响教育决策。美国的教育专业组织很多，许多涉及根本性的教育大政方针和改革的研究报告常常是由专业学会研究提出的。1983 年，国家教育优异委员会发表了著名的《国家处在危机中：教育改革势在必行》(A Nation at Risk：The Imperative of Education Reform) 报告。1985 年，卡内基教育与经济论坛 (Carnegie Forum on Education and the Economy)发表的《准备就绪的国家》(A Nation Prepared)，对美国教师专业发展提出了五项政策建议；1986 年，美国卡内基基金会 (Carnegie Foundation)公布了《准备就绪的国家：21 世纪的教师》(A Nation Prepared：Teachers for the 21st Century)教育调查报告，提出要建立全国性的教师资格审查机构，制定全国统一的高质量的教师资格标准等建议。霍姆斯小组 (Holmes Group)在《明日之教师》(Tomorrow's Teachers)调查报告中对师资培养、聘用、考核等方面都提出了具体的改革建议，还提出要建立教师"专业生涯阶梯" (professional career ladder)②。1989 年，国家专业教学标准委员会根据不同学科领域以及学生的不同发

---

① http://www. whitehouse. gov/omb/budget/2010/budget. html.

② Office of Postsecondary Education, U. S. Department of Education. Teacher Quality Enhancement Grants[R]. 2000.

展水平确定了教学的最高标准。1995 年，国家教师教育认证委员会设立了制定专业发展学校标准的方案——《美国 1997 年教师优异挑战法案》(Teacher Excellence in America Challenge Act of 1997)，该法案"为建立专业发展学校促进教师培养和专业发展建立学校与大学的伙伴关系提供竞争性的资助"。1996 年，国家教学与未来发展委员会发表的《什么最重要：为美国未来而教》(What Matters Most：Teaching for America's Future)报告中也建议大学学院和中小学一起来重新设计教师教育。同时，为了确保这种合作伙伴关系的质量，美国从政策保障、经费投入以及大学与中小学组织内部等多方面寻求策略，确保伙伴关系的良好运作①。2000 年 5 月，国家教师教育认证委员会颁布了认证教师教育机构的《2000 年标准》(Goal 2000)。

（2）促进教师专业发展。教师专业组织积极投身于 20 世纪末期至今的教师专业发展。引领新教师入职，确保教师队伍的稳定是其工作之一。美国教师专业化面临的重要问题之一就是教师的高流失率，尤其是在新教师群体中问题更为严重。社会对于新教师的高期待、模糊不清的职责范围与初任教师所承担的繁重任务使他们在教室里感到很孤独和困惑。新雇佣的教师中大约 20% 在 3 年内离开教室。在城郊学区情况更糟，接近 50% 的新教师在教学的头五年离开教学专业。因此，在心理上和实践上给予新教师连续的支持成为降低新教师流失率的关键。教师专业组织积极地开发项目鼓励未来教师，如网络互动测试项目，它使教师了解到他们是否符合或将最低限度地符合联邦的《不让一个孩子掉队法案》所要求的高质量标准。密苏里州协会为新教师开办了丰富多样的辅导项目，并把参加新教师辅导项目作为取得教师资格证书的必要条件。密苏里州

---

① 谌启标. 美国大学与中小学基于合作伙伴的教师教育改革[J]. 福建师范大学学报(哲学社会科学版)，2009(3)：158-162.

协会为新教师协会成员发放最新教师手册，以提供有益的资源和信息，还免费为新教师提供网络系列服务项目，使新教师通过这种快捷的方式同老教师交流经验，获得更多有益的启示。新教师入职辅导项目有效地降低了新教师的流失率。研究表明参加入职辅导项目的新教师留在教学专业上的几乎是那些没有参加辅导的教师的两倍，为教师队伍的稳定创造了前提条件。

除了订立专业化的各项标准以外，美国的教师组织还亲自设计并参与各类专业发展活动。教师组织对教师专业发展的巨大影响在当前的美国已成为公认的事实。教师组织针对教师专业发展做了大量的工作，它们制订大量对教师发展有利的计划，并通过海报、专题文章、书籍和视听材料散布大量有关专业发展的信息。教师组织发起的专业发展活动主要关注观念和经验的共享，内容包括针对特别主题的培训，培训主要以问题为中心，经常引导参与者亲身实践。这些活动涉及教学、学术和政治等诸多领域。根据全美教育协会的一项调查，教师认为由教师组织发起的专业发展活动最为突出的就是以下四项：系统组织的研讨会、课程讨论会、专业协会组织的专业发展活动、大学教育类课程。在美国，几乎所有的州立教师组织均开设暑期研讨会，一般为期一周。此外，专业性的学科组织也开设各种讨论会、研讨班以及其他的专业发展活动。这些专门的研讨会较传统的专业发展活动更具社会性，教师在会议期间可以接触到更多的同行，增加彼此沟通交流的机会。暂时脱离繁忙的教学岗位使教师们有时间对平日的教学活动进行反思，获取新的知识和体验。

教师专业组织还积极促进高等院校与地方中小学伙伴关系的形成。教师专业组织对教师专业化的推动始终以培养教师的高品质为目标，即先进教育科学知识与教学实践的有机结合的能力、在教学中较强的反思与研究能力。以高校与中小学合作伙伴关系为纽带的教师专业发展学校，使教师的教学实践经验与先进的教育理论、教学实践者与教育专家有机地结合起来，成为培养高质量的未来教师、加强在职教师培训颇有成效的改革实践成果，它构建了"学术性"与"专业性"相结合的新型教师教育模式。自 1995 年以来，教师专业组织已经创建和支持了 17 个这样的伙伴关系，并且为 PDS 学校制定了一系列的条例以规范其健康发展，为高校学生、大学及中小学校教师专业发展多方"共赢"创造了条件。密歇根州正在积极考虑把在专业发展学校的学习作为获取教师证书的前提条件；明尼苏达州的方案已被教学委员会采纳，开始了试点和研究工作。目前这种伙伴关系计划已经扩展成了 NEA 专业发展学校网络，为高校与中小学伙伴关系的建立搭建起了崭新的平台。

（3）改善教师社会地位和保护教师合法权益。教师专业组织积极争取教师经济条件的改善，保护教师权益。吸引优秀人才进入教学职业的决定性因素是教师社会地位和物质待遇的改善，而历史上美国教师工资水平和福利待遇低下，使教师职业缺乏应有的吸引力，成为长期阻碍专业化进程的重要因素。NEA 积极推动教师职业经济条件的改善，使教师职业地位不断提升。20 世纪 80 年代以来，协会研究分部定期就教师的薪水、福利等状况进行调查研究并给出政策性建议，利用媒体等手段引起社会对教师经济状况的广泛关注。而集体谈判自 20 世纪 60 年代以来就成为了协会的最核心的功能，它带来了教师薪水和其他福利条件的不断改善，雇用决策上开始了由行政管理人员或校董事会单方面决定转向一种双向磋商的新时代。2005 年，夏威夷州教师协会集体协商达成一项协议，该协议指出将在 2006—2007 年，将获得认证的专业教师的初始薪水从 36 851 美元提升到 39 900 美元，平均薪水达到 53 000 美元，把最高薪水提升至 73 000 美元。这些工会主义策略不仅给教师提供了维护个人合法权益、表达专业发展愿望以及与管理人员平等对话的机会与途径，在州一级协会的努力下州政府还加强了对教师养老金、工作条件和集体谈判等法令的制定与实施，也使美国教师展现了独立与自信的新形象。美国教师群体的经济状况在以 NEA 为主的教师组织的不断努力下已经有了巨大的改善。但以女性为主的职业特点和高度市场经济环境中的职业竞争，使得美国教师的工资仍处于相对较低的水平。但可以预见 NEA 将在美国教育界继续担当起保护教师合理要求、争取教师职业地位提升的领导者角色。

3. 经费支持

美国政府一直注重对教师教育的经费支持。联邦资助各州和学区教师专业发展的主要经费来源是美国于 1965 年颁布的《初、中等教育法》(Elementary and Secondary Education Act) 第二款规定的艾森豪威尔专业发展计划基金，该基金主要用于资助所有核心学科教师专业发展活动。除此之外，国会相继颁布的 1988 年《教育改革法案》(Education Reform Act)、1998 年的《高等教育法》(Higher Education Act) 等一系列具有法律效力的文件，都对教师的考核、培训等问题做出了规定，从而使中小学教师继续教育有了法律依据。此外，根据美国的多项教育法律，凡是教师专业发展活动或培训计划符合一定的要求，就可得到联邦政府的资助①。1985 年密歇根州立大学(Michigan State University)设立了"全国教师学习研究中心"，其主要目标是帮助教师更好地从事教学工作，该中心得到了联邦政府高达 680 万美元的拨款②。联邦政府对按规定参加进修培训的教师除带薪休假外，还给予专项经费资助和支付各种津贴(主要是交通费)。

20世纪80年代，由于美国经济从危机中摆脱出来，经济状况

---

① 楼世洲. 国外教师在职进修制度的改革与发展[J]. 教育评论, 2001(2).

② 盛宾. 近年美英中小学教师继续教育的发展特点及启示[J]. 继续教育研究, 2005(2).

逐渐好转，各州普遍增加了教育投资。美国至少有 15 个州已经提高或正在提高州销售税和收入税，将增收的税款投向教育改革。例如，阿拉斯加州(Alaska)将销售、收入税提高了 3% ~ 4%，增加了大约15 400万美元的收入，并将这笔收入投入到教育经费中。在美国，学校与企业间的自发合作由来已久。20 世纪 80 年代以来，州政府更是亲自出面，采取措施吸引企业向教育投资。截至 1986 年，已有 45 个州制定了鼓励学校与企业合作的计划和政策。企业对初等和中等教育的捐款每年平均已超过5 000万美元，从而大大减轻了学校财政的负担。各企业还紧密配合教育改革，帮助学校培训教师和管理人员，增添教学设备等。一些大公司派一些热心教育事业的雇员到中小学进行义务教学，薪水由公司支付。义务代课教师也参加进修，进修费用也由公司承担。

美国有好几个州和学区都制定了鼓励教师参加 NBPTS 证书考试的政策。例如，新墨西哥州(New Mexico)教育委员会的"世界一流教师计划"拨款328 000美元作为 1994—1995 年度教师进修、培训和 NBPTS 证书考试的申请费。在马萨诸塞州和弗吉尼亚州，获得 NBPTS 证书的教师被视为获得相应的继续教育的证书。新奥尔良(New Orlean)也为参加 NBPTS 证书考试的教师提供资助。北卡罗来纳州(North Carolina)为教师准备 NBPTS 证书考试提供时间，同时照发教师的工资，考试合格者还将可获得相当于年薪 4% 的奖金①。

2002 年 3 月，美国政府颁布《美国教育部 2002—2007 年战略规划》(U. S. Department of Education 2002—2007 Strategic Planning)，其中的《不让一个孩子掉队法案》(NCLB 法案)把"提高教师质量"作为该法案所提出的七个优先领域之一，并设立了"提高教师质量

---

① U. S. Department of Education. Improving America's Schools：Newsletter on Issues in School Reform[R]. May,1996.

州级拨款"（Teacher Quality State Grants），用于支持各州开展有助于提高教师质量的多种培训项目①。为了支持实施2001年布什总统签署的《不让一个孩子掉队法案》，联邦政府出台了有关教育经费预算的重要文件《财政年度2002.10—2003.9》（Fiscal Year 2002.10—2003.9），将2002—2003年度教育经费增加到545亿美元②。NCLB法案颁布之后，美国联邦政府还为教师专业发展项目投入了巨额资金，其中，"提高教师质量州级拨款"（Improving Teacher Quality State Grants）项目的款额最大。例如，2005财政年（Fiscal Year 2005）、2006财政年（Fiscal Year 2006）以及2007财政年（Fiscal Year 2007）预算中，联邦政府对"提高教师质量州级拨款"预算额均为29亿美元或多于29亿美元③。

美国联邦政府十分重视对美国中小学教师专业发展的支持，在每年度的财政预算中，都为教师职业发展提供了大量的经费。自1965年美国国会颁布《初、中等教育法》以来，联邦政府已投入2 674亿美元的经费用于帮助各州对弱势群体孩子的教育④。NCLB法案对教师专业发展提供了巨额经费，规定了专业发展经费可以不受某个项目、短期经验以及必须经过州教育局批准等使用限制。联邦政府主要在三个方面提供了强有力的经费支持和保障：（1）帮助各州提高教师质量；（2）提高教师教学专业水平和改善工作环境；

---

① http://www.ed.gov/nelb/overview/intro/execsumm.html.

② Office of Postsecondary Education, U.S. Department of Education. The Secondary's Annual Report on Teacher Quality：Meeting the Qualified Teachers Challenge[R]. 2002.

③ Office of Postsecondary Education, U.S. Department of Education. The Secretary's Fourth Annual Report on Teacher Quality：A Highly Qualified Teacher in Every Classroom. Washington D. C. , ED pubs,2005(5)：33.

④ 赵勇，王安琳，杨文中. 美国中小学教师[M]. 北京：北京师范大学出版社，2008：39.

(3) 资助特殊领域的教学。为教师职业发展提供资助的主要项目有"提高教师质量基金"(Improving Teacher Quality Grants)和"提高教师质量州级基金"(Improving Teacher Quality State Grants)①。在《1999 年法案：向所有儿童提供卓越教育》的法案中，联邦政府决定拨款 3 亿美元，建立"全国教师招聘信息中心"，为未来 10 年的中小学招聘 220 万名合格教师②。

各级政府为帮助教师达到高质量的标准而采取了形式多样的措施，还提供了一些信息援助，具体包括教师协助团、教师质量网站、教师对教师的暑期研讨会以及从研究到实践的高级研讨会。

NCLB 法案除了确保各州和地方学区为提高教师的专业水平提供政策上的支持和资金上的保障外，还从教师个人的角度考虑，为了确保他们能承担起高质量教学的重任，扫除困扰他们的经济负担和偿还教育贷款的后顾之忧，NCLB 法案通过设立一系列的项目给予教师经济上的资助，这是美国政府为控制师资流失而采取的一个有效手段。教师减税计划(Teacher Tax Reduction)、增加教师贷款豁免(Expanded Loan Forgiveness)以及州和地区的灵活基金(Flexibility for States & Districts)等项目为帮助教师提高专业水平和改善工作环境提供了大力的支持③。

小布什任职期间，无论是教育经费所占的比例，还是教育经费年增长率都在逐年大幅度地提升。据统计，2001 年联邦实际教育总经费比 2000 年增长了 37%，2005 年财政预算比 2001 年增加了

① 赵勇，王安琳，杨文中. 美国中小学教师[M]. 北京：北京师范大学出版社，2008：73.

② 夏人青. 近年来美国师范教育的发展危机与改革趋势[J]. 上海师范大学学报(教育版)，2000(5).

③ http：//www. whitehouse. gov.

172亿美元(2001年是401亿美元，2005年是573亿美元)。这是美国历史上政府投资教育增长幅度最大的一年。

奥巴马政府在2010年的财政年度计划中，教育预算增加了近两倍，其中教育部预算为1 278亿美元，而2009财政年度计划仅为462亿美元。"美国复苏与再投资计划"也将1 000多亿美元投向教育。2009年2月奥巴马总统签署的《2009美国复苏与再投资法案》(American Recovery and Reinvestment Act of 2009，简称ARRA)中用于教育和培训的投入超过1 000亿美元①。两届总统的教育投资体现出他们对教育的高度重视。而他们也并非只是简单地向教育领域注入美元，还有相应的教育质量提升的具体而严格的要求以及提高教师质量的重大举措。

美国政府对基础教育的投入呈加大的趋势，在过去的15年中，美国政府对教师教育的投入增加了两倍多，这种增长趋势我们可以从美国教育部的教育统计中心的统计数据中看出来。美国截至2011的教育统计资料(见图6-1)显示了美国政府对公立学校的投资的增长趋势。

4. 对教师工作环境的改革和工资待遇的提高

美国自20世纪80年代以来，不仅加强了政府对公立学校的投资，也开始考虑提高中小学教师工资待遇和教师的社会地位以及改善教师工作环境。

美国中小学教师的工资收入虽然逐步有所提高，但是和医生、律师、工程师等其他行业的工作者相比还是有一定的差距，很多教师需要兼职工作或夏季工作以弥补收入之不足。据统计，19%的教师在暑期从事其他临时性的工作，14%的教师在晚上或周末从事第

① http：www. whitehouse. gov/omb/budget/2010/budget. html.

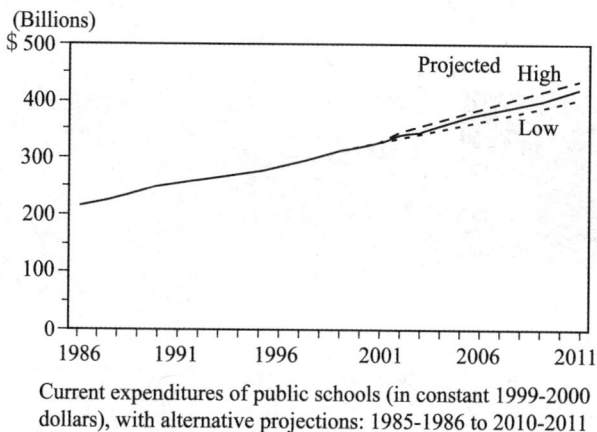

Current expenditures of public schools (in constant 1999-2000
dollars), with alternative projections: 1985-1986 to 2010-2011

图 6-1　美国自 20 世纪 80 年代中期至 21 世纪初政府
对公立学校的投资增长趋势①

二职业，还有许多人把教师职业作为转向其他职业之前的过渡性职
业②。美国中小学教师的工资收入偏低，难以吸引成绩优秀的大学
毕业生进入教职。20 世纪 80 年代以来，尽管教师的工资收入有所
增加，但通货膨胀使他们的实际收入几乎降低了 15%。由于其他
行业基本不存在这种现象，这就使得教师职业的吸引力受限，教师
有离职倾向③。1982 年，盖洛普公司对教师离职原因的调查表明，

---

①　Debra E. Gerald & William J. Hussar. Projections of Education Statistics to
2011[R]. Washington D. C. ,2001.

②　J. W. Newman. America's Teachers: An Introduction to Education[M]. New
York: Longman, 1990: 5.

③　陈永明. 国际师范教育改革比较研究[M]. 北京：人民教育出版社，
1999：28.

87%的请求离职的教师是因为收入偏低(见图6-2)①。

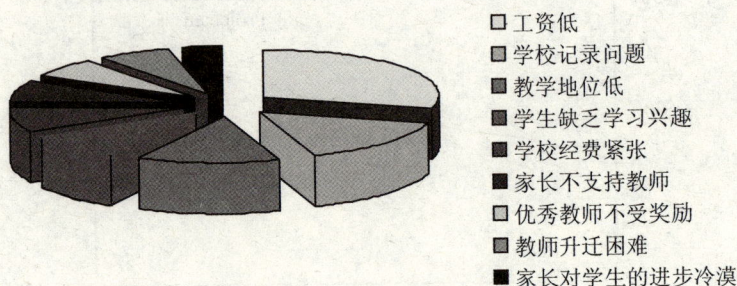

图6-2　教师离职的主要原因

　　从图6-2可以看出美国中小学教师离职的主要原因中，工资低占比87%，随后依次为学校记录问题(46%)、教学地位低(38%)、学生缺乏学习兴趣(27%)、学校经费紧张(26%)、家长不支持教师(21%)、优秀教师不受奖励(20%)、教师升迁困难(19%)、家长对学生的进步冷漠(11%)。由此可以看出，低收入是无法吸引教师长时间留在教师岗位上的重要原因。学校里有才华的教师纷纷外流，数学、科学、外语等学科的高质量教师严重缺乏②。要想吸引一批最优秀的未来的教师，必须增加教师的工资收入，增强教师职业的吸引力，更需要提高教师的专业地位。

　　自20世纪80年代以来，美国采取了一些措施来逐步提高中小学教师工资待遇和教师的社会地位。1996年，公立学校教师的年平均工资，美国东北部为43 000美元，东南部为31 000美元。在一

①　Richard Wynn. American Education(9th Edition)[M]. New York：Harper and Row Publishers,1988：89.
②　谌启标. 美国新任教师的入门指导计划[J]. 外国中小学教育, 2006(1)：44.

些城市和富裕的学区，拥有十年教龄的有实践经验的教师的工资达到70 000美元。与其他国家相比，美国中小学教师的工资除了比日本、英国和澳大利亚低外，收入不错。但是，在美国，经济发达地区教师的收入比经济欠发达地区教师的收入要高，这是影响经济欠发达地区教师的工作积极性的一个因素。自 20 世纪 80 年代以来，美国中小学教师的收入呈逐步平稳上升的趋势①。虽然上升的速率并不十分显著，但平稳性较好，可见，公立学校的中小学教师的职业的稳定性和保障度还是相对较好。另一项美国的公众调查也显示了教师职业的地位呈上升趋势，2/3 的受调查家庭愿意让自己的子女成为教师，73% 的受调查者愿意鼓励自己认识的资质优异者选择教师职业。教师的质量保障体系使教师队伍的总体质量上升，大约90% 的公立学校教师在自己的主要教学科目拿到了试用期或永久教师证书②。认为自己一定或可能选择教师职业的人数在 20 世纪 70 年代的比例很少，80 年代达到46%，到 90 年代上升到65% ③。由此可见，教师的职业吸引力在逐步提升。

20 世纪 90 年代以来，美国在为中小学教师营造良好的工作环境和提高教师职业的吸引力方面做了大量的工作。考虑到学校的工作环境对教师工作积极性的发挥有着重要的影响，联邦与州政府在教师的工作环境的改善方面做了一些工作：有些州采取行动鼓励教师间的合作和团队发展；有些州为校本专业化发展提供资源；有些州为教师教育学习者提供奖学金；有些州则制定了给予学校更大自

① Debra E. Gerald & William J. Hussar. Projections of Education Statistics to 2011[R]. Washington D. C. ,2001.

② Gerald Grant & Christine E. Murray. Teaching in America：The Slow Revolution[M]. Cambridge：Harvard University Press,1999：12.

③ Gerald Grant & Christine E. Murray. Teaching in America：The Slow Revolution[M]. Cambridge：Harvard University Press, 1999：15.

主权的政策，让学校在州的指导之下自己去设计工作环境；增加教师工资以使教师职业比其他相关职业更具有吸引力；让已退休的教师从事部分时间的工作并保留各种福利待遇等。

21世纪以来，美国又采取了一系列的措施来提高教师职业的吸引力，加强对优秀教师的奖励是其策略之一。

(五)20世纪80年代以来美国中小学教师教育的特点

20世纪80年代以来，美国中小学教师教育的改革取得了一些成就，并且正在向纵深发展。教师的学历、专业化水平在不断提高，教师质量保障体系进一步得到完善，教育经费投入增加，教师的工作环境和待遇以及教师职业的地位呈上升趋势。最突出的特点主要表现在：教师教育课程的改革，教师职前、入职和在职培养的一体化和教师专业发展学校的建立和发展。

20世纪80年代以后，在教师专业化思想的影响下，美国中小学教师教育任教学科与教育学科由过去的对立走向了融合，它突出表现为学科教学知识(pedagogical content knowledge)概念的提出。这种课程加强了基础课教学，旨在培养未来教师宽广的教育视野和具体的教学能力，极大地缓解了美国教师教育长期以来存在的"学术性"与"专业性"的矛盾。

教师教育包括三个环节：职前教育、入职引导和在职培训，而教师教育的连续性和阶段性特点需要教师的职前、入职和职后教育的一体化。职前培养是中小学教师教育的根基，如果根基不牢，就会影响后期的发展。因此，中小学教师质量的提高，首先要加强其职前培养。美国在大力推行教师的职前培养计划的同时，也非常重视新教师的入职引导并逐步加以规范化和制度化。很多州推行了"新教教师试用期制"，积极推行"新教师的入门指导计划"(Beginning Teacher Induction Program，简称BTIP)。在试用期内，新教师将在指定教师或由教育学院教授和有经验的教师和行政人员组成的小组领导下工作，试用期满由这些成员对他们的实际工作能力进行鉴定，合格者颁发专业教师资格证书。截至 2003 年，美国已有 38 个州实行了这一计划，其中 22 个州为此计划提供了资助，29 个州将导师制作为新教师入门指导计划的策略①。

为了保证中小学的教育质量，美国中小学教师的在职培训受到了广泛的关注。美国政府为中小学教师的在职培训提供了政策制度方面的支持，中小学校、高等院校、各个学区以及教师专业团体组织都积极参与其中，为中小学教师的在职培训和专业发展提供了很好的机会及活动场所。

教师专业发展学校(PDS)的建立和发展是 20 世纪 80 年代以来美国中小学教师教育的显著特点。PDS 的主要特征是：强调这种办学机构的多方合作伙伴关系，强调理论与实践的紧密联系，强调在实践中学习，强调教学具有反思性。这种模式更有利于培养实习生的教学自信心和良好的职业适应性。研究表明，专业发展学校的毕业生更能根据教学情境灵活地选择教学方法，尤其对多元文化教学表现出充分的准备和自信②。在专业发展学校中，教育实习融入了新思想，这种新思想认为："理解和改进教学，必须从反思自己的经验开始，而完全从别人的经验中获得的智慧则是贫乏的，有时甚至是虚幻的。实习生的实习不应该是程式型的、经验型的，而应该是探索型的、研究型的。"③因此，教师教育工作者必须致力于帮助实习生养成研究自己教学的习惯和能力，帮助他们对自己的专业发展承担起责任。这种探索型、研究型教学实习的特点在于，教学具有反思性。专业发展学校的宗旨是要培养反思型教师，使他们一生

①　谌启标. 美国新任教师的入门指导计划[J]. 外国中小学教育，2006(1)：44.

②　Cohen-Vogel Lora. Federal Role in Teacher Quality："Redefinition" or Policy Alignment？[J]. Educational Policy,2007,19(1).

③　丁邦平. 论美国教师教育的改革与创新——教师专业发展学校及其对我们的启示[J]. 首都师范大学学报(社会科学版)，2001(2).

都在研究教学、探索教学。从严格意义上讲，PDS不是一个真正的学校形式，而是一个全新的理念，它打破了中小学与大学之间长期的隔阂，把教师教育、甚至把整个教育改革看成是双方或多方的共同责任。

专业发展学校为实习生提供了必需的时间和经验来发展教学能力，同时也为他们提供了更多的观察、咨询、研究、实践和反思的机会。实习生在接受系统学科知识和教育理论的同时，在真实的教学环境中不断对已学的知识和理论进行反思，专业能力在教学实践过程中得以形成和提高。研究表明，经过专业发展学校实习的毕业生能更好地独立反思教学结果，能根据教学情境更为灵活地选择教学方法，在教育文化多样性方面表现出更加充分的准备和自信。另外，专业发展学校的毕业生在教师资格考试中取得的成绩普遍较高，学校对此类毕业生的需求量持续上升。当美国的教师们回顾他们所接受的职前教育时，他们通常会把教学实习及在专业发展学校的经历作为其中最有价值的部分。

加强对优秀教师的奖励是21世纪以来美国提高教师职业吸引力的又一重大策略之一。

20世纪80年代以来，美国的中小学教师教育迈上了一个新的台阶。通过系统地组合中小学教师职前、入职和职后教育，形成了教师职前、入职、职后教育的一体化，使教师们的学习和专业发展更有长效性，素质得到进一步的提升。专业发展学校在改善中小学教师职前培养质量，促进在职教师的专业发展，提高中小学生的学习成绩，促进大学和中小学之间的合作研究等方面起到了积极的影响①。教师教育质量保障体系进一步完善，教师教育社会支持的力度进一步加强。

① Pellet Heidi Herschel. Professional Development Schools: A Model for Effective Physical Education Partnerships [J]. The Journal of Physical Education, Recreation & Dance,2009,1(80):16.

结　语

纵观美国中小学教师教育的发展脉络，我们可以看出，美国的中小学教师教育经历了从无到有、从封闭到开放、从低层次到较高层次的不断发展与完善的过程。本研究的主体部分从历史发展的脉络，探讨从殖民地时期到教师教育一体化时期美国中小学教师教育的发展历程。

17世纪初至19世纪初，是美国中小学教师教育的萌芽期。这一时期的教师培养的尝试和实践处于起步阶段。当时对教师培训的倡导以及文实中学师资训练班和导生制学校训练教师的教育实践活动具有十分重大的意义，为后来正规、独立、专业的师资培训机构的出现作了舆论上的准备和有益的尝试。

19世纪初至19世纪下半叶，是美国中小学教师教育的产生时期。美国第一所师范学校的创立标志着美国师范教育的产生。这一时期实现了师范学校逐渐出私立向州立发展，完成了初等师范教育向中等师范教育的转变。尽管师范学校时期的教师培养还处于较低层次，但美国有了培养中小学教师的专门机构。师范学校的中小学教师培养较前期有了较大的发展，教师的专业地位也有所提升。俄亥俄州于1825年颁布的第一个教师资格证书法令成为美国实施教师资格证书制度的开端。经过半个世纪的发展，一个初具规模的师范教育体系基本形成。

19世纪末至20世纪上半叶，是美国的师范学院时期。随着社会经济的发展，美国的师范教育也在不断发展提高，师资培训机构由中等师范学校升格为高等师范学院。师范学校转变为师范学院标志着教师培训开始由一般的职业培训进入专业培训。从此，美国进入了以独立的、定向的培养师资为主体的新格局。师范学院或教师学院培养出来的教师的质量得到了提高。至此，美国的高等师范教育体系逐步形成。

20 世纪 50 年代到 80 年代是美国教师教育大学化的时期。国际竞争和教师教育培养模式的变更促使美国对教师教育进行了重大的改革。师资培训主要向由综合大学的教育学院或文理学院的教育系培养中小学教师的方向发展，教师教育由"定向型"走向"非定向型"。这一时期教师教育的发展主要表现在培养目标的重新定位、课程设置的调整和扩展等方面。教师教育大学化标志着美国现代教师教育体制的确立。

20 世纪 80 年代以来是美国中小学教师教育的一体化时期。这一时期是美国中小学教师教育进一步改革与完善的时期。教师的学历和专业化水平不断提高，教师质量保障体系进一步得到完善，美国中小学教师教育的社会支持机制也得到加强。这一时期的教师专业发展学校(PDS)的建立和发展是美国中小学教师教育一体化的显著标志。美国中小学教师教育的起源、产生、改革与发展的演变路径可以从图结-1 看出：

美国中小学教师教育的发展历程说明了根据不同时代和社会背景的要求，教师教育也必须进行相应的改革，并表现出不同的形式和内容。美国中小学教师教育经历了由殖民地时期的萌芽、美国建国后的确立以及其后的不断改革和发展，美国中小学教师教育的改革是有成效的。通过对美国中小学教师教育改革和发展的历程的梳理，我们可以明了美国教师教育发展演变的特点。

年份：	1823年以前	1823—1882年	1882—1939年	1945—1980年	20世纪80年代以来
阶段：	教师教育萌芽期	师范学校时期	师范学院时期	教师教育大学化时期	教师教育一体化时期
特征：	教师教育的萌芽	教师教育的产生	教师教育的改革和发展（上）	教师教育的改革和发展（下）	教师教育的一体化发展
核心内容：	早期欧洲移民引进各自的教育，文实学习、互相学习，中学师训班和导生制学校训练教师的教育实践活动	政府支持教育和早期教育家的努力，公立与私立学校的创立与发展，州立师范学校教师资格认证制度的建立	师范学校向师范学院过渡，规范教师教育课程标准，实施中小学教师单一工资制	师范学院向综合大学过渡，普通教育课程增加，教育硕士课程计划的提出和实施，强调教师的在职培训	教师职前、入职和职后培养一体化，教师教育保障制度进一步完善，教师专业发展，教师学校的建立和发展

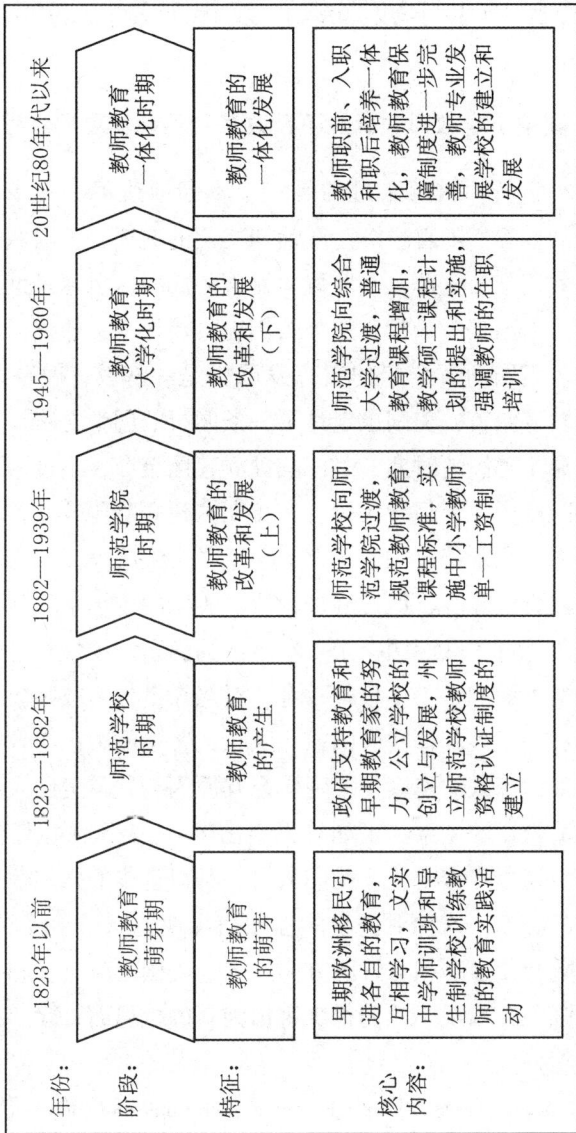

图结-1：美国中小学教师教育发展的路径

一、美国中小学教师教育改革与发展的特点

(一)美国中小学教师教育是不断改革和不断发展的过程

美国中小学教师教育走过的是一个不断地改革、发展，再改革、再发展的过程。随着经济、政治和文化的变迁，美国的教师教育经历了重大调整与变革，并取得了显著的成效，引起了世界各国的广泛关注。美国是一个没有悠久的历史文化传承，却善于借鉴与创新的国家。美国两百余年的教育发展史是一部教育改革与创新史。就教师教育而言，美国也走过了一条曲折的创生之路。美国的教师教育起源于殖民地时期，美国从独立建国至今，不过两百多年时间，却一跃成为教育超级大国，在短期内建立起比较完备的教师教育培养体系。纵观美国中小学教师教育发展的历程，不难看出，美国的教师教育起步晚，但发展进程快。美国的中小学教师教育在很短的时间内走过了欧洲国家千百年走过的路程。仅仅经过两百余年发展历史的美国的中小学教师教育，对当今世界的教师教育发展的影响，超过了很多其他任何国家。那么，美国的中小学教师教育为什么能以如此惊人的速度发展呢？究其原因，这与美国人善于借鉴和创新有着密切的关系。正如有人指出的："美国人比任何其他国家的人都重视进步和变化。美国人有一种对进步的强烈信念和狂热追求进步的心态。这种对进步的强烈信念使他们乐于接受变化，并且坚信变化会使事物朝着好的方向发展。美国人对进步和变化的信念是那么强烈，以至于他们很少害怕为新的机遇而冒险。"①

---

① 　Larry A. Samovar & Richard E. Porter. Communication Between Cultures (2nd Edition)[M]. Worthworth Publishing Company,1995:86.

殖民地时期和建国初期，美国通过教学模式的引进为主的借鉴方式，建立起了初、中等教育，且影响了后来美国教育传统的形成。后来的教师教育一体化发展和教师专业发展学校的建立和发展都取得了显著的成效。美国近现代中小学教师教育之所以取得较快的发展，其关键在于美国人不为传统历史所束缚，勇于创新。美国的教师专业发展学校就是美国中小学教师教育模式的创新，目的是为了解决教育理论与实践脱节的问题。

美国注重调查研究，以促进中小学教师教育不断符合社会发展的需求。由于美国不同于有着悠久文化传统的欧洲国家，所以，必须以快速有效的方式方法，针对民族的、自然的、经济的等不同于欧洲的迫切的新问题，以不同于传统的方式进行分析、研究和探索性的实践，以寻求解决之道。美国能根据其教育过程中出现的问题开展大规模的调查，然后采取相应的解决措施。1930—1933 年，美国联邦教育部委托哥伦比亚大学（Columbia University）师范学院教授埃文登（E. S. Evenden）主持的历时三年的全国师范教育调查得出的结论是，当时的教师教育对未来教师的学术性知识重视不够，必须对美国的教师教育体系进行根本性的改革，教师教育应包括广泛的普通教育以及充分的专业教育①。《师范教育的改进》（The Improvement of Teacher Education）调查报告也是经过为期八年的大规模调查作出的。该调查报告强调，师范教育应实现普通教育与专业教育的合理平衡和优化组合，并主张未来教师在大学里至少用 2/3 的时间来进行普通教育②，以缓解教师教育中学术性与师范性

① David Kopel. The Centennial of Teacher Education in America [J]. Education Management and Supervision, 1939, 25(9): 658.

② Sol Cohen(ed.). Education in the United States: A Documentary History[M]. NewYork, 1974, 1(5): 2703.

的矛盾。类似的调查研究还有很多，20 世纪 80 年代以来颁布的
《国家处在危急中：教育改革势在必行》报告和霍姆斯小组在《明日
之教师》(Tomorrow's Teachers)中的调查报告都是根据美国教育的具
体情况进行大规模的调查，然后采取相应的措施的例证。美国依靠
教育科学的指导，在很大程度上避免了盲目性而表现出预见性，使
美国教育少走弯路。正因为如此，美国的教师教育才能在近三百年
的历程中走完了欧洲几千年的发展过程。

　　美国中小学教师教育是一个不断发展的过程。这可以从美国中
小学教师教育的各个方面得到体现：在教师教育的培养理念上，从
培养教书匠到培养学者，从培养学者到培养"临床专家"，从培养
"临床专家"到培养"反思型教师"。学科教学知识(pedagogical
content knowledge)概念的提出，使美国教师教育任教学科与教育学
科由过去的对立走向了融合，缓解了美国中小学教师教育长期以来
存在的"学术性"与"专业性"的矛盾。在培训模式上，从第二次世
界大战之前的工匠式模式到 20 世纪 80 年代之前的应用性模式，再
到 80 年代以后的反思模式，每一种模式向后一种模式过渡的过程，
都是逐步走向成熟的过程。在培训体制上，从师范学校到师范学院
再到综合大学和文理学院，培训的规格不断升级，从"定向型"培
养教师的机构过渡到"非定向型"的教师培养机构。教师教育规格
的提升，使美国中小学教师培养逐步走向专业化，提高了美国中小
学教师的专业水平。在培训时间上，由仅仅注重职前的学习到职
前、入职与职后的一体化。培训空间上，由"以高等院校的教育院
系为基地"到"以中小学为基地"，教师既可以在大学或文理学院学
习，又可以在社会开办的教师培训机构学习，也可以在任教的中小
学内学习，教师学习的领域不断扩大。这样教师更像一个专业工作
者，拥有更多学习的机会。各种教师教育培养模式都比较注重师范
生与在职教师的教育理论学习与中小学的教学实际相结合，尤其是

在大学与中小学合作建立了专业发展学校以后。大学与中小学在其中形成平等的伙伴关系和共生关系，在相互的学习、探索中共同发展①。与此同时，教师质量保障体系也进一步得到了完善。由开始的无标准到有宽松的标准，再到更为科学化、全面化和多样化的标准；证书的颁发开始由各州独自颁发变为由州颁发初级资格证书与国家制定统一标准颁发更高级资格证书相结合；对教师的资格要求从单纯重学历到文凭、考试和试用标准相结合，再到学历与能力相结合；颁发证书方面个人认证与机构认证的结合变得更紧密、更为科学。教师的工作环境和待遇以及教师职业的地位呈上升趋势。从这些变化中，我们不难看出美国的中小学教师教育是一个在不断改革中不断发展的过程。

（二）美国中小学教师教育是不断促进教师专业化发展的过程

美国中小学教师教育的发展过程是一个不断促进中小学教师专业化发展和教师教育专业化的过程。由于社会发展对中小学教师教育提出了进一步要求，美国的中小学教师教育由师范学校发展到教师学院阶段，使教师教育质量得到了提高。到 20 世纪 30 年代以后，美国基础教育的发展由重数量向重质量转变，教师的培养方式由封闭式走向开放式，这在一定程度上使教师教育的专业化得到加强，也促进了教师的专业化发展。到 20 世纪 80 年代以后，建立教师专业发展学校，由大学和中小学合作共同培养教师，重视理论与实践的结合，则进一步促进了教师的专业化发展和教师教育的专业化。

---

① Pellet Heidi Herschel. Professional Development Schools：A Model for Effective Physical Education Partnerships［J］. Journal of Physical Education，Recreation & Dance，2009，1（80）.

　　教师专业化发展依赖于职前、入职和职后教育的加强和整合，而职前教育是基础。受传统的"博雅教育"影响，美国教师教育非常注重广博的普通教育课程的设置，为师范生提供广泛而又实用的人文学科、自然学科以及社会学科课程。这种课程设置对于拓宽师范生知识面，加强其知识基础起着重要的保证作用。在美国各个大学的教育学院或教育系，学生入学的头两年无论今后的专业方向是什么，都要完成必修的普通文理课程学习，这也是未来教师必要的知识基础。大多数准备从事教育工作的未来教师都是在其大学本科阶段的第二或第三学年才开始学习教育的有关专业课程。同时，美国非常重视教育实践性课程。早在 1918 年，佛罗里达州通过了一项法律，规定了未来教师能力培养的三个方面，其中之一是规定师范生必须完成教育厅建议的一年实习期，方能获得一张正式的证书，并把教育实习和实习教师的切身利益结合起来，把实习表现和就业考察结合起来。在教育实习的时间、内容、管理等许多方面，为师范生制订了详尽的实习培养计划。实践性课程在时间安排上十分充裕，在课程的内容与形式方面也是丰富多样的，而且注重对实习生教师专业素养的评价。实习评价详细、具体、规范，注重实习生必备的专业素养的评价。

　　为了提高中小学教师的学历层次，美国很多学校已经要求新任教师拥有硕士学位，有的甚至提出博士学位的要求。研究生水平的教师教育方案的数量正在扩大，越来越多的人进入研究生水平的教师教育课程方案，如五年制的教学艺术硕士(Master of Arts in Teaching)学位课程方案。

　　美国各州把新教师的入职培训看作是教师专业成长的一个重要的不可或缺的阶段，逐步加以规范化和制度化。

　　美国中小学教师的在职教育受到了越来越多的重视。美国有着多样化的培训形式。自从提倡校本培训以来，教师任职的中小学已经成为教师专业发展的主要场所。"以学校为中心"的中小学教师在职培训形式是以教师任职的中小学为主、中小学和高等院校开展合作来完成师资培养任务的，主要以地区性的在职教师培训中心为组织领导机构，在本地区各所中小学实行统一的中小学教师在职培训①。同时，还调动校外各方面力量协助实施。这种模式的培训不是松散的个体学习方式，而是领导重视、严密计划、通力合作的培训模式。它以中小学为主体，实行协议式管理，使受训教师在这种有组织的培训中享有更大的自主权。它的培训地点灵活多样，可以在培训中心进行，也可以在大专院校内开展，还可以选择条件较好的学校作为培训基地开展培训。这种培训形式既方便教师进修，又能使修习的课程切合教师教学实际的需要，因此受到教师们的欢迎。

除了校本培训计划之外，美国中小学教师的在职教育还有学区组织的教师培训、由高等院校提供的教师进修计划、教师专业团体组织的教师培训和远程教师培训。美国多种形式的中小学教师继续教育培训方式为广大中小学教师的专业发展提供了有利的条件。教师的在职培训有力地促进了教师的专业发展。

(三)美国中小学教师教育是不断密切教育理论与实践联系的过程

美国的中小学教师教育在发展过程中，逐渐密切了教育理论与实践的联系，并凸显出实践性的特点。教育实习是中小学教师师资培养的一个重要的组成部分。美国在《师范教育鉴定标准》中把实地经验作为职前师范教育的必备环节。美国在其长期的实践过程中发展了富有特色的实习模式。为了保证实习的顺利进行和实习生的

---

① 谢兆敏，段作章. 国外教师在职培训模式的比较研究与启示[J]. 继续教育研究，2006(1).

专业成长，美国实施了"三位一体"的实习督导、合作机制，包括大学督导(supervisor)、中小学合作教师(cooperating teacher)和实习生(student teacher)三方。这三方构成一个实习共同体，三方在各尽其责和各司其职的同时又能够保持密切细致的合作，确保实习的顺利进行和实习生的专业成长。美国的教师教育机构颁布的《教育实习手册》对实习生、大学督导以及合作教师三方在实习期间的各自角色、职责和具体要求做出明确规定，通过《教育实习手册》对实习进行系统细致的指导。实习手册对教师教育的理念，实习活动的意义、内容、模式，实习指导和实习评价等进行了详细的说明，对实习活动具有重要的指导意义，是保证教育实习质量的有效手段①。

　　美国的教育实践课程有着鲜明的类型多样化、内涵丰富化的特点。美国教育实践课程包括各种观察和教学经验，开设教育专业课程之前安排有与专业课相联系的现场经验、教育实习和见习等。从20世纪80年代起，人们发现教师教育领域里存在诸多与社会、教育发展要求不相适应的问题，主要是由大学教育学院独自承担师资培训任务导致的教育理论与实践脱节的问题。它一方面使未来的中小学教师在大学教育学院所学知识与现实中的学校教育教学实践严重脱节，难以顺利实现由师范生到教师的角色转变；另一方面，大学教师也埋怨中小学教师在教育教学实践中没有真正接受和运用理论的指导，使他们潜心钻研、执着传递的教育教学理论失去功效。于是，美国改变了由大学教育学院独自承担师资培训任务的做法，建立了教师专业发展学校，主要是在原来中小学校的基础上增加了教师教育的功能。

---

　　① http://www.etsu.edu/coe/Current Students/handbooks/STUDENT TEACHING HB. pdf.

教师教育的连续性和阶段性特点需要教师的职前、入职和职后教育的一体化。"职前培养应该与在职培训密切结合，建立一种职前学校和在职学校为连续统一体的师范教育和培训系统，是世界各地所共同要求的。"①美国的教师专业发展学校为实习教师提供了一个理论与实践相结合的平台，使实习教师能更好地完成其教师角色的转变。正如在游泳中才能学会游泳一样，教师培养也需要在学校的教育教学实践中进行。教师专业发展学校可以"使中小学教师及教育行政人员一起与大学教师结成伙伴关系，改进师范生的教与学，为教师提供各种机会，促进教师的专业成长"②。教师专业发展学校的建立使实习教师有了以真实教师身份去参与整个教育教学过程的机会，通过"在教学中学习"、"在教学中反思"、"在实践中发展"等方式，体验到教学中的隐性知识。这样培养出来的教师可以很快进入教师的角色，不需要一段很长的适应期，而且他们能更好地独立反思教学结果，能根据教学情境更为灵活地选择教学方法，在教育文化多样性方面表现出更加充分的准备和自信。

不容否认的是，美国的中小学教师教育也有其不足之处。例如，高质量的教师数量不足且分布不均，学科之间融合性不够，对多元文化还没有足够的重视。但从总体上来说，美国的中小学教师教育的总体趋势还是处于一个不断发展的过程。因为我们研究美国中小学教师教育的目的主要是为了学习和借鉴其成功之处，因此对其不足之处较少提及。

---

① 赵中建，译. 国际教育大会第45届会议的建议[J]. 外国教育资料，1997(6).

② The Holmes Group. Tomorrow's School：Principles for the Design of Professional Development Schools[M]. M. I.：East Landing, 1986：206.

二、美国中小学教师教育
改革与发展的经验与启示

对照我国教育的现状，美国中小学教师教育的改革与发展能够给我国中小学教师教育的改革与发展提供许多有益的启示和可以借鉴之处：

（一）加强教师教育一体化建设，促进我国中小学教师专业发展

自 1972 年英国的《詹姆斯报告》第一次提出"培养、任用、培训"的教师教育"三阶段理论"以来，将教师的专业发展贯穿于职前培养和职后进修的全过程，构建教师教育一体化的新模式，已成为当今世界教师教育发展的基本方向。美国自 20 世纪 80 年代中期以来，十分重视系统地组合教师职前和职后教育，使职前、入职和职后教育一体化。我们可以借鉴美国在这方面的经验，加强教师教育一体化建设，促进教师专业发展。改革开放三十多年来，我国教师教育一体化建设虽然取得了一些成绩，但要实现真正意义上的一体化还需要不断努力，进一步推进教师教育一体化的改革。首先，要"设计一体化的教师教育内容，构建职前培养与职后培训互通的一体化课程体系，建立以教师校本培训为核心的职后培训体系"①。中小学教师教育课程的建设，要有利于未来教师养成专业素养。就教师的职前培养而言，应该让未来教师在较为宽广的知识面的基础上，养成专业素养。叶澜认为，教师专业结构主要由专业理念、知

①　荀渊. 教师教育一体化改革的回顾与反思[J]. 教师教育研究，2004（7）：8-12.

识结构以及能力结构三部分组成①，教师的专业素养是当代教师质量的集中表现。美国的教师专业发展学校的培养模式以及重视广博的普通教育课程设置和教学实习的做法值得我们借鉴。

"基于标准的课程改革"是 20 世纪 90 年代以来美国基础教育课程改革与发展的主要内容，即根据基础教育课程标准完善已有的教师资格标准、教师教育机构认证标准等，然后根据有关标准对师范专业的课程、教学方法、评价方法以及毕业要求等进行全面分析，再根据分析结果制订全面的改进计划，而不仅仅是增加一些关于新课程的介绍，以确保师范生在毕业后具有教授新课程所必需的最低知识、技能与态度。

我国的高等师范院校有其学科知识扎实等优点，但知识的广博程度不足，不能适应素质教育和新课程改革的需要。我国要颁布《教师教育课程标准》，建立新的教师教育课程体系。目前，我国教师教育课程体系和教学内容与新课程改革要求不适应，教育学、心理学、学科教学论不能很好地适应第一线教学工作的需要，重学科知识本位、偏理论、轻应用、脱离实际的问题比较突出。课程标准设置要加强文理学科相互交叉结合，注重师范生人文精神和科学素质的培养，要设置包括政治、经济、历史、艺术、生理健康等方面的通识教育课程。根据各专业的发展，增加新的必修课和选修课以及反映该学科最新进展和前沿研究成果的新的教学内容。要加强教育专业课程的教学，特别要加强教学法、教学设计、现代教育技术、课堂教学评估、课堂管理等课程的教学。同时，未来教师还要熟练掌握任教学科的教学策略以及任教学科所提供的独特的认识世界的视角及思维方法。

---

① 叶澜. 新世纪教师专业素养初探［M］//张维仪. 教师教育——改革与发展热点问题透视. 南京：南京师范大学出版社，2000.

　　美国的师资培养中的教育实习多在教师专业发展学校进行。我国可以借鉴美国的教师专业发展学校模式，这种教育实习模式可以克服过去大学和中小学之间的隔绝状况，在二者间架起沟通的桥梁，使中小学的问题与需要能及时反映到大学及其教师教育的课程与计划中，同时大学也给中小学带去了教育教学的新理念，促进了双方课程与教学之间的沟通与互动。我国目前教育实践环节比较薄弱，大多数师范生仅在快要毕业的学年才选择两个月左右的时间到中小学集中完成教育实习，试图在短期内获得教育实践经验，且中小学普遍不愿意接收实习生。有的院校在教育实习上缺乏组织，许多实习生是分散实习、自行联系，实习条件参差不齐，实习效果不理想。随着当今我国教师教育走向开放和实习生人数的增加，实习指导教师不足、实习经费紧缺等矛盾更加突出。借鉴美国的成功经验，我们在进行我国教育实习模式改革时，应在更新传统教育实习观、延长教育实习时间、丰富教育实习内容与形式、明确实习各阶段的目标与进度安排等基础上，积极寻求大学与中小学的互惠合作，建立稳固的国家级和省(市)级教师教育实习基地。国家教育主管部门要为教师教育实习基地提供专项经费和有关配套设施的支持。我国要制定《师范生实习规程》，规定师范生必须接受一定时间的教育见习与实习，建立大学与中小学的合作伙伴关系，促使教育实习进一步制度化。

　　实习生要在实习学校作全职实习，充当正式教师角色，参加学校的全部活动，包括全面负责班级教学工作、管理学生、维护教学秩序、评价学生、定期家访、进行教学实验等。从实践的观点出发，教师的专业发展应是基于认知情境理论的"实践智慧"的发展，应让师范生在实践中创造性地运用教育理论解决不断变化的教育实践情境中的具体问题。要让他们"从实践中学习，允许学生参加从观察到有限的参与直至最后全权负责管理的全过程，能促使学生学会实际的、有判断力的、智力性的工作"①。如此，师范生才能提前进入角色，做好入职准备。

还要加强实习指导教师队伍建设。我国目前只在中等职业学校设立实习指导教师资格，政府部门应建立中小学的实习指导教师资格，确立职业标准和条件，并给予资助和奖励，同时要加强实习指导教师的培训，保证新教师在经验丰富的教师的指导下进行一段时间的临床教学实习，对实习生进行诊断型指导，引领他们在理论与实践的不断融合与互动中，自觉走上专业发展之路。同时，加强教育实习的监督和评估，保证教育实习的有序性与高效性。

要做好新教师的入职引导工作。新教师要充分利用任职学校的文化氛围和互动合作机制，通过"认知学徒制"、"帮教结对"以及学校文化的熏染，认同并践行一个教师必备的"职业道德规范"和"教学工作规范"。

我国要完善多层级的专业发展模式，建立教师资格证书进阶制，促使中小学在职教师应把专业发展和知识更新当成一种长期不变的追求。中小学教师的在职培训和知识更新是专业发展的需要。学会教学是一个贯穿整个教师生涯的过程。中小学在职教师只有不断学习，不断提高自己的专业素养，才能适应新形势的需要。教师应该自觉地依照教师专业发展的一般路线和自己目前的发展状况，有意识地自我规划，以谋求最大程度的自我发展。而且这也应成为教师的日常专业生活的一部分，成为一种专业生活方式，也就是经常保持专业发展的"自我更新"取向②。教师专业发展的有效途径

① ［美］李·舒尔曼. 理论、实践与教育的专业化［J］. 比较教育研究，1999(3)：36-40.

② 叶澜，白益民，王木丹，陶志琼. 教师角色与教师发展新探［M］. 北京：教育科学出版社，2001：295-299.

包括加强全方位的学习和实践反思性教学(reflective teaching)。教师首先要认识自我，找到自己需要努力提高的方面。中小学在职教师要根据自身已有的知识和能力以及教学的需要全方位地学习，同时，教育组织和学校要为教师的学习和专业发展创造机会。美国的专业发展学校和教师中心为我们提供了很好的借鉴。学校可以引导教师进行校本研修，开展"培育专业见识的临床教学研究"①，促进教学的实践反思、课题攻关、合作探究以及运用各种叙事的和实证的研究方法不断更新自我。利伯曼认为，教师专业发展关注教师对实践的持续探究，教师是一个成年学习者，是一个"反思实践者"，能够对自己的价值和与他人的协调实践关系不断进行反思和再评价的人②。教师反思自己的行为及其支撑理念有助于知识建构，反思实践是促进教师学习的有效途径③。反思性教学(reflective teaching)是教师对自己教学活动以及学生反应的自我反思。在反思自省的过程中，教师要采取新的思维视角，即由对他人行为的批判性思考转移到对自己信念与行为的批判性思考上来。教师首先要了解自己的教学，在此基础上进行反思，看看自己的教学有哪些不妥的地方。只有自己不断"照镜子"，才能更清晰地认识自己的优缺长短，更好地扬长避短。反思可以使教师不再只遵循自己以前的教学方法和教学策略而增强教学的自主性。教师也需要在团体中学习。教师所处的环境对教师认知具有极大的影响。"教师

---

①　钟启泉. 教师研修的模式与体制[J]. 全球教育展望，2001(7).

②　A. Liberman. Teacher Development：Commitment and Challenge [M]// P. Grimmett Peter & Johnathon Neufeld (Eds.). Teacher Development and the Struggle for Authenticity：Professional Growth and Restructuring in the Context of Change. New York & London：Teachers College Press, 1994：15-16.

③　T. Farrell. Reflective Practice in an EFL Development Group[J]. System, 1999(27)：157-172.

学习是一个社会协商的过程……教师的知识是在与学生、家长、管理者和同行的社会交往过程中形成的。"①促进对话与交流对教师的学习有重要意义。在当今的信息化社会，教师应当正确认识信息技术在教学中的作用，形成关于信息化教育的积极态度，自觉提高自身信息化教育技术的实践能力。

同时，要鼓励综合性大学参与师资培养。中共中央、国务院在《关于深化教育改革全面推进素质教育的决定》中提出："调整师范学校的层次和布局，鼓励综合性高等学校和非师范类高等学校参与培养、培训中小学教师的工作，探索在有条件的综合性高等学校中试办师范学院。"这一决定打破了我国传统的师范教育体系，确立了我国教师教育体系的开放性，拓宽了师资来源的渠道。

从教师专业发展着眼实现教师教育一体化是一项系统工程，它不仅要求我们变革教师教育的理念、课程设置与教学模式，而且必将推动教师教育制度的创新。只要不断探索、勇于实践，就一定会取得新的成绩。我国现有一千多万中小学教师，承担着世界上最大规模的中小学教育。尽管我国中小学教师的教育教学活动已经在一定程度上达到了专业化标准的要求，但是与发达国家相比，教师专业化尚有不少差距。我国要提高中小学教师的学历要求。1993 年《教师法》用法律形式规定我国教师应当具备的学历标准是：小学教师为中等师范学校毕业，初中、高中教师分别为高等师范专科学校和高等师范本科学校毕业。从 1999 年全国教育事业发展统计资料来看，小学和初中教师的学历合格率分别为 95.9% 和 85.5%。2004 年抽样调查表明，在农村中小学校，71.1% 的小学教师所拥有的最高学历是通过非全日制学习的途径获得的，其中仅自考与函

---

① D. Freeman & E. Johnson. Reconceptualizing the Knowledge-Base of Language Teacher Education[J]. TESOL Quaterly,1998(32):397-416.

授两种方式就占到 58.9%；虽然 47.2% 的中学教师的最高学历是通过全日制学习获得的，但是以自考与函授方式获得最高学历的比例也达到 45.4%①。《面向 21 世纪教育振兴行动计划》和中共中央、国务院《关于深化教育改革全面推进素质教育的决定》中提出："2010 年前后，具备条件的地区力争使小学和初中专任教师的学历分别提升到专科和本科层次，经济发达地区高中专任教师和校长中获得硕士学位者应达到一定比例。"因此，提高中小学教师的学历要求势在必行。同时，我国要探索新的教师培养模式。高中师资的培养应逐步推广以师范教育机构为主体的"3+1"（本科）、"4+1"、"3+3"（双学位）甚至"4+2"（本科与教育硕士连读）模式的实验；小学、初中教师培养应在维持混合制的基础上优化、整合学科课程与教育课程，实现职前培养、入职培训与在职发展的一体化②。

我国只有实现中小学教师职前培养、入职培养与在职发展的一体化，才能加快我国中小学教师专业化发展的进程。

(二)进一步健全和完善我国中小学教师教育质量保障体系

推进教师专业化发展是个复杂、全面的过程，不仅需要从教师教育内部进行改革，即对职前教师教育、入职教师教育和在职教师教育阶段进行重大改革，使教师教育逐步规范化；而且必须完善教师质量保证机制、提供有效的外部支持系统。教师教育改革的目标就是教师专业化。教师专业化在教师教育上成功的标准不外乎两个：（1）内在标准——受教育者是否有专业知识与专业技能，

---

① 史静寰，延建林. 聚焦农村中小学教师　关注农村基础教育的可持续发展[J]. 教育发展研究，2006(1).

② 易红郡. 借鉴美国教师教育认定制度，推动我国教师教育改革[J]. 高等师范教育研究，2002(1)：74-78.

（2）外在标准——是否有系统的质量保障体系。教师教育质量保障体系需要从两个方面来建构：一是宏观层面，也就是一个国家的教师教育制度，包括国家层面的办学体制、投资体制和管理体制；二是微观层面，主要是教师教育机构的组织结构和体系，是维系教师教育正常运行和发挥其职能的内在制度保障。宏观层面的教师教育质量保障体系包括教师教育的管理制度、教师教育的办学制度、教师教育的投资体制等。政府在教师教育中承担着制定法律、政策和具体管理条例和措施的责任，尤其是要建立教师资格证书制度、建立教师教育机构资格认证和课程认证制度，建立和完善教师教育的质量保障机制。由于教师教育质量保障体系涉及教师资格证书制度、教师专业化、教师培养制度，因此，首先需要制定教师专业标准、教师教育机构标准、教师教育课程标准、教师教育质量保障标准等作为教师教育的规范和保证。多样化、层次化的标准体系是由教师教育质量保障体系的需要决定的。由于教师教育质量保障体系需要有强大的资源支撑，因此，教师教育质量保障体系也离不开教师教育的投资体制。微观层面的教师教育质量保障体系包括教师培养的课程和教学体系。教师教育的课程包括通识课程、学科课程（文、理课程）和教育课程。

美国有着较为完善的中小学教师教育质量保障体系，主要包括中小学教师教育机构认证制度，中小学教师资格认证和评价制度以及中小学教师的任用和管理制度等方面。教师教育质量保障体系的核心就是教师资格证书制度。美国的教师资格证书制度经历了一个从重数量到重质量，从低标准、宽要求到高标准、严要求，从各县、各州分散独立到全国逐步统一标准的完善过程。美国中小学教师资格认证制度发展到 20 世纪后期日趋完善，它主要由教师资格认证制度和教师资格考试制度组成。美国较为完善的中小学教育质量保障体系对于提高教师队伍的整体质量和促进教师的专业发展起到了重大的促进作用。

美国较为完善的中小学教师教育质量保障体系可以为我国中小学教师教育质量保障体系的完善提供不少学习和借鉴之处。

首先，要完善我国的中小学教师教育课程认定制度。教师教育课程认定制度包括对课程结构的认定、教材的认定、教学安排的认定，都要经过严格的认定程序，以保证教师培养的质量。课程的认定需要定期举行，以利于教育学科课程与内容的不断优化和更新。进行教师教育课程的严格认定，既可以促进教师培养模式的多样性、灵活性，又可以保证全国性的统一标准。我国教师教育课程的认定应针对具备举办教师教育资格的机构，依教师教育的课程构成及相应的学分要求是否达到规定的标准进行评价。我国还应该根据教育法律法规和专家的研究，尽快制定并实施教师教育专业标准，形成可以操作的实施方案①。

其次，要完善教师资格证书制度。教师资格证书制度是教师教育质量保障体系的基础，它从根本上提出了教师专业的质量要求。而且，要把握好新教师的准入关，要确保有能力的教师进入教学领域。要通过考试对教师候选人进行评估，美国较为普遍的做法就是对教师教育学习者在录取前和获得证书前进行严格的考试。美国教师教育计划的重要鉴定机构——国家教师教育认证委员会（NCATE）和教师教育鉴定委员会（TEAC）都致力于制定新的、更高水平的教学专业化标准。国家教师教育认证委员会已开发出了数十种教师资格标准，并组织了相应的教师资格考试，颁发教师资格证书。该委员会正在逐步建立全国性的中、小学各科目一般教师的资格标准和考试体系。另外，美国州际新教师评估援助（INTASC）制订了"业绩为本的许可证标准"，使教师的跨州流动更为方便，

---

① 周洪宇．教师教育论[M]．北京：北京师范大学出版社，2010：83.

实现州际之间文凭的相互认可。

建立教师资格证书制度已成为世界性的发展趋势。我国应该采取措施来完善教师资格证书制度。我国也于 20 世纪 90 年代开始以法律、政策法规等形式确立了教师资格证书制度，并以 2000 年颁布的《教师资格条例实施办法》为标志，全面实施了教师资格证书制度。然而，由于我国的教师资格证书制度起步较晚，很多法律条款、规章制度还不健全，有必要借鉴美国教师资格证书制度的先进做法与经验，结合我国教育发展的实际情况，进一步完善我国的教师资格证书制度。

我国的教师资格证书主要面向初始教师，缺乏明确的、与课程标准相一致的高级教师资格要求。我国目前虽然建立了在职脱产教育硕士、学士后教育硕士、4+2 教育硕士等多种模式，但总体上还处在初步的探索阶段，缺乏明确的教师专业发展标准、课程体系和教育实习标准等。因此，应尽快研究制定教师资格定期注册制度。

在美国，不管是哪一种资格证书都有期限，在规定的有效期内，如果不更新证书，证书就会作废，而更新证书都是以专业发展为依据的①。与美国相比，我国的中小学教师一旦获得教师资格，就会终身有效，这从一定程度上促使了某些教师不求上进、安于现状的心态，不利于教师的专业发展和整体素质水平的提高。为了教师素质提高和发展，教师资格证书应该有一定的期限。对那些期满没有达到更新条件的教师，要想继续从教，必须重新经过资格鉴定，才能获得教师资格。在教师资格证书上设置有效期限，能够改变教师对工作的认识，促使教师不断进行学习进修，以提高自身的专业知识和教育教学的指导技能，更好地适应教学工作。

我国可以将中小学教师资格证书分为四类，即实习教师资格证

---

① http://www.ncpublicschools.org/employment/renew_license.html.

书与短、中、长期教师资格证书，并分别对其作出不同的期限规定。对于取得教师资格证书的人员，如果在规定年限内未从事教师工作，则教师资格证书失效。对于持证教师持续上岗达到一定年限后需要重新进行考核，考核合格者可申请高一级资格证书。在规定教师资格有效期限的同时，还要进一步提高教师资格认定标准并进一步细化教师资格种类，明确其融通性。

再次，我国有必要进一步完善教师继续教育制度和加强对优秀教师的奖励制度。政府要加大对教师继续教育的投入力度，建立在职教师培训的长效机制；完善省、市、县、培训机构、学校协调配合，构建灵活开放的培训体系；实行定期分层培训制度，确保各级各类学校教师都能定期接受培训；采取多种渠道与形式进行教师继续教育，促进轮流脱产带薪培训逐渐代替业余学习与假期培训，学科培训与整体推进和区域推进结合；明确受训教师所在学校校长是教师继续教育的"第一责任人"；教师继续教育应向农村教师倾斜，以缩小城乡教育间的差距①。我国可以把教师资格证书的更新与教师继续教育挂钩，以此激励教师参与继续教育。要通过确立教师专业发展标准，指导各个地区和学校长期的、持续的教师专业发展，加强教师的各种类型的培训、进修，促进教师专业化水平的提高。同时，要完善相关的职务聘任、晋升、工资等配套措施。

加强对优秀教师的奖励是美国激发教师专业发展积极性和促进教师素质提升的一大举措。1989 年，美国国家专业教学标准委员会（NBPTS）发布了政策文件《教师应该知道什么，应该能够做什么？》（What Should Teachers Know and What Should Teachers Do？），作为所有优秀教师认证标准的基础。该文件提出教师除了要具有广

---

① 周洪宇. 教师教育制度顶层设计的若干思考与建议（下）[J]. 教师教育论坛，2013（8）：5-16.

博的学科知识以及与教学相关的学生发展方面的知识外，还突出了专业判断力、应变能力、就目标和方法途径与人沟通的能力。也就是说，NBPTS 提出教师个人的基本素质、精湛的专业知识技能、专业态度以及敬业精神是教师行业优秀的标准。NBPTS 根据不同学科领域以及学生的不同发展水平确定了教学的最高标准。这些标准体现了优秀教师以及教育专家就优秀教师应该知道的内容，应该会做的事情达成的共识，这种共识充分体现在 NBPTS 提出的五条核心主张中：(1)教师应该致力于学生的发展和学习；(2)教师应该精通学科知识，并知道如何将学科知识传授给学生；(3)教师应该负责管理和监控学生的学习；(4)教师应该系统地考虑自己的教学实践并从经验中学习；(5)教师应该是学习型社区的成员。优秀教师在教学方针、课程发展和教职工发展等方面与其他专业人士进行合作，来提高学校的办学效率。他们根据所在州和当地的教育目标来评估学校的发展和学校资源的分配。优秀教师寻找途径与家长进行创造性的合作，使他们有效地参与到学校工作中来①。美国的优秀教师认证一方面可以吸引优秀人才选择教学，另一方面通过对优秀教师专业身份与地位的认同激励他们的专业发展；同时，也为优秀教师提供更多的发展机会。中国的优秀教师在一定程度上受到了行政权力的影响，除了重视教学、教师自身的素质、政治思想条件，还强调结果(教学效果、学生成绩和社会影响力)。而学生眼中的优秀教师，更多的是关注教师的教学行为。我国有必要进一步完善对优秀教师的奖励制度。

此外，国家还必须建立类似于美国国家教师教育认证委员会的评定机构，对所有承担教师教育任务的师范院校和综合性大学的教师培养质量进行定期评估，以此作为增加经费投入的依据，并对提

---

① http://www.nbpts.org/the_standards/the five core_propositions.

出申请愿意承担教师培养任务的其他高等院校的教师教育培养机构的资格进行审查，决定是否授予其教师教育培养机构的资格。我国要加大教育立法的力度，确保教育改革的顺利进行。教育立法是教育改革与发展的有力保障。在加大中央教育立法力度的同时，还要加大地方教育立法的保障作用。当然，立法固然重要，执法也不能忽视。应做到有法可依、有法必依、执法必严、违法必究，真正通过立法与执法，来确保我国教育改革有一个良好的社会生态环境和有序的教育内部环境①。

中小学教师教育质量保障体系是一个涉及方方面面的体系。实行国家统一教师资格考试制度、建立健全教师准入制度、完善教师继续教育制度、完善教师权益保障制度等各方面的制度建设都是必要的。我国只有建立合理的中小学教师教育质量保障体系，才能保证基础教育的质量。

(三) 加强对我国中小学教师教育的社会支持

中小学教师教育是一个系统工程，不仅需要对教师教育内部这个小环境的改革，同时也需要社会大环境变革的支持；不仅需要政策制定者的参与与支持，也需要教师、学者、专业团体的参与与支持。教师教育需要政府的政策支持，也需要教育组织的支持以及经费方面的支持。

1. 政府的政策支持

美国一向注重通过教育政策和法令的颁布来支持中小学教师教育。从 1862 年颁布的《毛利法案》，到 1958 年颁布的《国防教育法》，再到本世纪的 NCLB 法案，都以政策和法令来促进中小学教

---

① 周洪宇. 教育公平论[M]. 北京：人民教育出版社，2010：297.

师教育。在美国，无论是联邦政府还是州政府，都有关于教育改革的较为完备的法律法规，使得教育改革工作有法可依，有章可循。我国要根据本国的具体现状制定有利于中国中小学教师教育发展的政策和法规，形成有中国特色的教师教育支持体系。

新中国成立以来，我国相继颁布了《北京师范大学暂行规程》、《师范学校暂行规程（草案）》和《关于高等师范学校的规定（草案）》、《教师法》、《教师资格条例》、《关于深化教育改革全面推进素质教育的决定》和《中国教育改革和发展纲要》等政策与法律。纵观新中国成立 60 年多以来教师教育发展的历程，我国政策支持的力度还不够。这里以我国中小学教师的在职培训为例来谈谈政府对中小学教师的在职培训的支持情况。1996 年召开了全国师范教育工作会议，会议提出，"必须把师范教育作为发展教育事业的战略措施，优先发展，适度超前"，"必须坚持以独立设置的师范院校为主体的师范教育体系"，"使庞大的中小学教育新师资的培养和在职教师的培训有稳定的基地"。我国在职教师的培训规模和培训形式都很有限，像华中师范大学教育硕士这样的培训就是很好的促进中小学教师专业发展的培训模式。但是，能够得到这样的培训机会的教师毕竟是少数。在这方面我们可以借鉴美国的中小学教师在职培训的经验，以更多的形式和更大的规模来加强中小学教师的在职培训。美国有着多样化的培训形式。自从提倡校本培训以来，教师任职的中小学已经成为教师专业发展的主要场所。同时，美国还调动校外各方面力量协助实施，中小学校、高等院校、各个学区以及教师专业团体组织都积极参与其中，为中小学教师的在职培训和专业发展提供了很好的机会及活动场所。各种模式的培训都不是松散的个体学习方式，而是严密计划、通力合作的培训模式。我国的中小学教师的在职培训还需要各级政府的合作和支持。首先，政府要不惜巨资组织有关协会和教育专家研讨中小学教师继续教育的课程建设。中小学教师继续教育的课程体系要以终身教育理论和专业化理论为指导，突出教师职业能力的教育，实现教师教育课程设置模块化①。与此同时，政府还要对专门的中小学教师继续教育机构进行评估，促使其达到专业水准。

　　最后，政府要有效地组织中小学教师的在职培训，并且形成比较完善的中小学教师继续教育制度。中小学教师的在职培训应由国家从总体上规划，政府的有效规划与组织将会加快中小学教师队伍专业化的进程。要进一步完善我国中小学教师继续教育制度。通过立法、颁布政策法规以保证中小学教师继续教育工作的顺利进行，是美国开展继续教育工作的重要经验。从美国教师继续教育发展的过程来看，政策法规的建设对教师继续教育的实施起着明显的保障和推动作用。从我国中小学教师继续教育的情况来看，很多中小学校要求教师利用周末和假期通过网络课程等方式学习和提高，并且作了学时上的要求。但是，在具体实施过程中往往容易流于形式，对教师们的学习效果缺乏有效的评估。更重要的是，教师们缺乏自主地追求专业发展的理念。政府还要采取一些措施来促进中小学教师接受继续教育，应逐步建立比较完善的全国性的资格认证制度以及进修换证制度，建立教师专业发展激励制度。教师进修获得的学分、学位直接与教师的工资待遇、能否获得长期聘任、能否获得晋升等联系起来。

　　政府对中小学教师教育的支持体现在与中小学教师教育相关的各个方面。各级政府要加强政策导向，制定中小学教师教育机构的资质标准、课程和质量标准，落实中小学教师教育经费，从根本上提高中小学教师的地位和职业吸引力，吸引优秀高中毕业生报考师

　　① 时伟. 当代教师继续教育论[M]. 合肥：安徽教育出版社，2004：257-260.

范院校，鼓励大学毕业生到农村中小学任教，加强培训监管，并建立检查、监督机制。

2. 教师专业组织的支持

教师专业组织是加强人员交流、提高专业水平、争取专业权利和专业认同的有效途径。早在 1955 年世界教学专业组织集会上，就强调要建立完善的教师专业组织，以各种媒介唤起大众对教师和教育问题的关心和重视。美国成立较早、较有影响的是两大教师专业组织——全美教育协会(National Education Association, NEA)和美国教师联合会(American Federation of Teachers, AFT)。它们的宗旨和职能均是争取提高教师的待遇和福利、提高教师专业水平、增强教师专业认可度，进而促进国家教育的发展。它们在美国教师教育发展进程中发挥了不容忽视的作用。

全美教育协会为教师教育的社会支持做出了很多努力。1948年，该协会提出了专业的八项标准，致力于从内部订立严格的教师入职标准，规范教师行为，以提高服务质量，提升教师职业的专业地位。在争取提高教师的经济待遇和改善教师的工作条件方面，教师专业组织曾采取过选举人的政治活动与游说、集体谈判甚至罢工等方式，虽然最终并未达到它所预想的结果，但在提高教师工资待遇上还是起到了一定的作用。教育专业组织的努力加强了教师之间以及教师团体和社会、政府间的合作，改善了教师的生存环境，扩大了教师专业自主权，促进了教师的专业化发展。

在美国促进教育基金会(The Fund for the Advancement of Education)的支持下，开展了多次的教师教育的实验，寻找学术教育与教育专业训练在教师教育课程上的优化组合。在美国的教师教育改革中，具有突破性的是五年制的"教学硕士课程"(Master of Arts in Teaching Programs)计划的提出及实施。1951 年 11 月至 1952

年 8 月，福特基金会(The Ford Foundation)下属的教育进步基金会出资 300 万美元，首先在阿肯色州(Arkansas)推行了教学硕士课程的实验，该课程也称"第五年计划"(Fifth-Year Programs)。

　　除了全国性的教师专业组织外，州一级和地方的教师专业组织在推动教师教育的发展上也发挥了积极的作用。例如，宾夕法尼亚州教育协会就是州一级教师专业组织中历史较长、活动较积极的一个，自 1852 年成立后一直致力于教师待遇、专业权利、专业发展等问题，并且在培养优秀教师、保障教师最低工资、招聘合格教师、改善教师生活水平等方面已取得了很大成效①。与前两者相比，地方性教师专业组织，由于是教育发展方案的最终推行部门，它在调动教师专业热情、推动教师专业成长、保护教师合法利益、给予教师职业安全感等方面所发挥的作用更为直接和有效②。

　　美国教育专业组织对美国教师教育的改革、教师教育的政策制定、改善教师的社会地位、提升教师专业水平等方面起到了很大的支持和推动作用。我国也有教育组织。目前，我国规模最大的两个教育组织分别为中国教育学会和中华全国总工会下属的教育工会(即中国教科文卫工会)。另外，我国还有形形色色的教育协会和教育学会。但从整体来看，我国的教育社团无论在教育还是社会领域的表现都并不活跃，发挥的作用也较为有限。这在一定程度上是我国的政治、经济体制使然。但我国的教师组织在社会生活中近乎沉默、脱离公众的表现，也反映出教师群体社会参与意识的缺失。从国外经验来看，专业化的教师组织已成为各国

---

①　John T. Wahlquist. An Introduction to American Education [M]. New York：The Ronald Press Company,1947：138.

②　John T. Wahlquist. An Introduction to American Education [M]. New York：The Ronald Press Company,1947：139.

促进教师专业发展、影响包括教师教育改革和教师教育政策等的重要力量。联合国教科文组织曾指出，教师职业是世界上组织得最严密的职业之一，所以教师组织在各种领域能够起着并且正在起着极大的作用。世界各国的大部分教师参加了工会或认为工会可代表他们。这些组织的活动旨在改善其成员的工作条件，它们在教育拨款的分配上可施加重大影响，它们是学校和社会之间对话的重要参与者。

教师组织的成员们大多数是教育改革和发展的第一线人员，具有丰富的实践经验和深厚的理论基础。倾听教师组织关于教育改革和发展过程中对教育政策的观点和意见，增加政策实施的群众基础，有助于政策实施的顺利展开。建立和完善教师组织，是满足我国教师专业化发展的需要，也是我国教育政策科学化、民主化的需要。所以，成立更多的全国性的、专业性的教师组织，是实现教育政策制定和实施科学化、民主化的选择。

中小学各个学校的工会组织是教师组织的基层组织，也是发挥实际作用的组织。要重视学校工会的建设，对有困难的教师给予帮助。要定期组织教师们参加有益的活动，以增进教师们的交流和友谊。国外研究发现，来自同事的信息支持(如提供某些必要的知识)、实践支持(如帮助完成工作任务)以及情感支持能增强教师对工作情境的控制感，从而降低压力水平和人格解体水平，提高个人成就感和工作表现①。因此，学校的工会组织要在帮助教师个体改善工作条件方面提供大力的支持。

---

① R. G. Esther, J. B. Ronald & K. L. Roman. The Impact of Social Support on the Development of Burnout in Teacher: Examination of a Model[J]. Work & Press, 1997(11):267-281.

3. 经费支持

由于教师教育质量保障体系需要有强大的资源支撑，教师教育质量保障体系离不开教师教育的投资体制。美国历来重视对中小学教师教育的投入，主要包括：一是各州政府普遍增加了教育预算与拨款；二是设立教育专项税收或提高原有税种的征收率，将增收的税款投入教育改革；三是加强学校与企业的合作，鼓励企业对教育的资助。为调动教师的积极性，鼓励教师更好地献身于教育事业，美国各州都建立了教学评估制度和教师表彰激励的机制，国家则设立了总统优化教育奖金，由国会拨款奖励全国每年评选出来的优秀教师。进入 20 世纪以来，在国内外诸多因素的影响下，美国教师教育进行了一系列的重大改革。1958 年推出的《国防教育法》（National Defense Education Act）规定在全国范围内直接拨款资助教师教育，向师范生提供奖学金。之后，1965 年的《高等教育法》（Higher Edueation Act）和后来该法的修正案及 1967 年的《教育专业发展法案》，都设立了资助教师教育改进和扩展的项目。1989 年，国家专业教学标准委员会成立。该委员会设立专门资金项目支持国家教师资格证书标准的开发，为建立一种全国统一的教师资格证书制度——国家高级证书作准备。克林顿政府在 1993—1994 年出台的《中小学教育法》（Elementary & Second Education Act）、《2000 年目标：美国教育法》（Goals 2000：Educate America Act）两项法案中加入了联邦政府资助和支持教师教育改革的内容，布什总统的《教师质量第四次部长年度报告》以及奥巴马总统的《2009 年美国复苏与再投资法案》都有用于提高教师质量的预算。可见，几任总统都非常注重资助和支持教师教育质量的提高。

美国支持教师教育的经费保障机制是典型的分级经费资助形式。比如，为了促进教师的专业发展，美国对教师的在职培训提供经费。教师在职培训主要由各州推行，主办单位有州教育部、县学务局、教师协会等，举办机构有教师进修学院或教育研究所。每年公布两次教师培训计划，有各种教学研讨会的信息，包括内容、时间、地点、主讲人、差旅费支付情况等。每次进行的教师培训费用由联邦、州政府、培训学校或中小学校以及教师个人四方共同分担，这样在促进教师专业发展的经费筹措中便出现了四方甚至多方资助的局面。

1993 年中共中央、国务院颁发的《中国教育改革和发展纲要》指出：各级政府要"努力增加投入，大力办好师范教育"。在"实施保障"中尽管提及"省市级层面的经费支持"和"区县层面的经费支持"，但在具体的落实过程中缺乏应有的监督。因此，各级政府要切实落实教师教育经费，形成良性的教师培训成本补偿机制和投入机制，对资源开发、基地建设、教师培训尤其是边远贫困地区教师培训给予经费支持。教育投资充足是教育发展的先决条件，是教育运行和发展的物质基础。当今世界各国已形成共识：教育关系到国家的未来，是社会、经济发展的基础，是国际竞争力的保证。因而大多数国家制定了教育优先发展的战略，加大了对教育的投入，以保证教育经费投入占 GDP 的比例不低于4%的下限。联合国教科文组织建议发展中国家应达到6%，我国目前的教育经费投入还不到GDP 的 4% [1]。我国教育投入不足且投入不均，经费来源渠道单一且存在教育经费使用不合理的现象，有必要制定《教育投入法》，用立法来规范教育投入。《教育投入法》的制定对于拓展经费来源渠道，建立多渠道筹资教育经费的机制，实行严格考核和问责，确保教育经费的投入、落实和有效使用将起到督促和保障作用[2]。

当前我国要保证教师教育资源的有效投入及其优化，要探索一

---

① 周洪宇. 教育公平论[M]. 北京：人民教育出版社，2010：297.

② 汪丞，周洪宇. 关于制定《教育投入法》的思考[J]. 教育与职业，2012(26)：5-8.

套与社会主义市场经济体制相适应的、能够满足我国教师教育事业持续、稳定发展需求的资源供给体系。要增加教师教育资源的来源，建立资源筹措机制；优化教师教育资源的配置，建立合理的资源分配机制；提高教师教育资源的使用效率，建立合理的资源管理机制；同时积极开辟教师教育经费来源的其他渠道，调动社会各方面的力量，为教师教育提供一定的资金和多种服务。

美国著名经济学家道格拉斯·诺斯曾提出过一个重要论点，即经济增长的关键在于制度因素。一种提供适当的个人刺激的有效制度，是促使经济增长的决定性因素。此处的分析是从经济增长的角度出发的，可是当他提到必要的制度保证时，恐怕就不仅仅限于经济增长，而是同样也适用于别的社会活动了。譬如中小学教师专业发展为何没有达到理想的速度，莫非是教师们没有得到现行的教育制度所提供的必要的激励和保障？中小学教师的收入和部分高收入的企事业单位的职工相比还存在着较大差距。在当前市场经济的大环境中，中小学教师收入偏低的问题是不可忽视的。因此，我国要改革与完善涉及中小学教师经济待遇的工资制度、晋升制度和奖励制度，对各种有利于教师专业发展的活动予以经费支持。要建立和完善正常合理的工资增长机制，推动教师平均工资水平的全面提升，改善收入来源结构，提高教师津贴和补助等非基本工资性收入的比重。我国学者周洪宇关于建立教育公务员制度的倡议，可以解决中小学教师教育中存在的一些问题。建立教育公务员制度，有利于保证教师工资待遇的落实，有利于提高中小学教师的社会地位，有利于从整体上提高中小学教师队伍的素质，有利于地区之间、城乡之间、学校之间师资力量的均衡发展①。在我国存在的另一个问题是，重点中小学教师的收入和普通中小学教师的收入相差甚远，而非重点中小学的教师所付出的劳动并不亚于重点中小学教师的劳

———

① 周洪宇. 教师教育论[M]. 北京：北京师范大学出版社，2010：82.

动，这在一定程度上影响了非重点中小学教师的工作积极性。因此，政府有必要加大对非重点中小学的经费投入，促进学校间的平衡发展。

政府不仅要提高教师的收入，还应加强对中小学的体育设施和教师娱乐设施的经费投入。因为中小学教师日复一日地辛勤工作又缺乏娱乐活动，这可能会造成教师身体不适，精神疲惫和职业倦怠。通过政府对中小学学校的体育设施和娱乐设施的经费投入，使教师们有条件锻炼身体和参加有益的活动以丰富教师的个人生活，使教师们能够愉快地工作、健康地生活，同时增强教师与教师之间的合作以及教师群体的凝聚力。只有教师之间加强合作，才能使教育产生最好的协同作用①。

教师教育的改革需要得到政府和社会各方面的支持，还需要有一定的教育经费作为保障。我国各级行政和教育部门应该为我国中小学教师教育提供政策和经费支持、法律和制度保障，并督促其贯彻执行。只有这样，才能为我国中小学教师教育提供有力的支持和保障体系，推进我国中小学教师教育的发展。

本研究到此告一段落，但并不意味着研究的结束，甚至可以说是刚刚开始。由于自身知识背景、经验和能力的限制，对美国中小学教师教育的研究尚显得肤浅和粗疏。然而，正是这些有待深入研究的问题，让笔者在感到遗憾的同时也明确了未来前进的方向。

---

① 王萍，杨汉麟，戴琼. 中学女教师对压力的应对方式和社会支持调查研究[J]. 教育研究与实验，2012(1).

附录1　加利福尼亚州教师职业标准

自1988年以来，加州一直在为新参加工作的教师提供强化的培训、学习机会。在担任教师的最初两年，教师需要进行广泛的学习，包括岗前培训和终身职业发展训练。州政府规定，新教师需要对教学的通用语言、教学范围及教学工作的复杂性有新认识，以帮助教师丰富教学实践经验。"加州教师职业标准"满足了这些要求。制定"标准"的宗旨在于帮助教师达到以下目标：

激发对学生学习和教师教学实践的思考；

制定职业目标以推动教学实践；

参照职业目标及行业标准，对教学实践活动进行指导、跟踪及评估。

"标准"解决了当前加州各类公立学校的师生多样性的问题，反映了一种全面的和发展的教学观。

加州教学的多样性

在教育史上，加州的专业教育工作者所服务的是最具多样性的学生群体。这种多样性能够极大地丰富教师的教学活动，使教师能够从容应对多样的文化、多样的语言和多样的社会经济背景的学生的不同学习需求。"加州教师职业标准"帮助创造包容性的课堂环境，使不同种族、不同语言、不同文化背景、不同能力的学生都能够参与其中，都能够受到挑战，都能够得到知识和能力的提高。"标准"体现了一种期望，即当教师在各门学科都运用了有效的教学方法时，针对多样性的学生群体的教育可能会最有成效。

"标准"同样重视教师的背景、观点、技能、知识及实践的多样性。如果所有从业人员都使用同一种方法进行工作，那么教师就不能成为一种专门的职业了。虽然"标准"阐释一种优质教学的观念，但不同教师有效运用"标准"的方式可能会各不相同。教师在教学实践中只有不断追求和创造卓有成效的教育方式，才能使对多样性学生的教育变得丰富而活泼。

教学的全局观

教与学是一个复杂的过程，它们相互依存，在一个多样性的情境下开展，并受到很多课堂固有的及外在因素的影响。因此对于在加州从事教学的教师，必须强调教与学的不同层面之间的关系。教师对于学生、学科知识、课程及教学方法、教学策略及风格的认识最终都关系到如何计划教学以及如何为学生创造有效的学习和评估机会。教学不仅只是方法论。对于教与学在哲学和理论层面的认识，能够帮助教师制定有深度、有内容、有成效的教学策略和方法，从而有助于学生的学习。不能把教师的教学实践与其职业理念和认识分开来看待或评价，教学的所有方面都是相互依存的。由于教学实践需要被视为一个复杂的、动态的过程，其中实践性和概念性的因素交织在一起，因此从这个意义上说，该"标准"是宽泛的，其内容也是相互依存的。

教学的发展观

教师的知识、技能在教学实践中会得到不断发展。教育的本质要求教师在急剧变化的世界中，能够面对多样性的学生群体和挑战。作为专业学习者，教师的学习没有止境，无论他们所接受的正规教育和职前准备多么充分和扎实。在教学实践中，教师的专业知识、能力和成就将随着时间的推移变得更加丰富。因此，教师在自己的教学生涯中，会积极寻求深化和拓宽专业技能、知识和观念的途径，成为具有反思精神的、能动的教育实践者。

教学的发展观对教师职业中的最初几年尤为重要。进入教师职业领域的教师个体具有不同层次的专业知识、技能和经验。在职业实践中，新教师可能以不同的方式、在不同的教学领域、以不同的成长速度发展，正如具有不同生活经验和文化背景的学生在不同的课程领域、以不同的速度发展一样。促进一个新入职教师的成长和成功的因素，是教师在从教的最初几年中，得到学校的支持、专家和有经验的老教师的指导及评估，这些是非常关键的。

教师教育专业的课程设置、教师资格认证机构和学校的政策与实践，都要对教师的发展给予明确的标准和实际的指导。"加州教师职业标准"融合并阐述了教学发展观，成为促进加州优质教育不可分割的组成部分。

标准的构成

"加州教师职业标准"是在对当前优质教学实践活动的充分研究以及征求各方面教育专家意见的基础上形成的。"标准"围绕教学实践中六个相互关联的方面提出了具体的、可操作的规定。这六个方面如下：

为学生的学习提供支持和保障；

为学生创设并保持良好有效的学习环境；

较好地理解和组织学科知识的教学内容；

为每一位学生设计教学计划和学习体验；

正确评估学生的学习；

成长为专业教育工作者。

六个方面涉及发展的和全局的教学过程，旨在满足学生学习活动的多样性需求。使用"标准"的教师会注意到这六个方面的要素中有重叠的部分，这种重叠旨在强调教学的相互关联和复杂性的全局观念。例如，重视学生的文化背景和生活经验是"标准"中各个方面都包括的内容。

标准和基于实际表现的评估

加州教师资格认证委员会及州教育局努力使所制定的"标准"对教师的教学工作和职业发展有帮助、有价值，并正在筹备制定"教师发展规划"，以便使全州的每位教师都能获得与"标准"要求所对应的准确而可信赖的信息。

此外，这两个机构还利用"标准"来指导"形成性评估办法"的设计，该"办法"支持对教师的"入职阶段"和教学生涯中的职业发展进行评估的需要。教学的全局观和发展观也要求使用基于教学实际表现的评估方法，例如，在对新教师的支持与评估计划（BTSA）中试用过的"展示标准"和"旁听标准"。当然，"加州教师职业标准"还有待于进一步完善。在追求教育不断提高和优化的过程中，教师会在"标准"的指导下获得职业的不断发展和提高。

标准一 为学生的学习提供支持和保障

教师要根据学生的现有知识、生活经验及兴趣，帮助所有学生实现学习目标，要能够运用多样化的教学策略和资源，来满足学生不同的学习需求，帮助所有学生在增进学习的自主性、互动性和有选择的环境中获得挑战性的经验，使学生能够积极参与到学科知识的系统学习中，培养解决问题的能力，培养辩证地思考学科中及学科间的问题的能力，鼓励学生将所学知识运用到生活实际中，帮助所有学生成为能够展示、说明、评价以及对所学知识进行意义建构的自主型学习者。

要素一：将学生的现有知识、生活经验及兴趣与学习目标结合起来；

帮助学生认识他们已经获得的知识和新知识之间的关系；

帮助学生把课堂学习和生活经验以及文化背景联系起来；

帮助学生利用第一语言或第二语言技能实现学习目标；

建立一门课程或者一个学习单元，提高学生的学习兴趣和注意力；

根据学生的实际问题拓展他们对知识的理解；

根据学生的兴趣和问题对教学进行不断的完善。

要素二：利用多样化的教学方法和资源满足学生不同的学习需求。

使学生适应多样化的、能够满足不同学习方式的学习过程；

利用多样化的方法介绍、解释、复述学科知识的概念和过程，使所有学生都能够理解学科知识内容；

为学生选择正确的方法，使所有学生都能够理解复杂和有深度的学科知识内容；

选择正确的方法，帮助使用第二外语学习的学生学习不同学科的知识；

不断改进教学的方法，利用适当的技术帮助学生最大程度地参与学习过程；

利用科技手段提高学生的学习兴趣；

使教学方法更加多样化，从而激发学生积极参与学习；

以提问的方式或者讨论的形式来充分调动学生的学习积极性，或者拓展学生的思维；

利用实际生活中发生的各种事件来丰富学生的学习；

能够很好地控制课堂，保证教学工作的有序进行。

要素三：丰富学生的学习经验，促进学习的自主性、互动性和选择性。

利用课堂环境，为学生提供独立学习及合作学习的机会；

提供多样的分组模式，以促进学生的互动学习；

利用各种方式促进所有学生的积极互动行为；

支持并跟踪学生在学习活动中的独立性和选择性；

支持及跟踪学生在学习活动中的合作表现；

帮助学生在学习活动中管理时间。

要素四：使学生积极参与解决问题、进行辩证思考及其他活动，并积极促进学生对所学知识的意义建构。

为所有学生提供思考、讨论、互动、反思和评价所学内容的机会；

帮助所有学生学习、实践、内化并应用有针对性的学习方法和学习步骤；

支持学生用批判的观点审视学科知识的概念和问题；

促使所有学生积极参与解决问题的活动，同时鼓励学生运用多种途径和方法解决学习问题；

鼓励所有学生提出批判性的问题，同时能从不同视角思考问题；

为所有学生提供在有意义的情境下学习和实践的机会；

帮助所有学生对所学内容进行分析及有效的总结。

要素五：促进所有学生的独立思考性学习。

激发所有学生的学习兴趣，并努力挑战学习目标；

鼓励所有学生正确描述自己的学习过程和进度；

向所有学生清楚地解释每次学习活动或不同学科的学习目标；

为所有学生提供检查和评估自己的作业以及与同班同学交流的机会；

帮助所有学生获得发展，并利用正确的方法对他们所学的内容进行讲解、思考和跟踪；

帮助所有学生开发及利用适合自己的学习策略，以获得知识和信息。

标准二 为学生创设并保持良好有效的学习环境

教师要能够创设使所有学生积极参与的有目的的学习活动，能够创设鼓励学生间互动学习的环境。教师要维护安全的学习环境，在这一环境下，所有的学生都能获得公平对待和尊重。教师要鼓励所有学生参与决策，鼓励他们独立工作及与他人合作，制定对学生行为的规范要求，使这些要求易于学生理解并受到长期遵守。教师在实施课堂教学的程序和惯例时能有效利用时间。

要素一：创造一个使所有学生都能参与的学习环境。

适当布置教室，促进学生在课堂上的积极互动；

正确利用教室环境，满足学生个人及集体的学习需求；

为学生提供丰富的学习资源、技术资源以及其他资源，从而促进他们的学习；

创造一个能够反映及促进学生学习的课堂环境；

保证课堂环境安全，并使所有学生都能利用这种环境更好地学习。

要素二：创造一个能够增进公平与尊重的学习氛围。

帮助学生学会尊重和自己不一样的人；

在班级里树立并倡导公平、公正和尊重他人的风气；

鼓励、支持和认识所有学生取得的成绩，肯定每一个学生对班级的贡献；

鼓励学生适当参加冒险和具有创造性的活动；

理解并能以公平、公正的方式对待学生中出现的不当行为。

要素三：促进学生社交能力的发展和集体责任感。

帮助所有学生接受并尊重不同的经验、思想、背景、情感和观点；

将学生进行分组，以促进社交能力的发展和互动学习；

帮助学生自尊观念的发展；

为所有学生创造相互交流和共同工作的机会；

培养学生的领导力技能并为所有学生提供使用这种能力的机会；

利用课堂上的各种规则帮助所有学生学会为自己和他人承担责任；

为所有学生创造成为自主型学习者的机会。

要素四：制定并维护学生行为规范标准。

理解提出学生行为规范的原因；

制定并维持能够反映学生发展需要和个人需要的行为规范；

当学生行为不符合公认的课堂规范时能够进行适时干预；

促进学生参与班级决策；

协助所有学生学会解决问题和处理同伴间的冲突；

对所有学生在形成对自己行为负责的责任感的过程中给予支持；

与家庭合作以共同维护学生行为规范标准。

要素五：制订并执行课堂教学计划，支持学生的学习。

制定每天教学工作的日程、时间表和课堂规章；

调动所有学生都参与课堂计划的制订；

帮助学生把课堂的规定、惯例和程序变为内化意识，并成为自主型的学习者；

形成一个能够倡导和维持公平与互相尊重的课堂氛围；

能够及时对课堂计划进行修改，以更好地支持学生的学习。

要素六：有效利用教学时间。

保证与学生在一起的时间，以帮助和指导他们的学习；

帮助学生顺利地从当前的教学活动转换到下一个教学活动；

调整教学的速度和时间，从而使所有学生都能够参与到教学中；

以一种最有效的方式引导和帮助学生养成正确的学习习惯；

221

确保向所有学生提供完成学习活动的充足时间；

向所有学生提供对他们的学习和教学进度进行思考的时间；

对日常管理工作的时间进行合理分配。

标准三　有效地理解和组织学科内容

教师具有丰富的学科知识以及能够促进学生思维发展的教育教学知识。教师合理地组织课堂教学和学科知识传授，以促进学生对相关学科的主题、概念和技能的理解。教师能够将学科内部及跨学科间的知识和信息联系起来，以帮助学生拓展学科知识和提高认知水平。教师运用学科知识、教学资源及教学策略，使学科知识易于所有学生理解和接受，促进学生的思维发展。

要素一：有效地展示和传授关于学科的内容知识。

对所教授学科知识的主要概念和主题及其相互关系有正确的认知和理解；

确保所教授学科知识的科学性且包括了不同的学术观点；

使所教授的学科知识能够与科学发展相适应；

确保所教授的学科知识能够帮助学生掌握知识和提高认知水平；

理解学生的认知发展过程和语言能力发展过程；

理解学生的社交、情感和生理发展需要。

要素二：有效地组织课堂教学，使学生理解学科内容。

根据学科知识体系组织和安排课程的先后顺序，从而增进学生的理解；

根据学科知识由浅入深的特点安排教学单元和教学活动，使教学活动能够展示核心概念及概念之间的关系；

有效地组织教学内容，以体现和尊重不同的文化观念；

在安排教学内容时，能够把学科或年级所应达到的程度和课程结构相结合；

有效地组织课堂教学，以确保所有学生对每个学科领域的核心概念都有深入的理解。

要素三：把学科内部和学科之间的知识和概念关联起来。

识别并融合跨学科间的核心概念及关系；

帮助所有学生把学科概念与过去所学的知识及生活联系起来；

帮助所有学生认识跨学科知识之间的相互区别与联系；

帮助所有学生运用所学的不同学科知识解决实际问题；

开发能够强化学科内部知识和学科之间知识的主题课程和单元。

要素四：运用适当的教学策略培养学生的理解能力。

开发并运用适合某个学科知识的教学技能和策略；

利用学科知识帮助学生建立他们自己的认知结构；

鼓励学生在每个学科领域都能批判性地思考问题；

利用学生的生活经验、先前的知识以及兴趣，使所学的知识能够对建构自己的知识体系有帮助、有意义；

运用多样性的教学策略和手段，对学科知识及其跨学科的知识关系进行阐释；

帮助所有学生培养对学科内容的兴趣及追求深层次知识的兴趣。

要素五：利用教材、资源和技术手段使学科知识更易于学生理解。

利用教材、资源和技术手段组织课堂教学；

正确选择和使用教学资源，促进学生对学科知识的理解；

选择和使用能够体现多样性学习的各种资源；

运用技术手段传递学科领域的核心知识和概念；

帮助所有学生获得有助于学习的资料、资源和技术。

标准四 合理设计和制订教学计划

教师根据学生的文化背景、现有知识及兴趣来制订合理的教学计划，依据学生的经验、语言、发展、家庭及期望，为所有学生确定具有挑战性的学习目标。教师对课程进行排序，设计长短期的教学目标，这些目标涵盖了各种学科知识，体现了不同年级的课程要求，包括了所有的教学策略。教师通过教学活动来促进学习目标的实现，并将学生的经验和兴趣相结合。教师根据学生的参与情况及评估成绩，适时对教学计划进行调整和修改。

要素一：了解学生的文化背景、知识水平、兴趣及递进的学习需求。

将学生的知识和经验融入课程及教学计划中；

了解学生的生活、家庭和社区背景，设置适宜的课程及教学计划；

认识并接受学生学习的多样性，并把其作为教学计划不可分割的部分；

合理安排课程和教学单元，使所有学生都能接受所学的知识和内容；

设计能够促进学生第二语言学习的学科知识和语言发展能力的课程；

运用教师所掌握的认知和语言发展知识安排教学计划，以支持学生的学习；

运用教师所掌握的生理、社交和情感发展知识安排教学计划，并适时调整，使其能满足学生的学习需求；

设计具有挑战性的课程，以促进学生的发展。

要素二：学生学习目标的制定及阐释。

制定学生学习的长短期目标；

确保每个教学活动与学习目标有关；

根据学生的优势、兴趣和需求制定较高的学习标准；

建立适合所有学生的语言能力、知识水平及家庭、学校对其期望值的学习目标；

设计能够使所有学生参与并实现学习目标的教学活动；

确保学习目标能够发展学生的批判思维能力及解决实际问题的能力。

要素三：教学活动及教学资料的开发与排序。

对学科概念进行排序，以适应学生的学习；

针对学生长短期学习规划进行正式及非正式评估；

合理采用适合书本内容和学生学习需求的教学策略；

选择课程内容并对其进行排序，以增进所有学生的理解能力及批评性思维能力；

对教学活动进行排序，以帮助学生认识跨学科知识之间的关联；

正确地选择和改编教材，从而使学科知识与学生的实际生活经验和兴趣相关联；

开发有助于学生第二语言学习和学科知识掌握的教学活动，并对其进行排序。

要素四：制订长短期教学计划，以促进学生的发展。

开发有利于学生对学科知识的掌握及拓展的长短期教学计划；

合理安排课程，使学生有充分的时间学习、复习和评估；

要考虑到学生的长期学习目标；

利用学科知识及对学生的正确认识，规划一段时期的教学活动及学习进度安排；

确保使所有学生都能接触到具有挑战性、多样性及科学性的学习内容；

为所有学生提供机会，使他们能够按照自己的学习速度制订每日、每周及每个单元的学习计划；

在教学中注意融入多样性的学科观点。

要素五：修改教学计划，以适应学生的学习需求。

调整课程计划，保证学科内容能被每个学生接受和理解；

适时修改对学生的正式和非正式评估计划；

调整教学时间，保证所有的学生有充分的学习时间；

适时修改教学计划，确保所有学生能够开展学习活动，并对所学的知识进行综合；

对教学计划不断进行反思，制订合理的长短期教学计划。

标准五　评估学生的学习

教师要能够为所有学生制定切实可行的学习目标，并与学生经常就自己的学习目标进行交流。教师通过各种渠道收集反映学生学习的信息，使所有学生能够对自己的学习进行评估。教师利用各种动态评估获得的信息进行规划和调整，以促进所有学生的学习和发展。教师要经常与学生、学生家庭及其他教学辅助人员交流有关学生学习的信息，从而促进对学生的了解，并鼓励学生获得不断的发展。

要素一：学习目标的制定与交流。

利用学校、学区、州及联邦政府等不同渠道所制定的学科内容标准，来指导并帮助学生制订学习计划和学习目标；

调动所有学生和家庭参与学习目标的制定；

督促学生定期检查和修改学习计划及学习目标；

确保学生的学习目标体现了主要的学科知识概念、技能及运用；

确保学习目标适合学生的发展、语言习得或其他特殊需求；

确保学校的评估体系反映了学生的学习目标；

与学校教学管理人员、教学辅助人员、学生家长一起，共同制定促进学生学习的学习目标及评估工具。

要素二：收集并利用多种渠道信息对学生的学习进行评估。

利用多种评估方式，以确定学生的知识水平；

选择、设计并使用适合学习内容的评估工具；

了解所使用的评估工具是否符合并支持学生设定的学习目标；

收集、选择、思考学生学习的信息；

与家庭配合，以收集关于所有学生的学习信息；

确保学生的成绩基于多种信息来源；

对学生进行正确的评估，并符合学生的学习目标、地区标准及家庭期望；

运用标准化考试、诊断工作及发展评估方法了解学生的学习进展；

运用一系列的评估策略，帮助实施学生的学习目标及对目标的跟踪(包括 IEP 目标，即个人教育规划目标)。

要素三：使学生参与自我学习评估，并对其加以指导。

使评估成为学习过程的组成部分；

建立针对所有学生的评估策略模式；

开发并使用合理的工具及指南，帮助所有学生对自己的学习进行正确的评估；

帮助所有学生培养自我反省的能力；

为所有学生提供与同伴讨论自己作业的机会；

帮助所有学生理解和跟踪自己的学习目标；

为所有学生提供展示及思考他们课堂内外的学习情况的机会。

要素四：利用评估结果指导教学。

利用评估结果指导教学计划；

利用学生学习的非正式的评估结果对教学计划进行调整；

利用评估数据改进教学方法，使讲授学科概念和过程的方法更有效；

利用评估信息确定对所教授的知识内容进行复习的时间和

方式；

利用评估数据改变教学方式，满足学生的个别需求；

利用评估结果调整教学计划，以支持所有学生的学习目标。

要素五：与学生、家长及其他人员交流学生的学习进展情况。

为所有学生提供学习活动成绩的信息；

为所有学生提供与他人分享成绩的机会；

与所有学生和家长交流学习目标；

建立并维持与家长关于学生成绩情况的定期交流，建立并维持提供学生成绩的合理渠道；

与学生及其家长交流评估结果；

使学生的家庭成为评估过程的一个合作伙伴。

标准六　成长为专业教育工作者

教师要经常对自己的教学实践进行反思，并积极参与规划自己的职业发展。教师要制定职业学习目标，追求发展职业知识和技能的机会，参与到广泛的教师行业群体中。教师要对当地社区有所了解，并与其合作，促进职业实践活动。教师要与学生家庭经常进行有效的交流，使家长参与到学生学习及学校社区的各项活动中。教师要积极参与学校的各项活动，通过与同事的合作共同促进学校教育目标的实现，推动职业发展，提高职业责任感、职业热情和奉献精神。

要素一：思考教学实践并规划职业发展。

经过一段时间的教学实践，对教师的成长进行评定；

在观察并和学生相处的过程中学习如何教学；

对教学取得的成功和存在的问题进行思考，不断改进教学；

分析教学中的问题，理解什么样的教学形式更有助于学生的学习；

根据教师个人的总结、分析和反思，制订职业发展规划。

要素二：建立职业目标并寻求职业发展的机会。

保持终身学习的态度；

更多地了解教师的职业角色和责任；

建立职业发展目标，积极寻求并参与职业发展及成长的机会；

利用专业培训、学区教育及其他专业发展机会，增强个人对教学的理解和提高教学能力；

不断寻求并优化教学策略和教学途径，使知识更易于学生的理解；

拓展教学方法和技术手段；

从教师发展的专业机构中获取更多的知识和技能，促进个人的教学发展。

要素三：与社区合作，以增进职业实践。

重视并尊重学生所处的社区，了解社区对学生学习的影响和作用；

增进对学生所生活社区的文化背景和学生学习动力的了解；

促进与学校和社区的合作；

选择并利用学校及社区的社会服务资源，使学生及其家庭受益；

挖掘并利用社区及其商业资源，以支持学生的学习；

向学生提供经验，以支持他们的学习；

组织学生参与社区活动和其他交流活动。

要素四：与家庭合作，以增进专业实践。

重视并尊重学生的家庭，了解家庭在学生学习过程中的影响和作用；

了解学生家庭的种族、文化、语言、社会和经济背景；

鼓励家庭成为学生语言和社会背景知识的来源；

促进和所有家庭的对话及互动交流，回答家长所关心的有关学生学习发展的各种问题；

确保与学生及其家庭的交流是相互理解的；

为所有家庭参与教学活动及学校、社区活动提供机会；

为所有家庭提供教育计划。

要素五：与同事合作，以增进专业实践。

创造与同事合作的机会；

与教师、管理人员、教育专家及教学辅助人员合作，确保所有学生的多样性学习需求得到满足；

与同事进行经常性的教学经验交流和教学工作探讨，以解决教学中的相关问题；

参与学校的决策，执行学校的各种规定；

积极参与全校性的活动及所有学生的学习活动；

建立并维持与其他学校教职员工的联系，成为学校社区中积极的和有价值的一员；

利用同事的听课记录促进自己的教学；

预防及解决与同事间的个人冲突及职业冲突；

为其他教育工作者的学习提供帮助。

要素六：平衡职业责任与维持职业发展的动力。

减少工作压力，保持对学生及同事的积极态度；

在职业生涯中从知识层面和创造力层面挑战自我；

消除教学中的孤立状态；

寻求职业责任和个人需求之间的平衡点；

在课堂教学和学校社区的各项活动中体现职业行为和职业道德；

拓展有关学生的学习、行为和安全的职业知识及法律责任知识。

附录 2　美国教师教育大事年表

1642：1642 年，马萨诸塞（Massachusetts）海湾殖民地议会通过了《1642 年法令》（Ordinance of 1642）。该法令要求每个城镇都要调查儿童的识字状况，对那些不负责培养和训练子女或学徒具有阅读和理解宗教教义及殖民地法令能力的家长和雇主要给予惩罚。

1751：1751 年，在富兰克林的倡议下，开办了费城学校。这是一所文实中学（Academy），其中就有师资训练班。

1785：联邦国会在《1785 年土地法令》（Land Ordinance of 1785）和《1787 年西北土地法令》（Northwest Land Ordinance of 1787）中，要求西北地区新建的城镇留出一个地段来办教育，并规定将乡划分成 36 个地段，其中第 16 地段用于办学校。

1785：1785 年，佛蒙特州（Vermont）制定的《普通学校法》（Common Schools Act），规定了教师任职资格，但地方政府对教师的要求不高，主要注重宗教和政治方面的要求，在教师的选拔与录用上，还没有严格的标准与程序，多由政府官员或学校的领导人或地方公务员决定。

1818：1818 年，兰卡斯特亲自到美国推广"导生制"（Monitorial School），它是 19 世纪初期的另一种师资培训方式。导生制在 19 世纪初期在美国盛行一时，并从小学扩展到部分中学。纽约州是美国导生制学校的发源地。由于其自身的缺陷，导生制只流行了 20 年就被淘汰了。

1823：1823 年，塞缪尔·霍尔(Samuel R. Hall)在佛蒙特州创设了美国第一所私立师资培训班，又设立了附属小学，供实习之用。此举揭开了美国师范教育的序幕。

1825：1825 年，美国开始推行教师资格证书制度。俄亥俄州(Ohio)颁布美国教师证书法令。这是美国最早的教师资格制度，标志着政府对教师职业进行规范化管理的开始。

1827：1827 年，詹姆斯·卡特(James G. Carter)在马萨诸塞州的兰卡斯特市也创办了一所师范学校。

1838：1838 年，通过詹姆斯·卡特和贺拉斯·曼等教育家的努力，马萨诸塞州立法机关颁布了全美第一个《师范学校法》(Normal School Act)，决定拨款筹建州立师范学校。

1839：1839 年，赛罗斯·皮尔斯(Cyrus Peirce)在马萨诸塞州的列克星敦(Lexington)创建了美国第一所州立师范学校，开全美州立师范教育体系之先河。

1839：1839 年，列克星敦师范学校建立了第一所实习学校，在当时被称为"模范学校"(model school)，其他的师范学校也纷纷效仿。

1852：1852 年，马萨诸塞州第一个通过强制义务教育法，之后各州纷纷效法。到 1918 年密西西比州(Mississippi)最后一个通过此类法律时，全国 48 个州都实行了强制义务教育。

1862：1862 年，联邦政府颁布《毛利法案》(Morrill Act)，以联邦向各州提供联邦土地的形式资助各州发展农业和工艺教育。各州利用这项土地收入至少要资助一所农工学院。

1865：1865 年，制定《教育法》(Education Act)和《义务教育法》(Compulsory Education Act)来规范教育。

1887：1887 年，联邦政府颁布了《海琪法》(Haiqi Act)，为赠地学院的应用科研提供经费。

1889：1889 年，美国师范学校协会(American Normal School Asso-

ciation)指派委员会评鉴全美各地二、三、四年制师范院校
的课程，这是美国全国性教育协会鉴定教师培训机构的
开端。

1893：1893 年纽约州奥尔巴尼(Albany)州立师范学院成立，成为
美国第一所由师范学校升格的师范学院。其他各州纷纷向纽
约州看齐，师范学院渐渐发展。

1908：1908 年，全美教育协会(National Education Association，简称
NEA)师范学校部起草了《师范学校政策声明》(Statement of
Policy for the Normal Schools)。

1936：1936 年，哈佛大学校长科南特提倡设置教学硕士课程，以
培养兼具学科与教学专长的中学教师。最具突破性的是五年
制的"教学硕士课程"(Master of Arts in Teaching Programs)计
划的提出及实施。

1946：1946 年，国家教师教育和专业标准委员会(National Commis-
sion on Teacher Education and Professional Standards，简称
NCTEPS)成立并为促进教师专业发展提出了可以遵循的教
师教育专业标准。

1954：1954 年，国家教师教育认证委员会(National Council for the
Accreditation of Teacher Education，简称 NCATE)正式成立，
它标志着美国教师教育机构认证制度的形成。

1958：1958 年，美国颁布《国防教育法》(National Defense Education
Act)，对教师教育提出了要求。

1961：1961 年，国家教师教育和专业标准委员会发表了题为《教学专
业的新视野》(New Horizons for the Teaching Profession)的报告，
明确提出将师范教育课程分为三个部分：普通教育、专门教育
及专业教育。

1961：1961 年，全美教师协会(National Teachers' Association，简称
NTA)发布了《谁是最优秀的教师?》(Who Are the Most

Distinguished Teachers?）的报告。

1963：1963 年，前哈佛大学校长詹姆斯·科南特（James B. Conant）发表了著名的报告《美国教师教育》（The Education of American Teachers）。报告集中论述了美国中小学教师的培训工作，特别是教师教育课程的改革问题，提出了很多改进教师教育的建议和培养各年级各学科教师的教学计划。

1965：1965 年相继颁布了《初等教育法》（Primary Education Act）、《中等教育法》（Secondary Education Act）和《高等教育法》（Higher Education Act）。

1976：1976 年，美国总统福特签署"全国教师中心计划"，要求在全国范围内发展教师的在职教育。

1979：1979 年，教师教育鉴定委员会（Teacher Education Accreditation Committee）在颁布的《师范教育鉴定标准》（Teacher Education Accreditation Standards）中，把实地经验作为职前师范教育的必备环节。

1982：1982 年，卡内基教学促进基金会（Carnegie Forum on Education and the Economy）召开第一次中小学视导与大学校长会议，提议建立大学与中小学、社区的伙伴关系。

1983：1983 年，美国国家教育优异委员会（National Commission on Excellence in Education）发表了著名的《国家处在危机中：教育改革势在必行》（A Nation at Risk：The Imperative of Education Reform）调查报告。

1985：1985 年，卡内基教育与经济论坛（Carnegie Forum on Education and the Economy）发表了《准备就绪的国家》（A Nation Prepared）的报告，对美国教师专业发展提出了五项政策建议。

1985：1985 年，国家教师教育优异委员会（National Commission for Excellence in Teacher Education）发表了报告《变革教师教育

的呼吁》(A Call for Change in Teacher Education)。

1986：1986 年，美国卡内基基金会(Carnegie Foundation)发布了题为《准备就绪的国家：21 世纪的教师》(A Nation Prepared：Teachers for the 21st Century)的教育调查报告。

1986：1986 年，霍姆斯小组(Holmes Group)颁布了《明日之教师》(Tomorrow's Teachers)的调查报告。

1986：1986 年在布鲁克林(Brooklin)市兴办了第一所教师专业发展学校(Professional Development School，简称 PDS)，此后，教师专业发展学校大量出现。

1989：1989 年，国家专业教学标准委员会(National Board for Professional Teaching Standards，简称 NBPTS)成立。

1990：1990 年霍姆斯小组在其第二份报告《明日之学校——建立 PDS 学校的原则》(Tomorrow's School：Principles for the Design of Professional Development Schools)中，提出建立教师专业发展学校的六项基本原则。

1993：克林顿政府宣布了题为《2000 年目标：美国教育法》(Goals 2000：Educate America Act)的全国性教育改革计划。

1994：1994 年克林顿政府颁布《教育改革法》(Education Reform Act)。

1995：1995 年，国家教师教育认证委员会设立了制定专业发展学校标准的方案——《美国 1997 年教师优异挑战法案》(Teacher Excellence in America Challenge Act of 1997)。

1996：1996 年，国家教学与未来发展委员会(National Commission on Teaching and America's Future，简称 NCTAF)相继发表《什么最重要：为美国未来而教》(What Matters：Teach for America's Future)、《做最重要的事：投资于优质教学》(Do What Is Most Important：Investing in Quality Teaching)两份报告。

1996：1996 年，美国联邦教育部发表了题为《让美国学生为 21 世纪做好准备：迎接技术能力的挑战》（American Students Ready for the 21st Century：Meeting the Challenges of the Technical Capabilities）的第一份国家教育技术计划。

1999：1999 年，美国召开了第一次前所未有的"教师质量大学校长高峰会议"。

2000：2000 年，国家教师教育认证委员会颁布了认证教师教育机构的《2000 年标准》（Goal 2000）。

2001：2001 年，国家教师教育认证委员会最终出台了《2001 年专业发展学校标准》（Professional Development Schools Standard in 2001）。

2002：2002 年，美国总统布什签署了《不让一个孩子掉队法案》（No Child Left Behind Act，简称 NCLB 法案），并在国会获得了通过。

2002：2002 年，美国政府颁布《美国教育部 2002—2007 年战略规划》（U.S. Department of Education 2002—2007 Strategic Planning）。

2009：2009 年，奥巴马总统签署的《2009 年美国复苏与再投资法案》（American Recovery and Reinvestment Act of 2009，简称 ARRA）中规定，用于教育和培训的投入超过 1 000 亿美元。

附录3 美国重要教育机构和组织英汉对照表

缩略语	英文全称	中　文
AAAS	American Association for the Advancement of Science	美国科学促进会
AASA	American Association of School Administrators	美国学校管理者协会
CF	Carnegie Foundation	卡内基基金会
CFAT	Carnegie Foundation for the Advancement of Teaching	卡内基教学促进基金会
CFEE	Carnegie Forum on Education and the Economy	卡内基教育与经济论坛
INTASC	U. S. Interstate New Teacher Assessment Support Committee	美国州际新教师评估援助委员会
NCEE	National Commission on Excellence in Education	国家教育优异委员会
NEA	National Education Association	全美教育协会

续表

缩略语	英文全称	中文
NTA	National Teachers' Association	全美教师协会
NBPTS	National Board for Professional Teaching Standards	国家专业教学标准委员会
NCATE	National Council for the Accreditation of Teacher Education	国家教师教育认证委员会
NCBA	National School Boards Association	国家学校董事会协会
NCSS	National Committee for Social Subjects	国家社会学科委员会
NCSESA	National Committee for Science Education Standards and Assessment	国家科学教育标准与评估委员会
NCTAF	National Commission on Teaching and America's Future	国家教学与未来发展委员会
NCTEPS	National Commission on Teacher Education and Professional Standards	国家教师教育和专业标准委员会
TEAC	Teacher Education Accreditation Committee	教师教育鉴定委员会
U. S. DE	U. S. Department of Education	美国教育部

参 考 文 献

(一)英文著作

[1] Agnes Walter. The Administration of Professional Schools for Teachers[M]. New York：Baltimore,1924.

[2] Peter J. Burke, & Robert G. Heideman. Career-Long Teacher Education[M]. Charles C. Thomas Publisher, 1985.

[3] Chris A. De Young. American Education [M]. New York：McGraw-Hill, 1977.

[4] Charles A. Harper. A Century of Public Teacher Education [M]. Washington D. C.：American Association of Teacher College, National Education Association, 1939.

[5] Charles A. Harper. Theory and Practice in the History of American Education：A Book of Readings [M]. Washington D.C.：American Association of Teacher College, National Education Association, 1939.

[6] Charles A. McMurry. Conflicting Principles in Teaching [M]. Boston：Houghton Mifflin,1914.

[7] Charles Jacobs. Relation of the Teacher's Education to Her Effectiveness [M]. New York：Teachers College Press, 1928.

[8] Christopher J. Lucas. Teacher Education in America：Reform Agendas for the Twenty-First Century [M]. New York：St.

Martin's Press, 1997.

[9] R. W. Clark. Effective Professional Development School [M]. San Francisco: Jassey-Bass Publishers, 1999.

[10] James Bryant Conant. The Education of American Teachers [M]. New York:McGraw-Hill, 1963.

[11] David F. Labar. The Lower Status of Teachers in the United States [M]//Nobuo K. Shimahara(ed.). Teacher Education in Industrialized Nations—Issues in Changing Social Contexts. New York and London:Garland Publishing Inc. ,1995.

[12] David Roth & Watson Scott Swail. Certification and Teacher Preparation in the United States [M]. Washington, D.C.: Washington Publishing House,2000.

[13] Donald H. Parkerson & Jo Ann Parkerson. Transitions in American Education: A Social History of Teaching [M]. New York: Routledge Falmer, 2001.

[14] Earl W. Armstrong & T. M. Stinnett. A Manual on Certification Requirements for School Personnel in the United States [M]. Washington DC:National Education Association,1961.

[15] Edwin G. Dexter. A History of Education in the United States [M]. New York:Macmillan Company, 1911.

[16] Edward N. Kearng, Mary Anne Kearny, et al. The American Way: An Introduction to American Culture[M]. N. J. :Prentice-Hall, 1984.

[17] P. C. Ellewood. Readings in the History of Education [M]. Boston:Houghton Mifflin, 1920.

[18] Ethel & Martin Tiersky. USA Customs and Institutions [M]. N. J. :Prentice-Hall,1990.

[19] B. D. Frank. Teachers Certification in Ohio [M]. New York:

Teachers College Press, 1953.

[20] George S. Morrison. Teaching in America (Third Edition) [M]. Pearson Education Inc. , 2003.

[21] Gerald Grant & Christine E. Murray. Teaching in America: The Slow Revolution [M]. Cambridge: Harvard University Press, 1999.

[22] G. J. Clifford. Daughters into Teachers: Educational and Demographic Influences on the Transformation of Teaching into Women's Work in America [M]. Toronto: University of Toronto Press, 1991.

[23] J. I. Goodlad. Teachers for Our Nation's Schools [M]. San Francisco: Jossey-Bass, 1990.

[24] H. H. Seerley. Defects in the Normal Schools That Are Responsible for the Opposition and Criticism Urged Against Them in Many Parts of the United States, National Education Association Addresses and Proceedings [M]. Chicago: University of Chicago Press, 1902.

[25] Julia Babara Hotter, John I. Goodlad, R. Soder & K. A. Sirotnie. Places Where Teachers Are Taught[M]. San Francisco: Jossey-Bass Publishers, 1990.

[26] L. Borrowman Merle. Teacher Education in America: A Documentary History [M]. New York: Teachers College Press, 1966.

[27] James W. Hillesheim & George D. Merrill. Theory and Practice in the History of American Education: A Book of Readings [M]. Washington D. C. : University Press of America, 1980.

[28] Jessie M. Pangburn. The Evolution of the American Teachers College[M]. New York: Teachers College Press, 1932.

[29] J. L. Mender. Normal School Education in Connecticut[M]. New York: Teachers College Press, 1928.

[30] Joel Spring. The American School 1642—1933 (3rd Edition) [M].
New York: McGraw-Hill, 1994.

[31] Joel Spring. American Education, State University of New York
College at New Paltz (Ninth Edition) [M]. New York: McGraw-
Hill, 2000.

[32] John H. Johanson. American Education [M]. Iowa: William C.
Brown Company, 1982.

[33] Judith C. Christensen & Ralph Fessler. The Teacher Career Cycle
Understanding and Building the Professional Development of
Teachers [M]. Boston: Allyn & Bacon, 1992.

[34] Kinney. Certification in Education [M]. N. J.: Prentice-
Hall, 1964.

[35] A. Liberman. Teacher Development: Commitment and Challenge
[M]// P. Grimmett Peter & Johnathon Neufeld (Eds.). Teacher
Development and the Struggle for Authenticity: Professional
Growth and Restructuring in the Context of Change. New York &
London: Teachers College Press, 1994.

[36] Linda D. Hammond. The Case for University-Based Teacher
Education [M]// Robert A. Roth (ed). The Role of the University
in the Preparation of Teachers. London: Taylor and Francis/
Falmer Press, 1999.

[37] L. Borrowman Merle. Teacher Education in America: A Docu-
mentary History [M]. New York: Teachers College Press, 1966.

[38] The U. S. Department of Education. Changing Pattern of Teacher
Education, New Pattern of Teacher Education and Tasks [M].
Organization for Economic Co-operation and Development, 1974.

[39] M. Liebeman. Education as a Profession [M]. N. J.: Prentice-
Hall, 1956.

[40] M. Haberman & T. M. Stinnett. Teacher Education and the Profession of Teaching [M]. Berkeley: McCutchan Publishing Corporation, 1973.

[41] National Education Association. Division of Field Service: The Yardstick of a Profession, Institutes on Professional and Public Relations [M]. Washington, D. C. , 1948.

[42] Newton Edwards. The School in the American Social Order (Second Version)[M]. Boston: Houghton Mifflin, 1963.

[43] Paul Monroe. Founding of the American Public School System [M]. New York: Macmillan Company, 1940.

[44] Paul Woodring. Investment in Innovation: A Historical Appraisal of Fund for the Advancement of Education [M]. Boston: Little Brown Company,1970.

[45] Paul Woodring & John Scanlon. American Education Today[M]. New York: McGraw-Hill, 1963.

[46] P. Perry. Professional Development: The Inspectorate in England and Wales[M]// Eric Hoyle & Jacquetta Megarry(Eds.). World Yearbook of Education 1980: Professional Development of Teachers. London: Kogan, 1980.

[47] Peter J. Burke & Robert G. Heideman. Career-Long Teacher Education[M]. Illinois: Springfield,1985.

[48] Richard Winn, et al. American Education [M]. New York: McGraw-Hill, 1977.

[49] Brian Simon. Education and the Social Order, 1940-1990[M]. New York: St. Martin's Press, 1991.

[50] Sol Cohen(ed.). Education in the United States: A Documentary History (Vol. 3) [M]. New York: Random House, 1974.

[51] T. M. Stinnett. Professional Problems of Teachers (Third Edition)

[M]. New York:Macmillan Company,1968.

[52] Thomas Jefferson. The Declaration of Independence, Soul of America, Documenting Our Past (Volume 1) [M]. New York:North America Press, 1994.

[53] U. S. Teacher Education: The 74th Year Book of the National Society for the Study of Education [M]. Chicago: The University of Chicago Press, 1975.

[54] Donald Warren (ed.). American Teachers:Histories of A Profession at Work[M]. New York:Macmillan Company,1898.

[55] Wayne J. Urban. Gender, Race, and the National Education Association: Professionalism and Its Limitations[M]. New York: Routledge Falmer, 2000.

[56] Elsbree W. S. The American Teacher [M]. New York: The American Book Company, 1939.

(二)英文报告和统计资料

[1] Carnegie Forum on Education and the Economy. A Nation Prepared[R].1985.

[2] Carnegie Forum on Education and the Economy. A Call for Change in Teacher Education[R].1985.

[3] Carnegie Foundation. A Nation Prepared: Teachers for the 21st Century[R]. 1986.

[4] F. Howard Nelson, Rachel Brown, Jewell C. Gould. Survey & Analysis of Teacher Salary Trends, 2001[R].2001.

[5] F. W. Morore. Report of the Organization Meeting of the National Conference Committee on Standards of Colleges and Secondary Schools [R]//Proceedings of Association of Colleges and Preparatory Schools of the Southern States,1907.

［6］ Jean Protsik. History of Teacher Pay and Incentive Reforms［R］. Consortium for Policy Research in Education,1994.

［7］ The Holmes Group. Tomorrow's Teachers［R］. 1986.

［8］ The Holmes Group. Tomorrow's School: Principles for the Design of Professional Development Schools［R］. 1990.

［9］ The Holmes Group. A Draft for Professional Development Schools Standard［R］. 1997.

［10］ National Council for Accreditation of Teacher Education. Professional Standards for the Accreditation of Schools, Colleges, and Departments of Education (2002 Edition)［R］. 2002.

［11］ National Commission on Teacher Education and Professional Standards. New Horizons for the Teaching Profession［R］. 1961.

［12］ National Commission on Excellence in Education. A Nation at Risk: The Imperative of Education Reform［R］. 1983.

［13］ National Commission on Teaching and America's Future. What Matters Most:Teaching for America' s Future［R］. 1996.

［14］ National Commission on Teaching and America's Future. Do What Is Most Important: Investing in Quality Teaching［R］. 1996.

［15］ National Council for Accreditation of Teacher Education. Teacher Excellence in America Challenge Act of 1997［R］. 1995.

［16］ National Council for Accreditation of Teacher Education. Professional Development Schools Standard in 2001［R］. 2001.

［17］ U. S. Department of Education. To Touch the Future:Transforming the Way Teachers Are Taught, An Action Agenda for College and University Presidents［R］. 1999.

［18］ Office of Postsecondary Education, U. S. Department of Education. Teacher Quality Enhancement Grants［R］. 2000.

［19］ U. S. Department of Education. Improving America's Schools:

Newsletter on Issues in School Reform [R]. 1996.

[20] U. S. Department of Education. The Condition of Education 1996：Teacher's Working Condition[R]. 1996.

[21] U. S. Department of Education. Promising Practices：New Ways to Improve Teacher Quality[R]. September,1998.

(三)英文论文

[1] N. Burstein & D. Kretschmer, et al. Redesigning Teacher Education as a Shared Responsibility of Schools and Universities [J]. Journal of Teacher Education, 1999, 50(2).

[2] Carol K. Ingall. The Quest for Continuity：The Hebrew College and the Normal Schools[J]. Religious Education, 1995 (1).

[3] Cohen V. Lora. Federal Role in Teacher Quality："Redefinition" or Policy Alignment? [J]. Educational Policy, 2007, 19(1).

[4] H. Cumings. Teacher Education at the Interface of Theory and Practice：Introducing a Model of Mediated Corpus-Based Genre Analysis[J]. System, 2008, 371 (3).

[5] David Kopel. The Centennial of Teacher Education in America [J]. Education Management and Supervision, 1939, 25(9).

[6] Emily Kalejs Qazilbash. All for One, One for All?：Early Career Teachers' Experiences with their Teachers' Union in an Urban District [J]. The Annual Meeting of the American Educational Research Association,Chicago, April 10, 2007.

[7] T. Farrell. Reflective Practice in an EFL Development Group [J]. System, 1999(27).

[8] Francis Keppel. A Review of Recent Development in Teacher Education [J]. Journal of Teacher Education,1963.

[9] Frank Serafini. Possibilities and Challenges—The National Board

for Professional Teaching Standards [J]. Journal of Teacher Education, 2002, 53(4).

[10] D. Freeman & E. Johnson. Reconceptualizing the Knowledge-Base of Language Teacher Education [J]. TESOL Quarterly, 1998 (32).

[11] A. W. Hart. Creating Teacher Leadership Roles [J]. Educational Administration Quarterly, 1994, 30(4).

[12] H. Strober, & L. Best. The Female/Male Salary Differential in Public Schools: Some Lessons from San Francisco, 1879 [J]. Economic Inquiry, 1979(17).

[13] J. Cassel. The Contribution of the Social Environment to Host Resistance [J]. Journal of Epidemiology, 1976, 9(7).

[14] John H. Cripen. Character of the School Master in the Colonial Period [D]. Columbia University, 1907.

[15] S. M. Kardos. Supporting and Sustaining New Teachers in Schools: The Importance of Professional Culture and Mentoring [D]. Harvard University, 2007.

[16] Lawrence A Cremin. The Heritage of American Teacher Education [J]. Journal of Teacher Education, 1953(4).

[17] Morgan L. Donaldson. Teach for America Teachers' Careers: Whether, When & Why They Leave Low-Income Schools and the Teaching Profession [D]. Education Academy of Harvard University, 2008.

[18] Norwood M. Cole. The Licensing of School Master in Colonial Massachusetts [J]. Journal of Massachusetts, 1957 (Winter).

[19] R. Schwarzer & A. Leppin. Social Support and Health: A Theoretical and Empirical Overview [J]. Journal of Social and Personal Relationships, 1991(8).

[20] Sukari L. Stredit. Support System That Facilitate High School Teachers' PADS Evaluation Ratings [D]. Texas Southern University, 2006.

[21] S. E. Taylor, W. T. Welch, H. S. Kim & D. K. Sherman. Cultural Differences in the Impact of Social Support on Psychological and Biological Stress Responses [J]. Psychological Science, 2007 (18).

[22] L. Teitel. The Impact of Professional Development School Partnerships on the Preparation of Teachers [J]. Teaching Education, 1992, 4(2).

[23] L. S. Shulman. Knowledge and Teaching: Foundations of the New Reform[J]. Harvard Educational Review, 1987, 57(1).

(四)中文著作

[1] 胡艳,蔡永红. 发达国家中小学教师教育[M]. 海南:海南出版社,2000.

[2] 曹炎申. 美国教育[M]. 上海:商务印书馆,1937.

[3] 陈永明. 现代教育论[M]. 上海:上海教育出版社,1999.

[4] 成有信. 九国普及义务教育[M]. 北京:人民教育出版社,1985.

[5] 成有信. 十国师范教育和教师[M]. 北京:人民教育出版社,1990.

[6] 邓金. 培格曼最新国际教师百科全书[M]. 北京:学苑出版社,1989.

[7] 顾明远. 教育大词典[Z]. 上海:上海教育出版社,1998.

[8] 郭志明. 美国教师专业规范历史研究[M]. 北京:中国社会科学出版社,2004.

[9] 黄威. 教师教育体制国际比较研究[M]. 广州:广东高等教育

出版社,2002.

[10] 教育部师范教育司.教师专业化的理论与实践[M].北京:人民教育出版社,2003.

[11] 教育大辞典编纂委员会.教育大辞典(第3卷)[Z].上海:上海教育出版社,1991.

[12] 乔玉全.21世纪美国高等教育[M].北京:高等教育出版社,2001.

[13] 来安方.美国概况导读[M].郑州:大象出版社,2001.

[14] 来安方.美国概况(第二版)[M].上海:上海外语教育出版社,1994.

[15] [美]劳伦斯·克雷明.美国教育史[M].北京:北京师范大学出版杜,2002.

[16] 李其龙,陈永明.国际师范教育改革比较研究[M].北京:教育科学出版社,2002.

[17] 李其龙,陈永明.教师教育课程的国际比较[M].北京:教育科学出版社,2002.

[18] 联合国教科文组织.教育——财富蕴藏其中[M].北京:教育科学出版社,1996.

[19] 刘捷.专业化:挑战21世纪的教师[M].北京:教育科学出版社,2002.

[20] 马骥雄.战后美国教育研究[M].南昌:江西教育出版社,1991.

[21] [美]E.P.克伯雷.外国教育史料[M].任宝祥,任钟印主译.武汉:华中师范大学出版社,1991.

[22] 秦立霞.美国教师资格认证制度研究[M].北京:教育科学出版社,2010.

[23] 饶见维.教师专业发展[M].台北:五南图书出版公司,1996.

[24] 单文经.美国教育研究:师资培育及课程与教学[M].台北:

师大书苑有限公司,1998.

[25] 单中惠.西方教育思想史[M].太原:山西人民出版社,2000.

[26] 时伟.当代教师继续教育论[M].合肥:安徽教育出版社,2004.

[27] 上海教育大辞典编撰委员会.教育大辞典[Z].上海:上海教育出版社,1990.

[28] 史静寰.当代美国教育[M].北京:社会科学文献出版社,2001.

[29] 唐玉光.教师专业发展与教师教育[M].合肥:安徽教育出版社,2008.

[30] 滕大春.美国教育[M].北京:人民教育出版社,1980.

[31] 滕大春.美国教育史[M].北京:人民教育出版社,1994.

[32] 滕大春.美国教育史[M].北京:人民教育出版社,2003.

[33] 滕大春.外国教育史和外国教育[M].石家庄:河北师范大学出版社,1998.

[34] 外国教育丛书编辑组.外国教育丛书——师范教育的现状和趋势[M].北京:人民教育出版社,1979.

[35] 王道俊,王汉澜.教育学[M].北京:人民教育出版社,2005.

[36] 杨汉麟.外国教育实验史[M].北京:人民教育出版社,2005.

[37] 叶澜,白益民,王木丹,陶志琼.教师角色与教师发展新探[M].北京:教育科学出版社,2001.

[38] 余家菊.师范教育[M].上海:中华书局,1926.

[39] 张斌贤.外国教育思想史[M].北京:高等教育出版社,2007.

[40] 赵祥麟.外国教育家评传[M].上海:上海教育出版社,2003.

[41] 赵勇,王安琳,杨文中.美国中小学教师[M].北京:北京师范大学出版社,2008.

[42] 周洪宇.教师教育论[M].北京:北京师范大学出版社,2010.

[43] 中央教育科学研究所.中华人民共和国教育大事记[M].北

京:教育科学出版社,1988.

[44] 中央教育科学研究所. 简明国际教育百科全书:人的发展[M].北京:教育科学出版社,1989.

(五)中文论文

[1] 崔允漷. 美国教师培养与培训:经验与思考[J]. 外国教育资料,1998(2).

[2] 董吉贺. 推进教师教育一体化改革的几点建议[J]. 继续教育研究,2004(1).

[3] 方彤. 从美国经验看建立教师质量保证体系[J]. 教育研究与实验,2000.

[4] 郭志明. 证书标准变迁与教师教育专业化——美国教师素质提升历时性研究[J]. 外国中小学教育,2004(5).

[5] 洪明. 美国教师教育变革与发展的主要趋势[J]. 比较教育研究,2003(7).

[6] 李斌. 发达国家中小学教师培训发展的共同趋势[J]. 成人教育,2004(5).

[7] 李瑾瑜.“学校本位”师资培训模式述评[J]. 外国中小学教育,1996(6).

[8] 李敏. 美国教育政策问题研究[D]. 华东师范大学,2006.

[9] 刘永芳. 美国公立学校优秀教师激励体系及其评价[J]. 外国教育研究,2005(2).

[10] 王长纯. 教师专业化发展:对教师的重新发现[J]. 教育研究,2001(11).

[11] 王凤玉. 美国师范教育机构的转型:历史视野及个案研究[D]. 华东师范大学,2007.

[12] 王柳生. 教师资格制度:昨天、今天、明天[J]. 现代教育科学,2004(3).

[13] 王维臣. 美国中小学教师的在职进修[J]. 外国中小学教育, 1992(3).

[14] 王萍,王卫平. "美国梦"释义[J]. 武汉大学学报(人文科学版),2002(6).

[15] 王萍,杨汉麟,戴琼. 中学女教师对压力的应对方式和社会支持调查研究[J]. 教育研究与实验,2012(1).

[16] 夏人青. 近年来美国师范教育的发展危机与改革趋势[J]. 上海师范大学学报(教育版),2000(5).

[17] 许明,黄雪娜. 从入职培训看美国新教师的专业成长[J]. 教育科学,2002(2).

[18] 苟渊. 教师教育一体化改革的回顾与反思[J]. 教师教育研究,2004(4).

[19] 杨之岭,林冰. 努力提高教师和教育的专业地位和水平[J]. 北京师范大学学报,1988(3).

[20] 易红郡. 借鉴美国教师教育认定制度,推动我国教师教育改革[J]. 高等师范教育研究,2002(1).

[21] 谌启标. 美国大学与中小学基于合作伙伴的教师教育改革[J]. 福建师范大学学报(哲学社会科学版),2009(3).

[22] 谌启标. 美国教师教育制度的改革与实践[J]. 外国中小学教育,2003(4).

[23] 赵中建. 国际教育大会第45届会议的建议[J]. 外国教育资料,1997(6).

[24] 钟启泉. 教师研修的模式与体制[J]. 全球教育展望,2001(7).

[25] 钟启泉. 我国教师教育制度创新的课题[J]. 北京大学教育评论,2008(3).